KB090791

트리즈를 알면
창의성이 폭발한다 !

김봉균 지음

TRIZ

21세기사

| 머리말 |

　요즈음 '코로나(COVID-19)' 사태를 보면 온 인류에게 닥친 재앙이라 말하지 않을 수 없다. 인류 역사에서 크고 작은 수많은 역경과 고난이 있어 왔지만 이번 사태는 어느 누구도 예측하지 못했다. 세계 대공항과 오일쇼크와 금융위기가 동시 다발적으로 일어난 것과 같다. 이 사태의 본질은 이제 세상의 질서가 변하고 있는 점이다. 이제 우리의 역사적인 시간을 코로나 이전 BC(Before Corona)과 이후 AC(After Corona) 로 나누어 표현할 정도이다.

　우리에게는 과거에도 그렇듯이 그 어떠한 재앙도 이겨낼 수 있는 지혜와 창의력을 가지고 있다. 인간의 창의성이 역경에 빠져있는 세상을 구할 것이다. 대한민국은 코로나 전염병 확산 방지 문제에 대처하는 모습이 그 어느 선진국보다 더욱 체계적이고 신속하게 대처하고 있다. 우수한 의료진들의 노력은 물론이고 기발한 창의적인 대처방법들이 이목을 집중시키고 있다. 대표적인 것이 드라이브 스루 선별 검사법과 정보통신 기술이란 자원을 활용한 문제해결력이다. 심각한 사회적 문제가 일어났을 때 우왕좌왕 하지 않고 체계적으로 문제에 접근하여 문제의 근본적인 원인에 해당하는 초기 감염원과 경로를 찾아서 추가 확산을 막아 내었다. 여기에 온 국민이 공동의 목표의식으로 개인위생 관리와 사회적 거리두기 운동에 참여하고 있다. 특정한 개인이나 사업운영체가 자신의 이익을 위해서 공동의 목표에 동참하지 않으면 이러한 사태는 결코 해결이 되지 않을 것이다. 코로나 같은 사태는 전체 사회와 전 지구 공동체와 연결된 시스템 문제이다. 이 문제를 해결하는 강력한 방법 중 하나가 협력하는 데 있다. 개인 간, 사회 간, 국가 간 긴밀한 협력이 절실하다.

　코로나 충격을 접하면서 기업이건, 개인이건 그리고 대학이나 정부와 같은 조직이건 새로운 질서가 태동하는 시기에 살아남을 수 있는 길은 어떠한 창의적인 생각으로 문제를 해결하면서 적응하느냐에 달려있다. 그러면서도 경쟁력을 가져야 한다. 기회는 모두에게 열려져 있다. 아인슈타인은 문제를 해결할 때 주어진 시간이 1시간 이라면 55분을 문제를 분석하는데 사용하고 나머지 5분을 문제를 푸는데 사용했다고 한다. 한번도 경험해 보지 못한 문제를 해결하는 데는 더욱 철저한 분석이 필요하다. 시행착오는 허용되지 않기 때문이다. 그러면 어떻게 하면 문제를 시행착오 없이 체계적으로 창의적인 해결책을 만들어 낼 수 있을까? 이러한 질문을 가지고 있던 중 2002년 창의적 문제해결이론 트리즈(TRIZ)를 접하는 기회를 얻었다. 평소 이 주제에 관심을 가지고 있던 중에 창의적 문제해결 방법론을 공부하는 기회를 얻게 되었던 것이다.

처음에는 국내의 삼성과 LG 출신의 엔지니어와 러시아 트리즈 전문가로부터 배웠다. 현장에서 연구모임 형태의 지속적인 학습과 실증적으로 실무에 접목했다. 2020년 가을 정년을 준비하면서 그간 32년간의 체득한 일하는 방식과 생각하는 방식을 정리하는 시간을 가지게 되었다. 이 책은 창의적인 생활을 원하는 모든 이들을 위한 작은 선물이다. 한편으로는 부끄럽기 그지없다. 공부는 하면 할수록 새롭게 알게 되는 것들이 많았다. 책을 내야하는지 망설임이 있기도 했다. 하지만 작은 것도 나누면 커진다는 평범한 원리에 따르기로 했다. 자랑하려고 하는 것이 아니라 나누려 하는 것이다. 부족한 점은 매워 주기 바란다. 이 책은 전문가를 위한 것이 아니다. 그저 평범한 사람들을 위한 창의적인 생각과 창의적인 결과를 만들어 내기 원하는 분들을 위한 책이다.

창의적인 문제해결이란 주제에 대해서 7개 부분으로 나누었다. 배치 순서를 간략히 소개한다. 제1부에서는 창의적으로 문제를 해결하는 원리를 설명한다. 이 원리는 기술 문제뿐만 아니라 생각하면서 일하는 모든 영역에 적용이 가능하다. 제2부에서는 생각의 방해꾼 고정관념을 깨는 방법에 대해서 다루었다. 이 고정관념은 언제 무슨 일을 하든지 창의적으로 일을 수행하려면 반드시 벗어나야 하는 대상이다. 선입견 없이 문제상황에 접근하는 것이 목적이다. 제3부에서는 문제를 하나의 독립적인 사건이 아니라 어떤 커다란 전체의 한 부분으로 보고 접근하는 것이다. 산의 정상에 서서 주변 전체를 내려다보면서 한편으로 현미경으로 미세하게 관찰을 하는 효과가 있다. 문제의 본질을 꿰뚫어 볼 수 있는 통찰력이 생겨난다. 제4부는 양자 모두가 만족하는 원원 해결책을 찾는 방법에 대해서 설명한다. 둘 중에 하나만을 선택하고 다른 하나를 포기해야 하는 양지택일의 선택에서 벗어나 양자 모두 만족시키는 해법을 찾는 방법론을 설명한다. 제5부는 문제해결의 경제원칙에 해당하는 유휴자원을 활용한 해법구하기와 가장 이상적인 문제해결 목표를 설정하여 거꾸로 문제를 풀어가는 방법에 대해서 이야기 한다. 여기에는 앞서 서술한 자원의 활용과 깊은 관련성을 가지게 된다. 제6부에서는 가장 보편적인 창의적인 문제해결 해법 40가지에 대해서 자세히 설명한다. 아울러 기술진화의 유형을 활용한 문제예측에 대해서 언급했다. 제7부에서는 트리즈 핵심 개념을 이용한 문제해결 사례를 예시하였다. 트리즈 이후의 창의적인 사고기법인 아시트(ASIT)에 간략하게 소개하였다.

처음부터 순서대로 읽으면 전체를 이해하는데 큰 도움이 될 것이다. 하지만 순서 없이 읽어도 무방하다. 제6부의 40가지 문제해결 해법은 언제든지 꺼내어 참고하면 좋겠다. 한 가지 부탁드리고 싶은 것이 하나 있다. 이 책은 본래 발명특허에 기초한 기술문제해결을 위해 체계화된 내용이다. 그래서 용어들이 생소할 수 있다. 반복적으로 접하다 보면 본래 의도한 뜻을 이해하게 되면 이후엔 자연스럽게 될 것이다. 이 책을 출간하면서 도움을 주신 분들이 많다. 첫째로 이 책이 출간되기까지 처음부터 마무리까지 친절하게 코칭을 해주신 이상민 작가님에게 감사드립니다. 둘째로 일상의 소소한 일과 진행 과정을 들어주고 조언과 격려를 아끼지 않은 대학 친구이자 직장동료인 최덕재님이다. 셋째로 본 책의 미리 독자로 선정되어 값진 조언을 해준 직장 후배들이다. 넷째로 이 책이 세상에 나올 수 있도록 배려해 주신 도서출판 21세기사 대표님과 그 식구들이다. 마지막으로 트리즈를 알게 해 주고 같이 트리즈협회 전. 현직 회장님과 이사님들께 감사의 인사를 드립니다.

2020년 6월

지은이 김봉균

## | 추천의 글 |

**박영수 / (사)한국트리즈협회 회장**
저자는 한국항공우주산업(주)에서의 경험과 트리즈의 원리를 융합하여 자신만의 차별화된 노하우를 제시하였다. 트리즈의 원리를 학습하면서 자신의 창의적인 문제를 해결하는데 큰 도움이 될 것으로 생각한다. 트리즈의 원리를 대중적으로 확산하는데 큰 기여를 할 것으로 생각되며, 창의적 결과물을 만드는 학생이나 직장인에게 일독을 권한다.

**주재만 / 덕성여자대학교 산학협력중점교수 (전 한국트리즈협회 회장)**
혁신은 새로운 변화를 주도하는 것이다. 트리즈는 혁신을 추구하는 사람들의 문제해결 도구로 이미 그 효과가 검증되었고 충분한 가치가 있는 방법론이다. 본서는 저자의 기업에서의 오랜 경험과 높은 트리즈 지식이 잘 녹여져 있어 트리즈를 누구나 쉽게 이해하고 적용할 수 있는 뛰어난 실용서이다. 온 세상 혁신가들에게 적극 추천한다.

**정병호 / 전북대학교 공과대학 산업공학과 교수**
저자는 항공기의 설계 및 제조분야에서 30여 년간 문제해결을 체험한 베테랑이다. 현장 경험을 기반으로 창의적 문제 해결 도구로 잘 알려져 있는 트리즈를 정리하였다. 본서는 창의력과 경험이 접목되어 있다. 현실 세계에서 부딪히게 되는 다양한 문제의 해결 방안을 찾아가는 데 훌륭한 지침서가 될 것으로 확신한다.

**김정수 / 부경대학교 공과대학 기계공학과 교수**
저자는 한국항공우주산업(주)에서 33년 여간 경험과 역량을 갖추었으며 국내에 트리즈를 전파한 1세대 주역이다. 트리즈는 수만 건의 발명특허에 내재된 아이디어를 간파하여 체계화시킨 알트슐러의 창의적 발명문제 해결이론이다. 본서는 트리즈에 저자의 실무 경험을 투영하여 이루어낸 창의성 개발의 입문서이자 세상의 다양한 모순 문제 해결을 위한 필독서이다.

**공영태 / 진주교육대학교 교수**
트리즈(TRIZ)는 OECD가 미래사회를 이끌어갈 차세대 인재들의 역량을 측정하는 것을 목적으로 개발한 PISA(program for international student assessment)형 협력적 문제해결력 함양에 아주 적절한 수단이 될 것이다. 우리나라 초등교육부터 실천적 교육을 통한 트리즈(TRIZ)의 원리와 방법을 일깨운다면 더욱 유능한 인재로의 성장이 기대된다.

**최덕재 / 한국항공우주산업(주) 해외마케팅 부장**
문제에 대한 즉각적인 대응보다는 문제의 본질에 중점을 두고 접근하는 저자를 곁에서 오랜 시간 지켜보았다. 본서는 저자의 오랜 경험과 역량을 집대성한 트리즈 접근법을 소개하고 있다. 일상에서 매 순간 접하는 많은 문제를 시스템적 접근으로 본질적인 요인을 파악한다. 효과적이고 효율적으로 문제를 근원적으로 해결할 수 있는 방법이 많은 독자에게 공유되기를 바란다.

**황유상 /한국항공우주산업(주) 회전익개발 상무**
21C는 창의력이 경쟁력인 시대이다. 트리즈를 익히고 실행하는 것은 미래의 삶을 위해 바람직한 일이다. 트리즈(TRIZ)는 문제가 발생된 근본 모순을 찾아내 이를 해결 할 수 있는 방안을 모색하는 창의적 문제해결 방법론이다. 본서는 현장에서 터득한 다양한 경험과 트리즈 이론을 접목시켜 누구나 알기 쉽게 설명하고 있다. 기업에서 적용할 수 있는 사례를 제시하여 미래를 준비하는 사람들에게 좋은 지침서가 될 것이다.

**김만수 /한국트리즈협회 전(前)회장**
흔히 창조적 아이디어 발생을 매우 어렵게 생각한다. 많은 사람들이 창조적 아이디어는 어떤 순간적 영감에서 온다. 혹은 우연에 의해 발상할 수 있는 것으로 이해하고 있는데 이것은 오해이다. 트리즈는 창조적 아이디어를 체계적으로 발상할 수 있도록 도움을 준다. 누구나 학습과 훈련에 의해 그 능력을 향상시킬 수 있음을 보여주고 있다. 이 책의 많은 이론들과 사례들이 독자들에게 그러한 과정에 큰 도움이 되길 기대한다.

| 차례 |

# 트리즈의 원리로 파악하는
# 창의적인 산물이 나오는 공식

✅ 1. 트리즈는 문제해결과 기술진화 방향 예측에 유용하다.

✅ 2. 기계와 자연, 사회의 문제해결에 트리즈 원리가 통한다.

✅ 3. 시스템 사고는 과학기술, 비즈니스, 예술 등 모든 영역에 필요하다.

## SECTION 1
## 트리즈는 문제해결과 기술진화 방향 예측에 유용하다.

본 장에서는 문제의 해결과 기술진화 방향 예측 방법론을 소개한다. 주요 내용은 발명의 수준, 진화 유형, 기술진화 예측의 중대성, 기술진화와 모순의 관계, 시스템적 접근에 의한 문제해결이다.

## 기술발전의 진화는 과연 예측 가능할까?

TRIZ(러시아어: Teoriya Reshniya Izobretatelskikh Zadatch)는 한국어로 번역하면 "발명 문제해결이론" 이란 뜻을 가진 영어 표현의 두문자 어이다. 1946년 러시아 발명가 겐리히 알트슐러가 정립한 이론이다. 그는 200,000건의 발명특허를 분석하였다. 이중에서 해결방안이 우수한 40,000건의 발명특허에서 중대한 사실을 발견한다. 첫째 기술의 진화는 우연한 불규칙적인 발전이 아니고 어떤 유형(Pattern)에 따른다. 둘째 발명문제는 한 개 이상의 모순을 가지고 있다. 셋째 어떤 문제와 그 문제의 해결방안이 여러 다른 분야에서 반복이 되고 있다. 이러한 세 가지 사실의 발견이 발명문제해결의 이론으로 자리 잡게 된다.

알트슐러는 기술발전의 8가지 진화 유형을 발표했다. 이에 따르면 기술시스템의 진화 유형을 알게 된다면 현재 기술시스템의 발전 방향을 알 수 있다. 또한 경쟁자의 기술시스템이 미래에 어떻게 변화할 것인지 예측이 가능하다. 덧붙여서 현재 기술시스템에 맞는 혁신과 발명을 보다 용이하게 할 수 있다. 그가 발견한 사실 중 하나가 발명이란 한개 이상의 모순(Contradiction)을 해결한 결과로 얻어진다는 것이다. 모순이란 어느 한 물질의 특성을 개선하고자 하면 그 영향으로 다른 기술 특성이 더 나빠지게 되는 상황을 초래 한다는 점이다. 결국 기술 시스템의 모순을 해결한 것이 발명이라고 보았다.

(표1)은 그가 분류한 5가지의 발명 수준을 정리한 것이다. 알트슐러는 동일, 유사한 문제가 여러 다른 분야에서 장기간 동안에 독립적으로 해결되어 왔음을 발견했다. 그는 후세에 그 이전의 해법에 관한 지식을 갖고 있다면 문제해결이 매우 쉬울 것 이라고 생각했다. 그

래서 그는 당시의 발명 특허에서 지식을 추출, 분해, 재조직화 하여 새로운 이론을 정립했다. 만일 그의 노력이 없었더라면 동일, 유사한 문제를 해결하는데 보다 많은 시행착오가 불가피하였을 것이다. 현재를 살아가는 우리는 그의 노력의 결과로 많은 시간과 비용을 절약하고 있다는 점에 감사를 드리게 된다.

표 1-1 알트슐러의 발명 수준

| 수준 | 발명의 정도 | 점유율(%) | 지식의 원천 | 고려할 해법의 수 |
|------|------------|-----------|------------|----------------|
| 1 | 상식적인 해법 | 32 | 개인적 지식 | 1~10 |
| 2 | 개선 | 45 | 기업 내 지식 | 10~100 |
| 3 | 혁신 | 18 | 산업내 지식 | 100~1,000 |
| 4 | 발명 | 4 | 산업외 지식 | 1,000~10,000 |
| 5 | 발견 | 1 | 모든 지식 | 10,000~100,000이상 |

트리즈는 "기술시스템의 진화는 규칙적인 어떤 일정한 유형에 따른다." 라는 전제에 근거한다. 오늘 날에도 기술 제품이 시장의 요구에 따라 부분적으로 발전하고 있다. 이러한 진보들이 모순을 만든다. 다시 모순을 없애면 새로운 제품이 개발되고 시장에 출시된다. 이 과정의 반복이 기술시스템을 급변하게 한다. 기술 진화에 의한 혁신이 인류의 문명사를 바꾸고 있음을 지금도 목격하고 있다. 지나온 발명 역사를 보면 과학자, 발명가 및 기술자들의 아이디어가 체계적이지 못했음을 알 수 있다. 예를 들면 고대의 바퀴, 자전거, 자동차, 항생물질 등 위대한 창의적인 산물들에서 체계적인 접근을 발견하기 어렵다.

과거의 이러한 성취에도 불구하고 오늘날에는 이러한 접근방식은 더 이상 시장에서 통용되지 않는다. 왜냐하면 효율성이 떨어져 경쟁력을 상실하기 때문이다. 모든 창의적인 산물들은 새로운 아이디어에 기반을 둔 개념에서 시작된다. 예를 들면 1970년대 유행했던 '저스트-인-타임(JUST IN TIME)'은 도요타가 포드 자동차의 생산시스템에서 배워온 새로운 개념이다. 이데오(IDEO)는 기존의 디자인 개념을 혁신한 디자인 씽킹(Design Thinking)이라는 새로운 개념을 보여주었다. 이렇듯 제품은 개념으로부터 만들어 진다. 먼저 개념을 만들고 평가와 검증을 거쳐서 개발에 이른다. 이 일련의 과정을 제품개발 프로세스(PDP : Product Development Process)라 한다.

■ 제품개발 절차

| 필요성 인식 → 문제 정의→ 개념개발 → 기본설계 → 상세설계 → 평가검증 → 생산 |
| --- |

기업에서 신제품 개발의 필요성과 그 제품의 개념개발은 매우 중요하다. 그 중요성을 알고 있음에도 불구하고 종종 기업에서 간과하는 실수가 적지 않다. 신제품 필요성은 시장조사를 통해서 기술전략으로 드러난다. 이 필요성 인식 단계에서 여러 가지 질문을 가진다. "시장의 요구를 충족시킬 차세대 신기술은 무엇인가?" 이러한 신기술이 과연 시장의 요구에 맞을까? 어떻게 확신하지? 우리는 어떻게 최선의 해결책을 선택하지? 선택의 기준은 무엇이지? 이 질문의 답을 어디에서 찾을 수 있지? 트리즈는 이에 대한 답을 찾을 수 있는 실마리를 제공해 준다.

기술발전의 흐름을 잘 읽지 못하고 사라진 기업들이 많이 있다. 미래 기술발전의 흐름을 정확히 읽고 준비하는 것이 왜 중요한지 몇 가지 사례를 통해서 알아보자. 휴대전화 제조업 분야 세계1위 노키 아는 2007년까지 세계 스마트폰 시장의 50%를 점유했다. 그러나 노키 아는 2013년 마이크로소프트에 인수되었다. 즉 시장의 변화를 읽지 못해 망한 것이다. 일본의 소니는 워크맨으로 1970~90년대를 주름 잡았다. 그러나 결국 현재 삼성, 애플보다 못한 기업이 되었다.

세계를 주름 잡던 코닥은 1990년대까지 세계에서 가치순위 5대기업 중 하나였다. 또 코닥은 디지털 카메라를 세계 최초로 개발했다. 그러나 코닥은 시대의 흐름을 거부하고 필름을 고집했다. 그 결과 치명적인 타격을 입고 부도가 나게 되었다. 이처럼 세계 최고의 기업들도 시대의 흐름을 읽지 못하면 한순간에 부도가 난다. 그만큼 시대의 흐름은 중요하다. 시대의 흐름은 과학 기술발전의 변화이다. 기술발전의 변화는 시장과 인간의 삶을 변화시킨다. 미시적인 측면에서 보면 사람들이 종종 실수하는 개념개발이다. 개념개발이란 초기에 필수 요소들을 개발하고 심화하는 과정을 말한다. 여기에서는 사람의 심리적 관성 즉 저항감이 문제가 된다. 사람들이 심리적으로 저항을 하면 개발의 방향을 다르게 해야 한다. 최선의 해결책은 상식 밖의 다른 영역에 존재한다. 이것을 다음 사례가 증명하고 있다.

1970년대 구소련의 우주프로젝트중 하나가 Lunar 16호의 달 착륙 프로젝트가 있었다. 주임무가 영상 사진을 지구로 전송하는 것이다. 백열전구가 가장 좋은 전원으로 장착되었는데 착륙 충격으로 유리와 소켓 연결부가 계속해서 깨지는 것이다. 많은 과학자 기술자들이 여러 가지 전구 유리 강화방법을 연구했지만 해결하지 못했다. 어떻게 전구를 강화할 것인가? 연구 프로젝트는 실패했다. 시간과 비용이 낭비된 것이다. 트리즈 전문가가 나타나서 로켓의 주요 구성 품에 대한 기능분석을 실시하였다.

전구 램프의 기능은 무엇인가? 스크류 베이스의 기능은 무엇인가? 필라멘트의 기능은 무엇인가? 유리벌브의 기능은 무엇인가? 이러한 기능분석 질문에 연구원이 대답했다. 유리벌브의 기능은 진공 상태를 유지하는 것입니다. 아하!! 달의 환경은 진공 상태가 아닌가. 그렇다면 유리 벌브는 더 이상 필요하지 않구나. 사실을 비로소 깨닫게 되었다. 이 프로젝트는 전구 없이 달로 발사되었다.

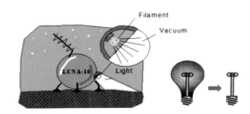

그림 1-1 루나 16호 달 착륙 개념도

## 기술 시스템의 발전은 모순 극복의 도전과 응전의 결과다.

'기술시스템의 진화는 숨겨진 자원의 활용으로 모순을 극복한 결과다.'라는 새로운 인식이 생겼다. 이러한 인식이 '트리즈는 정밀과학으로서 창의성이다'라고 부르게 되었다. 트리즈의 본질에 따르기 위해서는 기본개념과 철학의 이해가 선행되어야 한다. 먼저 우리가 해결해야 할 문제의 핵심이 모순이다. 모순은 앞서 언급했듯이 어느 한 기술특성을 개선하고자 할 때 그 영향으로 다른 기술특성이 악화되는 상황을 말한다. 이것이 기술적 모순(Technical Contradiction)이다. 예를 들면 마이크의 성능을 높이면 주변의 소음들이 커지는 것과 같다. 음량 성능과 소음의 크기 사이에는 기술적 모순이 내포되어 있다.

물리적 모순은 시스템의 어느 한 기술특성이 높아야 함과 동시에 낮아야 한다. 존재해야 함과 동시에 존재하지 않아야 하는 상황을 말한다. 예를 들어 면도기의 날은 면도 성능을 높이기 위해 날카로워야 하면서 피부 손상 방지를 위해서는 무뎌야 하는 상황이다. 트리즈는 문제를 해결하는데 이러한 모순들을 해결하려고 타협하거나 절충하지 않고 근원적인 해결을 추구한다. 이러한 면에서 모순은 기술발전의 창의성이 폭발하는 뇌관이고 혁신의 출발점이라 할 수 있다.

한편으로 모순을 해결하려면 동력이 필요하다. 시스템 내외에 이미 존재하는 자원이 바로 그 동력원 이다. 좋은 해결책이란 좋은 자원을 활용하여 얻게 되는 이상적인 해결책이라 말할 수 있다. 자원은 문제 환경의 내부 또는 주변에 이미 존재하고 있는 사물, 정보, 에너지, 물질의 특성 들을 말한다. 예를 들면 바퀴는 무거운 물건을 쉽게 이동하게 해주는 기하학적 자원이다. 패스트푸드 점의 손님들은 과거의 레스토랑 기준으로 말하면 종업원을 대신하는 자원들이다. 도심지역에서 주차타워나 지하의 자전거 보관소는 공간부족 문제를 해결하는데 사용된 공간지원에 해당된다.

문제해결의 가장 이상적인 해답은 가장 값싸고 효율적인 방법으로 부작용 없는 결과를 말한다. 이상적인 최종결과(Ideal Final Results)는 알트슐러가 처음으로 정립한 기술진화 유형에 근거한 개념이다. 최초의 진화 유형이다 "모든 시스템의 진화는 이상성(Ideality)을 증가시키는 방향으로 진행한다." 이상성은 문제해결 비용과 제품의 가치를 동시에 추구하는 경영기법에서 가져온 새로운 개념이다.

이상성은 문제해결의 수준을 판단하는 기준으로 사용된다. 다음의 정성적 인식으로 표현된다.

표 1-2 이성적성 관리 방법

$$이상성(Ideality) = \sum 이득(Benefit) / \sum (비용+유해함)$$

| | |
|---|---|
| ↦ ⇥ | 현 상태 유지 |
| ↗ ⇥ | 기능추가 또는 개선 |
| ↦ ↘ | 불필요한 기능 제거 |
| ↗ ↘ | 여러 기능을 하위시스템에 결합 |
| ↗ ↗ | 분모보다 분자 값을 더 빠르게 증가 |

위 식에서 분모가 영(0)이면 이상성은 무한대(∞)이다. 즉 이상 시스템이란 비용이 들지 않고 유해한 기능 없이 유익한 기능만을 가진 IFR를 얻을 수 있는 시스템을 말한다. 이상성은 문제해결의 나침판으로 방향과 목표점을 가리킨다. 이론적 기준으로 이상성은 5가지 유형으로 관리 유지할 수 있다.

이상성을 관리하는 방법에는 5가지가 있다. 첫째 현재의 상태로 유지하는 방법이다. 둘째 기능을 추가하거나 개선하여 이상성을 높인다. 셋째 불필요한 기능을 없애 이상성을 높인다. 넷째 여러 기능들을 하위 시스템에 통합하여 투입비용을 줄이면서 이득을 크게 하는 방법이다. 마지막으로 투입 비용과 유해 기능이 커지는 것보다 상대적으로 이득을 더욱 크게 하여 이상성을 높이는 방법이다.

기술 진화를 알려면 기술 시스템의 발전 과정에 대한 이해가 선행되어야 한다. 기술 시스템은 독립적으로 존재하지 않는다. 모든 개별 시스템은 다른 시스템과 상호작용하는 상위 시스템의 일부분이다. 동시에 각각의 시스템은 상호작용하는 하위 시스템으로 구성된다.(그림 1-2참조) 일반적으로 사람들은 문제가 발생하면 현재 시스템에 초점을 둔다. 하지만 문제의 본질을 파악하려면 상위와 하위시스템 관점에서 같이 보아야 한다. 또한 미래에 어떤 상태로 변할 것인가와 과거의 상태도 고려해야 한다.

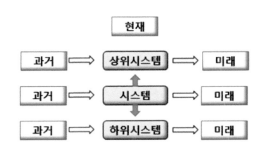

그림 1-2 시스템의 계층과 발전 과정

예를 들면 나무를 현 시스템이라 하면 상위 시스템인 숲과 하위 시스템인 뿌리, 줄기, 가지 등을 같이 보아야 부분에서 벗어나 전체를 조망할 수 있는 것과 같다.

## 트리즈는 실천적 창조기법이다.

트리즈는 발명 기술의 진화법칙에 기초하여 만든 실천적 창조기법이다. 엄격한 과학이론이나 이론적 창조기법이 아니다. 또한 문제해결을 위한 기계적인 도구도 결코 아니다. 트리즈는 기술문제해결을 위해 정보와 지식을 창의적으로 활용할 수 있는지 알려주는 사고의 기술이다. 사람의 생각을 대신하여 주지 않고 도움을 제공해 준다. 트리즈의 창의성은 영감이나 통찰력이 아니다. 최적의 해결안을 찾아가는 생각을 돕는 도구이다. 따라서 누구든지 트리즈를 배우고 활용하면 창의적 인재로 다시 태어날 수 있다.

## 트리즈는 피트니스 센터와 같다.

트리즈는 기술문제해결과 차세대의 기술, 제품개발을 위한 기술예측에 유익한 것으로 증명되었다. 현실 문제의 해결에 체계적인 절차와 다양한 해결 도구들을 제공해준다. 비유하면 많은 종류의 운동기구를 갖추고 있는 피트니스센터(Fitness Center)와 같다. 각 개인마다 필요한 운동 기구를 선택하여 체력을 단련 하듯이 필요한 문제해결 도구를 활용할 수 있다. 문제의 유형과 문제해결의 목적에 따라서 선택할 다양한 도구들을 제공해 준다. 트리즈는 공학 기술영역에서 출발했다. 따라서 제공되는 도구들이 비 기술 분야 사람들에게 익숙하지 않을 수 있다. 하지만 그 문제해결 원리와 방법이 영역을 불문하고 적용이 가능한 일반성을 가지고 있다. 경영, 예술, 마케팅, 광고, 정치, 행정, 문화 분야 등 거의 모든 영역에서 활용될 수 있다. 요즈음은 분야와 경계가 무너지고 아니 초월하여 창의적인 융합과 복합화가 왕성하게 이루어지고 있는 시대이다. 트리즈는 기술적 문제는 물론 생활의 다른 영역에서도 문제를 창의적으로 해결 하는 유용한 도구가 될 수 있다.

■ 실무적용 방안

1. 생활에서 사용하는 물건을 하나 선택하여 과거에서 현재까지의 진화 과정을 살펴보시오.
   이 진화 과정에서 어떠한 모순이 있었고 극복되어 발전되어 왔는지 같이 파악해 보자.
   - 배의 진화 과정 : _____
   - 자전거의 진화 과정 : _____
   - 전화기의 진화 과정 : _____
   - 생활 속의 물건 진화 과정 : _____

2. 최근에 기술진화의 흐름을 잘 읽지 못해 사라진 기업과 제품을 조사하여 기술하시오.
   _____
   _____

3. 트리즈의 기본 개념 4가지를 간략히 설명하시오
   1) _____  _____
   2) _____  _____
   3) _____  _____
   4) _____  _____

### 📋 요약정리

- 트리즈(TRIZ)는 '발명문제해결이론'이란 러시아어의 머리글자의 준말이다. 러시아어 원어는 Teoriya Reshniya Izobretatelskikh Zadatch (째오리아 레쉬리아 이조브레탈 텔스키 자다취)이다.

- 알트슐러가 발견한 중대한 사실은 세 가지이다. 첫째, 기술 진화는 불규칙적이지 않으며 어떤 유형 (Pattern)에 따른다. 둘째, 발명 문제는 하나 이상의 모순을 가지고 있다. 셋째, 어떤 문제와 해결방안이 여러 산업과 과학 분야에서 반복된다. 이 세 가지 발견이 트리즈의 근간이 되었다.

- 트리즈는 기술진화, 모순, 자원과 이상성, 시스템적 접근을 기본 개념으로 하고 있다. 이 개념들은 창의적 문제해결을 위한 방법론으로 사용된다.

- 트리즈는 사람의 심리적인 요인에 종속되어 있지 않다. 이미 발명에서 증명된바와 같이 기술 시스템의 진화 유형에 기초하고 있다. 복잡하고 비정형적인 문제를 단 기간에 저렴하게 해결할 수 있게 해준다.

- 트리즈는 기술문제해결을 위해 정보와 지식을 창의적으로 활용할 수 있는지 알려주는 사고의 기술이다 사람의 생각을 대신하여 주지 않고 도움을 제공한다. 최적의 해결안을 찾아가는 생각을 도와주는 도구다.

- 트리즈는 기술 영역에 국한되지 않고 모든 영역에서 문제를 창의적으로 해결하는 유용한 도구가 될 수 있다.

## SECTION 2
# 기계와 자연, 사회의 문제해결에 트리즈 원리가 통한다.

 본 장에서는 체계적인 문제해결 접근방법을 소개한다. 전통적인 시행착오 방식과 체계적인 방식의 장단점을 비교해본다. 트리즈의 문제해결 원리를 단계별로 자세히 설명한다.

## 지푸라기 더미 속에 묻혀있는 바늘을 찾아라.

사람들이 모여서 건초더미에서 지푸라기를 한 가닥씩 집어서 바늘을 찾는다. 이 방식은 많은 시간과 노동이 들어간다. 다른 방법은 대형 선풍기를 이용하여 지푸라기를 바람에 날리면서 떨어지는 바늘을 찾는다.

이 방식은 앞선 방법과 비교하면 다소 빠르고 쉽지만 역시 상당한 시간이 필요하다. 더욱 편리하고 빠른 방식은 없을까? 라는 생각을 가지는 것은 당연하다. 이와 같은 수많은 시행과 실수를 반복하는 방식을 시행착오(Try & Error) 방식이라 부른다.

시행착오 방식은 가급적 많은 경우의 수 가운데 가장 적합한 것을 선택하는 방식이다. 그래서 무수히 많은 실험들이 시행되어야 했다. 토마스 에디슨은 전구 필라멘트의 재료를 찾기 위해 무려 1,000번 넘는 불규칙적인 실험을 하였다. 시행착오 방식은 체계적인 분석과정 없이 곧바로 개별 문제로

그림 2-1 건초다미에서 바늘 찾기

부터 해답을 얻으려고 한다. 그러나 트리즈의 문제해결 방식은 특정 문제를 개별적으로 해결하지 않는다. 우선 바늘이 가진 금속성 이라는 특성을 이용하여 자석을 도구로 사용하여 효과적으로 바늘을 찾는다.

트리즈는 과학 지식과 도구를 활용하는 체계적인 문제해결 방식을 이용한다. 그림 2-2는 체계적인 접근 방식을 보여준다. 첫째, 문제의 일반화 과정이다. 복잡한 문제의 상황에 추상 작업을 통해서 단순화하여 개념문제로 모델링한다. 둘째, 도구 선택과정이다. 다양한 개념 문제를 트리즈 도구를 이용하여 해결모델

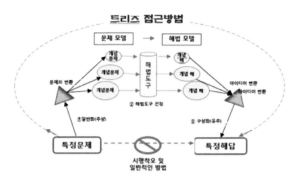

그림 2-2 트리즈 문제해결 접근방법

로 전환한다. 셋째, 구상화 과정이다. 개념해의 아이디어에서 유추와 수정을 통하여 특정한 해를 구한다.

① 추상에 의한 일반화 과정 : 복잡한 문제상황을 단순 개념문제로 전환

물리학자 베르너 하이젠베르크는 추상의 개념을 명확하게 설명해 준다.「추상의 본질은 다른 속성에 비추어 특히 중요하다고 생각되는 한 가지 특징만 잡아내는데 있다.」즉 추상화란 단순화다. 드러나지 않던 특성과 관계를 단순화를 통해 드러낸다. 그 결과 새롭고 다의적인 통찰과 의미를 전달할 수 있게 한다. 현실의 문제상황은 다양성과 우연성으로 얽혀있어 매우 복잡하게 보여 진다. 이러한 문제상황을 쉽게 인식할 수 있도록 정리하고 구조화하지 않으면 우리는 문제를 풀 수 없다.

따라서 특정문제에 대한 추상화 작업은 일차적으로 해야 할 기본 작업이다. 문제의 특징을 추출하여 단순화시켜서 개념문제로 전환(모델링)한다. 문제의 일반화란 현실에서 추상의 공간으로 옮겨가는 방법론이다. 일반화의 사전적 의미는 '다양한 사항들의 공통분모를 가지고 근본적인 결론에 이르는 추론' 이다. 문제 모델링 방식의 일반화는 많은 시간이 요하고 복잡하다고 생각된다. 하지만 이 방식은 문제해결 방향이 확실하고 시행착오를 줄여서 오히려 시간과 비용을 절약하게 한다.

문제 일반화의 장점은 특정문제상황에 빠져있던 고정관념에서 벗어나도록 해준다. 또한 이와 유사한 문제도 해결할 수 있게 된다는 점이다. 유사한 문제해결에서 아이디어

그림 2-3 아이디어 발산 추상화 수준

를 가져와 보다 획기적인 새로운 아이디어를 낼 수 있다. 문제를 일반화하는 방법 가운데 하나가 추상화 작업이다. 왜! 이 문제를 해결 하고자 하는가? 라는 질문을 통해 주어진 최초의 문제를 추상으로 넓혀진 문제로 전환할 수 있다. 일단 문제가 추상화 되면 될수록 문제해결을 위한 수많은 아이디어가 튀쳐나올 수 있다. 이와 반대로 구체화 작업은 '무엇이 이 문제의 해결을 저해하는가?' 라는 질문을 통해 좀 더 좁혀진 문제로 정의할 수 있다.

아이팟은 스티브 잡스가 만들어낸 새로운 개념의 MP3 플레이어이다. 메모리 용량과 소프트웨어 능력을 보고 세상 사람들은 놀랐다. 이전의 MP3 플레이어와는 전혀 다른 새로운 것이었기 때문이다. 스티브 잡스 이전에 다른 사람들은 이러한 개념의 새로운 제품을 만들어 내지 못했다. 이유는 기술이 부족해서가 아니라 휴대용 음향기기의 고정 관념을 뛰어 넘지 못해서 일 것이다. 어떤 특정 문제에 대해서 원하는 해결책을 얻기 위해서는 문제의 일반화를 여러 차례 반복해야 할 수도 있다. 추상화가 고도화 될수록 일반화의 영역이 더욱 확대되어 더 많고 다양한 아이디어의 발상이 쉽게 된다.

### ② 해법도구를 적용하여 개념적 문제를 개념적 해결방안으로 전환

개념문제에 해법 도구들을 적용하면 다양한 개념 해를 도출할 수 있다. 일반적인 해법도구는 수학 이차방정식과 같이 알려진 공식, 자연과학의 법칙과 효과. 대중의 지혜. 벤치마킹 개인과 집단의 경험과 지식 등 무수히 많다. 기술적 해법을 구할 때에는 발명특허 데이터베이스. 40가지 발명원리. 분리의 원리. 표준 해를 도구로 이용할 수 있다.

그림 2-4 개념 문제에서 개념 해로 전환

### ③ 구상화, 개념적 해결방안에서 유추하여 특정 해결방안 도출

구상화 단계에서 문제해결에 필요한 작업이 유추 발상이다. 유추란 다른 것으로 부터 아이디어를 빌려서 해결책을 찾는 방법을 말한다. 창의적인 사람들은 전혀 연관이 없는 두 대상을 강제로 연결하는 능력을 발휘하여 문제를 해결하기도 한다. 구텐베르크는 와인 프레스로 부터 유추 발상하여 인쇄용 프레스를 개발하였다. 남들의 예상을 깨는 발상이기에 창의적이라 할 수 있다. 개념 해에서 드러난 다양한 아이디어에서 유추 발상하여 특정 문제의 최종 해를 도출한다. 아래 사례를 통해서 확인할 수 있다.

1989년 엑손 발데스호 사건의 일화이다. 알래스카에서 침몰한 초대형 유조선 엑손 발데스호에서 유출된 기름을 20년간 제거하지 못했다. 혹한의 날씨로 인해 기름이 물과 젤리상태로 얼어서 물과 기름을 분리할 수가 없었다. 세계적인 과학자들도 그 해법을 찾지 못하였다. 그런데 이 문제를 2007년 시멘트 업체 직원인 존 데이비스 씨가 해결할 수 있는 아이디어를 제공한다. 시멘트가 굳지 않도록 기계로 계속 젖는 것처럼 오일도 진동 기계로 자극을 주면 얼지 않는다는 해법이다. 연구소는 바지선에 진동 기계를 달아 고질적인 이 문제를 해결하였다. 알래스카의 실제 문제상황의 추상모델은 물과 기름이 얼어서 얽혀있는 것을 분리하는 일이다. 해결 아이디어는 시멘트 산업분야의 해결책에서 유추된 것이다.

피망의 꼭지를 제거하고 씨를 모으는 일을 수작업으로 한다. 피망이 많으면 수작업에 의한 꼭지 제거는 고된 노동이 된다. 그래서 "피망 꼭지를 따야하는 일"을 추상화하면 단순한 개념 문제로 전환된다. 어떤 사물을 분리 또는 파괴하는 문제로 정의할 수 있다. 사물을 파괴하거나 분리하는 일반적인 방법은 다양하다. 진공, 폭발, 감압 또는 전기유체 충격 방법 등이 각 분야에서 사용된다. 여러 방법 중에 다이아몬드 가공 산업에서 사용하는 감압 방식을 피망 꼭지 제거에 적용해 본다. 감압의 원리를 유추하여 피망 꼭지를 제거하는 구체적인 방식을 만들 수 있다.

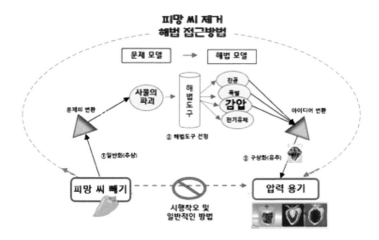

그림 2-5 피망 씨 제거문제 유추에 의한 해결

즉 밀폐된 압력 용기에 피망을 넣은 다음 서서히 압력을 높이다가 어느 순간 압력을 낮춘다. 진공용기 내 압력과 피망 내부 압력의 차이가 발생하여 비교적 약한 피망 꼭지가 터지고 씨앗이 빠져 나온다.

위 두 가지의 문제해결 사례에서 주목할 점이 있다. 다른 분야에서 일어나는 문제에 동일 유사한 해결방법이 반복적으로 사용되었다는 점이다. 이것이 문제해결에 어떤 공통 원리나 규칙이 있다는 증거이다.

## 트리즈의 문제해결 모델

트리즈는 문제해결에 이용할 수 있는 많은 개념 및 이론과 도구를 포함하고 있다. 발명 문제를 해결하는데 공통적으로 사용된 여러 가지 방법들을 일반화한 것들이다. 트리즈는 특정한 문제의 해결안을 직접 제공하지 않는다. 보다 효율적이고 체계적으로

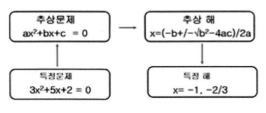

그림 2-6 이차방정식 풀이 과정

특정 문제를 해결할 수 있도록 도와주는 역할을 한다. 트리즈를 활용한 문제해결은 '언덕 모양의 도표'이행 순서에 따라 푼다. 문제해결 순서는 현실 문제에서 개념 문제로 이를 다시 연관된 개념적인 해결책에 이어서 구체적 해결책을 만든다. 이 언덕 모양의 도표 방식의 문제해결 과정은 심리적 관성을 극복하는데 도움을 준다. 문제해결의 언덕 모양의 도표에는 세 단계의 이행 순서가 있다. 문제상황에서 추상적 모델로의 이행, 문제의 추상적 모델에서 해결의 추상적 모델로의 이행, 추상적 해결 모델에서 구체적인 해결로의 이행, 예를 들어 어떤 특정한 수학 문제는 변수 따라서 많은 형태로 존재한다. 수학의 표준 공식을 활용하면 특정 해답을 얻을 수 있다. $3X^2 + 5X + 2 = 0$ 이차방정식을 풀어야 한다. 시행착오식 방법은 X 값이 취할 수 있는 모든 실수를 대입해 보는 것이다. 또 다른 방법은 이미 이차방정식을 추상화시켜 만들어 놓은 표준해법인 근의 공식에 대입하면 쉽게 특정 해답을 얻을 수 있다. 계수를 이 공식에 대입하여 주어진 문제를 다음과 같이 해결할 수 있다. X = -1, -2/3 이다.

현실 세계의 특정 문제는 복잡하고 비구조화 된 형태로 문제의 본질을 파악하기가 어렵

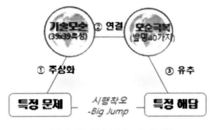

그림 2-7 기술모순 해결모델

다. 추상화 작업으로 주요 특징만을 추출하여 모순 문제로 변환한다. 이를 위해서는 39개 기술 특성 치로 기술적 모순을 정의한다. 그 다음 알트슐러가 제공해준 모순행렬 표에 접근할 수 있다. 모순 특성치의 교차점에서 40가지 발명원리가 도출된다. 발명원리를 하나하나 검토해 보고 개념을 자신의 기술적 모순 해결에 사용할 수 있는지에 대해 생각한다.

그와 동시에 해당 발명원리를 응용한 기술사례를 검토하여 해결방법을 유추한다.

유추발상으로 구체적인 특정해답을 구한다. 한편으로 기술적 모순을 물리적 모순으로 전환한다. 모든 기술모순은 물리모순을 포함한다. 물리모순에 대해서는 분리의 원리를 사용하여 일반해법을 찾고 역시 유추발상으로 특정해답을 도출한다. 문제에 봉착했을 때 곧바로 해결안을 찾으려고 덤벼드는 빅 점프는 지양해야 한다. 수많은 시행착오 과정은 시간과 비용을 소모한다. 체계적이며 더불어 경제적으로 문제해결을 하려면 공통된 문제해결 방법의 규칙성을 활용하는 것이 효과적이다.

그림 2-8 모순문제해결모델

트리즈가 제공하는 큰 이득은 길을 알려 준다는 것이다. 즉 자신에게는 잘 알려지지 않아도 세상의 다른 곳에서 이미 입증된 지식에서 해법을 찾게 한다. 트리즈를 사용하여 어떤 문제를 해결하기 위해서는 문제를 언덕(Hill)위에 올려야 한다. 트리즈 언덕 모양 도표는 실제의 사실적 문제를 단순한 개념문제로 초점을 좁혀준다. 트리즈 해결도구를 사용하여 개념문제에 대응하는 개념해법들을 찾게 한다. 그리고 세상의 지식과 유추적 사고를 통해 원하는 해법을 얻게 된다.

■ **실무 활용방안**

문제를 창의적으로 해결하는 방법은 수 없이 많다. 스스로 생각하고 그 길을 찾아야 한다. 세계적인 디자인 스쿨에서는 가르치지 않는다고 한다. 물론 수업 시간도 없다. 교실 안에서 선생님으로부터 배운 것은 그 자체가 창조적이지 않다. 해야 할 주제가 주어지고 시작은 스스로 생각하면서 부터이다. 주어진 문제의 창의적 해결책을 찾는다면 체계적인 분석과 과정을 인내심을 가지고 수행하기 바란다.

1단계 : 주어진 특정문제상황의 핵심을 정리한다. 즉 사실 확인과 관련 정보를 확보하고 분석한다.

2단계 : 복잡한 문제 현상으로부터 추상화 작업을 통해 문제의 본질(특징)을 추출한다.

3단계 : 일반적인 개념 문제로 모델링한다. 올바른 문제 정의는 올바른 해결책을 찾는 출발점이다.

4단계 : 적당한 해법 도구를 선택하여 일반 개념문제에 적용한다.

5단계 : 다양한 분야에서 이미 알려져 있는 일반 해법들을 도출한다.

6단계 : 일반 해법으로부터 구체적인 해결책의 아이디어를 유추한다.

7단계 : 전문 지식과 경험을 근거로 해결책을 구체화 한다.

트리즈의 창의적 문제해결 원리는 어느 특정분야에 한정되지 않는다. 세상의 지식과 해법과 만나는 길을 알려준다. 개인차원의 문제해결을 시스템 차원으로 승화, 구현해 보기 바란다.

### 📋 요약정리

- 전통적인 시행착오방식 문제해결 방법을 버려야 한다. 복잡한 문제일수록 추상화 과정을 거쳐서 문제를 단순하게 정의해야 한다. 개념의 단순화로 넓혀진 문제는 다양하고 많은 아이디어로 해결책을 제공한다.

- 해법 도구로 사용되는 것들은 이미 알려진 공식, 자연 과학의 법칙과 효과, 대중의 지혜, 벤치마킹, 개인과 집단의 경험과 지식 등이 있다. 기술적 해법을 구하고자 할때에는 발명특허 데이터베이스, 기술적 모순 해결안을 추천해주는 40가지 발명원리, 물리적 모순 문제의 해법으로 분리의 원리 그리고 76가지의 표준화된 해법이 있다.(참고: 76가지 표준해법은 본 서적에서는 다루지 않는다)

- 유추는 다른 것으로부터 아이디어를 빌려서 해결책을 찾는 방법이다. 유추에는 직접유추, 상상유추, 상징유추, 의인화 유추가 있다. 상징유추는 자연 현상 속에서 문제해결 비법을 찾아내는 바이오닉스(Bionics)즉 생체공학적 접근법과 같다. 세계적인 수많은 미술작품과 과학기술, 발명품도 유추를 활용한 창의적 산물 들이다.

- 문제에 봉착했을 때 곧바로 해결안을 찾으려고 덤벼드는 빅 점프를 지양해야 한다. 트리즈의 문제해결 모델을 적극 활용하기를 권장한다. 기술적 모순 문제모델, 구조적 문제모델, 물리적 모순 문제모델이 대표적이다. 이러한 문제 모델들에는 각각에 해당하는 해결책 모델이 존재한다. 40가지 발명원리, 분리의 원리 외에 물질-장 모델, 난장이 모델, 그래픽 모델 등이 있다. 여기에서 언급되지 않는 모델에 대해서는 별도의 장에서 만날 수 있을 것이다.

## SECTION 3
## 시스템 사고는 과학기술, 비즈니스, 예술 등 모든 영역에 필요하다.

> 본 장에서는 문제를 바라보는 관점을 전환하는 방법에 대해서 다룬다. 관점의 전환이 하고 싶다고 쉽게 되는 것은 아니다. 동일한 사물을 보면서도 새롭게 인식할 수 있는 사고의 훈련이 필요하다. 이에 필요한 트리즈 사고로 익혀야 할 대상은 시스템 사고를 비롯한 5가지이다. 시스템의 계층적 사고와 진화사고 다면사고와 야누스 사고이다.

벤자민 프랭클린의 일화를 보면 문제를 바라보는 관점이 남 달랐음을 알 수 있다. 그가 파리 근무당시에 양초 가격이 너무 올라서 골칫거리였다. 특히 동절기에는 해가 빨리 지기 때문에 더 큰 문제였다. 여기저기에서 온갖 아이디어가 등장하였다. 양초 유통을 투명하게 하자. 더 오래 타는 양초를 만들자. 양초의 대체재를 만들자. 골칫거리였던 값비싸고 부족했던 양초의 문제에 대해서 그는 보통 사람들과 다르게 생각했다.

현재의 사회적인 문제는 양초 자체의 문제가 아니라 시간의 문제로 바라본 것이다. 벤자민 프랭클린은 문제를 완전히 새로운 관점에서 해석하여 제안을 내어 놓았다. 온 나라가 동시에 시간을 같이 맞추면 상점의 영업시간을 해가 떠 있는 시간에 맞게 할 수 있다. 해가 짧은 겨울에 1시간 빨리 돌려놓으면 일몰 전에 장사를 하고 제 시간에 문을 닫을 수 있게 된다는 제안이었다. 마침내 시간의 조정으로 양초문제는 해결되었다. 1784년 그의 제안에 의해서 서머 타임의 제도가 시작되었다.

---

사회의 양초의 문제 → 시간의 문제로 해결 → Summer Time 제도 도입

---

창의적으로 문제를 해결하기 위해서는 시스템 사고로 접근하여 문제의 본질을 파악하는 것이 중요하다. 아인슈타인은 중대한 문제를 풀 때 시간을 독특하게 활용하였다. "주어진 시간이 1시간 이라면 59분을 문제정의에 사용하고 나머지 1분은 문제를 해결" 할 것이라고 말하였다.(Spradlin2012) 하지만 대부분의 사람들은 문제를 정의하는데 1분을 할애하고 해

결안을 찾는데 59분을 소비한다. 아인슈타인 시간 관리의 핵심은 문제의 분석 및 이해가 문제해결 보다 더 본질적이라는 것이다. 문제를 올바르게 파악해야 제대로 된 해결안을 만들어 낼 수 있다는 의미이기도 하다.

## 시스템 사고

시스템 사고는 전체의 관점에서 부분들의 순환적 상호관계를 역동적으로 파악하는 사고를 의미한다. 분석적인(Systematic) 사고가 아니라 전체적인(Systemic) 사고인 것이다. 시스템 내 요소들의 부분적인 관계에 집착하는 것을 배

그림 3-1 단선적 사고와 시스템적 사고

제한다. 시스템 사고는 모순적인 요인들의 상호관계를 인식한다. 이를 극복할 수 있는 사고의 지평을 제공해 준다. 시스템 사고는 문제를 보는 시야를 넓혀준다. 문제해결의 통찰력을 얻을 수 있도록 도와준다. 시스템 사고는 시간과 공간의 변화에 따른 요인간의 피드백 고리를 인식 하게 한다. 이로 인하여 모순의 공존이 가능하게 된다.

예를 들어, 고이윤과 높은 시장점유율을 동시에 달성하고자 한다면. 이 문제에서 고이윤은 비싼 가격을 요구하고, 시장점유율을 높이려면 가격을 낮추어야 한다. 시장점유율과 이윤은 서로 포함하는 관계를 가진다. 시장점유율의 증가는 총매출을 증가시켜 이윤을 높인다. 역으로 이윤의 증가 가격 탄력성을 부여하여 시장점유율 확대를 가능하게 한다. 만일 저 원가 대량판매로 시장점유율이 증가되면, 다른 시장에 투자해서 점유율과 이윤을 동시 증가시키게 된다. 계속해서 이 사이클은 반복한다.

그림 3-2 시장 점유율과 이윤 관계 도표

시스템 사고를 하면 아무리 복잡한 문제라 해도 전체 시스템과 하위시스템, 그 하위시스템이 무엇인지 알 수 있다. 또한 시스템간의 상호관계를 규명해 보면 문제를 멀리서 바라볼 수 있는 통찰력이 생기기 시작할 것이다.

"펭귄의 계약"(2001, 데이비드 허친스)은 시스템 사고에 대해 우화로 교훈을 준다. 핵심 줄거리는 거대하고 험준한 빙산에서 일어난 펭귄과 대합 그리고 바다코끼리 사이의 계약에 관한 이야기이다. 계약 이후 이들의 복잡한 관계에서 이해할 수 없는 사건들이 일어난다. 이 사건들의 본질적인 원인규명과 해결이 시스템 사고에 의해서 이루어진다.

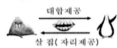

그림 3-3 펭귄의 계약 표지

> "시스템 사고는 이 세상의 복잡한 인과관계 유형들을 이해하는 새로운 방법을 제시 합니다. 즉, 사물, 사람, 사건 들이 서로 어떻게 연결되는지를 인식하는 방법을 알려 줍니다. 그것은 우리의 행동이 어떤 의외의 결과를 초래할지 예상하고, 우리의 에너지와 자원을 어디에 집중시켜야 할지를 결정합니다. 그리고 우리 자신과 다른 이들의 행위를 이끄는 근본적인 원인을 밝혀내어 더 나은 결정을 내릴 수 있도록 도와줍니다. 전략적 관점에서 볼 때, 시스템 사고는 현실을 정확히 파악하여 우리가 희망하는 미래를 창조하기 위해 현명한 전략을 구상할 수 있도록 해줍니다."
>
> 데이비드 허친스 p84

## 야누스 사고 (Janusian thinking)

야누스는 로마 신화에 등장하는 신으로 처음과 끝이자 시작과 변화를 상징하는 신이며 문(gate,door)이라는 의미도 있다. 1월을 의미하는 January는 이 신의 이름에서 유래한다. 야누스 상은 머리 하나에 상반된 방향을 동시에 바라보는 두 개의 얼굴이 있다. 출입구의 신답게 안쪽과 바깥쪽을 동시에 본다.

역사적으로 초능력적인 존재는 항상 야누스적 성격으로 그려진다. 피라밋을 수호하는 스핑크스는 인간과 사자의 모습을 하고 있다. 영화나 이야기의 소재가 되는 인물들 중에서도 가장 강한 사람은 항상 양면적인 존재로 나타난다.

우리는 도저히 어울릴 것 같지 않은 대립적인 요소가 합쳐져 더 큰 힘을 내는 것을 종종 목격한다. 실제로 양면적 사고는 창조적인 활동과 과학의 발전에 큰 역할을 하였다. 아인슈타인, 모차르트, 피카소 등 저명한 과학자와 예술가들은 그 주인공 들이다. 이들은 서로 모순되는 요인들을 동시에 생각하고 이를 뛰어넘는 '야누스적 사고(Janusian thinking)'로서 훌륭한 업적을 남겼다. 야누스 사고가 창의성과 문제해결을 연결하는 접근법의 좋은 예라고 할 수 있다.

그림 3-4 아비뇽의 여인들

야누스 사고란 상반되는 것을 동시에 생각하고 그리는 것이라고 정의한다. 피카소는 입체적 시점을 도입하여 대상을 분리하고 다시 점으로 재조합하여 그림을 그렸다. 이러한 입체파 화풍의 불꽃을 최초로 쏘아올린 작품이 아비뇽의 여인들 이다. 아비뇽의 여인들에서 먼저 주목할 것은 보는 시점이 여러 개라는 것이다. 여러 시점에서 바라본 인물들은 입체적인 모습을 보여준다. 뿐만 아니라 오른쪽에 있는 두 여성의 얼굴은 색도, 모양도 왜곡돼 있다. 원근법도 고려하지 않은 피카소 특유의 화법이 잘 드러나는 작품이다.

창의적 문제해결을 위한 시스템 사고는 「기술의 진화에 관한 사고」와 「기능과의 계층구조에 관한 사고」를 갖는 것을 말한다.

## 시스템의 계층 사고

시스템의 계층 사고란 시스템이 하위 시스템과 상위 시스템간 상호작용하는 것을 바라보는 것이다. 즉 해결의 대상인 특정 사물이나 현상에만 머물지 않고 시. 공간적 관점에서 다양하게 보는 것이다. 시스템이 변하면 상, 하위 시스템에 영향을 주고 역으로 상, 하위 시스템의 변화가 시스템에 영향을 미치는 것이다.

현재 나무를 시스템으로 보고 분석하면, 나뭇가지, 뿌리, 잎은 나무의 하위 시스템이다. 이 구성 요소들이 환경과의 상호작용으로 성장에 필요한 영양소와 산소를 만들어 내며 생명을 유지한다. 한편 주위의 나무들, 흙, 공기, 물, 햇빛 등 환경 요소들과 상호 작용하며 존재하고 있다. 이들이 나무의 상위 시스템이다. 현재 시점의 나무를 올바르게 이해하기 위해서는 하위 및 상위 시스템과의 관계를 인식하고 관찰하여야 한다.

우리는 물이 끓는 점은 섭씨 100℃ 라고 배웠다. 이 사실은 환경 조건에 따라서 달라질 수

있다. 물을 시스템으로 바라보면 물이 어떤 조
건하에 존재하는가에 따라 끓는점이 다르다. 섭
씨 100℃에서 끓는다. 학교의 가르침은 1기압이
라는 전제가 있었다. 주말에 산으로 등산가면
기압이 낮아지므로 물의 끓는점이 낮아져 섭씨
100℃ 이하에서 끓는다. 만일 물이 진공상태에
있다면 상온에서 물이 끓어 증발 될 수 있다.
즉, 물 시스템의 상위 시스템의 조건에 따라 물
시스템이 영향을 받는 것이다.

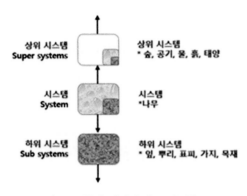

그림 3-5 현재 시점의 나무 시스템

이러한 관점의 사고를 가지게 되면 모든 과학적 지식과 경험 및 상식이 상대적임을 깨우
치게 된다. 어떤 문제상황에 직면하면 우선 문제를 시스템으로 바라보아야 한다. 그리고 시
스템의 계층 사고로 백지상태에서 분석을 시작해야 한다. 커피 원두의 진공건조 방법은 이
원리를 이용한 것으로 커피 향이 날아가 가지 않고 수분만 증발된다.

루나 16호 우주선 사례를 소개한다. 달 탐사 선을 달에 발사하기 전에 실시한 실험에서
충격에 의해 전구 유리가 깨졌다. 과학자들은 시스템적으로 문제를 분석하지 않고 깨지지
않는 유리를 만드는 일에 집착했다. 수많은 시도와 실험에도 불구하고 모두 실패했다. 이 문
제를 대상으로 시스템 분석을 해보자. 전구라는 시스템은 우주선이라는 시스템의 하위 구성
요소이고 우주선의 상위시스템은 달의 환경이다. 달은 지구와는 달리 진공상태이다. 유리는
진공상태를 유지하는 기능을 맡는다. 그런데 달은 진공상태 이므로 유리의 기능이 불필요해
진다. 따라서 유리없는 전구 시스템을 장착하고 달에 가도 문제가 전혀 없다. 아차, 불필요
한 노력과 비용을 투자하는 시행착오를 했구나 하는 깨우침이 든다. 계층적 시스템적 사고
를 통해서 미래를 보지 않고 현재의 편익만을 위해 행동하는 것은 지혜롭지 못하다.

## 기술의 진화에 관한 사고

기술의 진화에 관한 사고란 현재를 기준으로 과거와 미래의 시간적 관점에서 변화를 바
라보는 것을  말한다. 모든 시스템은 시간의 흐름에 따라서 변한다. 시스템이 과거에 어떠
하였고 미래에는 어떻게 바뀔 것인지 상상해 보아야 한다. 시스템의 어떤 기능이 진화할 것

인가? 어떤 새로운 기능이 미래에 수행될 것인가 등 시간적 사고가 필요하다. 위에서 예시한 나무 시스템에 대해서 과거와 미래 관점의 시각에서 분석해 보자.

나무의 과거 시스템은 어린 나무이고 상위 시스템은 어린 작은 나무 숲 등이다. 미래의 시스템은 숲에서 벌목되어 건축용 목재가 될 것이다. 상위 개념은 건축물, 건축가 등이 된다. 목재의 하위 개념인 목재의 속성, 즉 모양, 강도, 수분 함유량 등이 하위 시스템이 된다. 시간에 대한 사고는 시스템을 사용하는 과정에서 해결책에 이르기까지 많은 다른 시간이 있음을 이해하는데 도움이 된다.

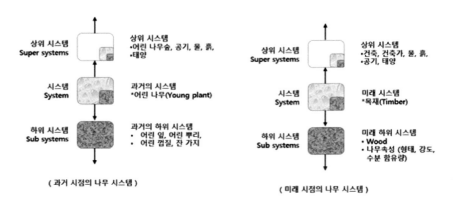

그림 3–6 과거, 미래 시점의 나무 시스템

알트슐러는 발명가들의 문제 분석에 대해 다음과 같이 설명했다. 평범한 사람들은 문제에 주어진 것 만 본다. 만일 나무와 관련된 문제일 경우에 나무만 보는 반면 발명가들은 문제를 최소 9가지의 사고의 창으로 문제를 본다. 나무만 보는 것이 아니라 상위 시스템인 숲과 하위 시스템인 가지, 뿌리, 잎 등을 본다. 뿐만 아니라 모든 것은 시간의 흐름 속에서 변화되므로 과거와 현재, 미래라는 시간의 관점에서도 살펴본다. 트리즈 접근법은 시스템(문제)을 9개 관점에서 관찰하며 각각의 요소들 사이에서 상호관계에 집중한다. 이러한 체계적인 분석법을 9개 창문사고(9 Windows Thinking), 다면사고(Multi-Screen Thinking, MST), 재능사고, 시스템 연산자(System opertor) 등으로 칭한다.

'로빈슨 크루소 무인도'에 나오는 일화의 줄거리 이다. 로빈슨 크루소는 무인도 한 가운데에서 커다란 나무 한그루를 발견하고 이를 이용해 배를 만들어 무인도를 탈출하기로 결심했다. 수개월에 걸친 작업으로 크나큰 배를 하나 만들었다. 배를 바닷가로 옮기려 했는데 문제가 발생했다. 배가 너무 커서 움직이지 않았다. 그래서 수로를 파서 해안가까지 옮기려 했지만 돌과 바위가 많아서 이 계획도 수포로 돌아갔다. 할 수없이 크루소는 오랜 동안 섬에 남겨져 지내게 되었다. 그러던 어느 날 섬을 지나가던 배에 의해 구조되었다.

이 일화에서의 교훈과 시사점에 대해서 생각해 보자. 크루소는 무엇을 실수 하였는가? 배를 건조하기 전에 미래의 관점에서 배를 바닷가로 옮길 수 있는 방안을 염두에 두어야 했다. 아니면 나무를 굴려 옮긴 다음 바닷가에서 배를 만들었어야 했다. 현재의 시스템을 다룰 때에는 미래에 어떤 결과를 가져올 것인지를 반드시 고려하면서 접근해야 한다.

## 9개 창문 사고(9 Windows Thinking)

문제를 하나의 시스템으로 이해하고 9개의 창을 통해 문제의 전체적인 모습을 조망하는 사고이다. 문제 자체에만 초점을 두지 않는다. 문제가 내재된 시스템의 과거, 현재, 미래라는 관점에서 본다. 그리고 상위, 하위 시스템이라는 수준의 관점에서 보다 넓은 시야에서 문제를 파악한다. 문제를 바라보는 관점을 시간-공간-규모 측면에서 종합적으로 가져야 한다. 그래야 문제를 해결할 수 있는 범위가 넓어지고 가용 자원을 최대화할 수 있다.

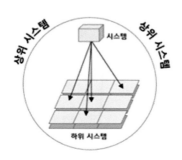

그림 3-7 9개 창문의 시스템사고

시간의 관점은 자연계의 진화적 시각에서 보는 것이다. 거시적 시간과 미시적 시간의 관점으로 나누어 볼 수도 있다. 미시적 시간 관점은 문제발생 직전, 직후로 짧게 분해한다. 반면에 거시적 시간 관점은 문제발생 전과 후로 긴 시간 축으로 문제를 본다는 차이점이 있다. 공간적 관점은 현재의 시스템을 기준으로 상위시스템과 하위시스템이라는 계층적으로 보는 것이다. 상위시스템은 시스템 주변 환경 등으로 시스템의 기능에 영향을 미칠 수 있는 모든 것이다. 시스템은 현재 해결해야할 문제, 제품, 공정을 대상으로 지정한다. 하위 시스템은 시스템 자체를 구성하는 요소를 말한다. 아래 표를 참고하라.

표 3-1 시스템 설명과 예시

| 공간 | 설명 | 예시1 | 예시2 | 예시3 | 예시4 | 예시5 |
|---|---|---|---|---|---|---|
| 상위 시스템 | 시스템 주변 환경 요소 | 교통수단 | 직장 | 국제사회 | 도서관 | 의료보험 |
| 시스템 | 현재 해결해야 할 요소 | 자동차 | 회사원 | 국가 | 책 | 병원 |
| 하위 시스템 | 시스템 구성 요소 | 엔진, 바퀴 | 책상, PC | 지역, 도시 | 글자, 그림 | 의사, 간호사 |

## 9 Windows 에서 과거, 현재, 미래를 채우는 간편 방법

　현재 어떠한 문제가 발생되었다고 가정하자. 시스템에는 문제가 발생하지 않도록 당장 수행할 수 있는 방안을 넣는다. 과거의 관점에서는 재발방지를 위해서 조치할 사항을 넣는다. 미래의 관점은 발생한 문제를 어떻게 고칠 수 있는지를 넣는다. 현재의 상위시스템에는 시스템 기능이 실현되는 환경 요소들을 하위시스템에는 시스템을 구성하는 요소들을 채운다. 이 가운데 미래 항목의 서술 활동은 새로운 시스템을 제시해야 함으로 가장 어려운 부분이다. 이를 위해서는, 과거와 현재의 기존 시스템의 분석을 토대로 하여 미래에 하위시스템으로부터 개선을 시작하고, 다음에는 시스템 그 다음은 상위시스템 순서로 서술한다.

표 3-2 현재 시스템을 기준으로 과거와 미래 시스템 작성법

| 공간　시간 | 과거(예방, 방지) | 현재 | 미래(수리, 교정) |
|---|---|---|---|
| 상위 시스템 | (현재 문제) 발생되지 않게 하려면 (상위 시스템 요소)를 어떻게 변환시켜야 할까? | (상위 시스템) 요소 | (현재 문제)고쳐서 새롭게 만들려면(상위 시스템 요소)를 어떻게 변환시켜야 할까? |
| 시스템 | (현재 문제) 발생되지 않게 하려면 어떻게 해야 할까? | (현재 문제) | 어떻게 하면(현재 문제)고쳐서 새롭게 만들 수 있을까? |
| 하위 시스템 | (현재 문제)발생되지 않게 하려면 (하위 시스템 요소)를 어떻게 변환시켜야 할까? | (상위 시스템) 요소 | (현재 문제)고쳐서 새롭게 만들려면(하위 시스템 요소)를 어떻게 변환시켜야 할까? |

■ **실무활용 방안**

1. 어느 산골에 산양을 기르는 마을이 있는데 늑대가 나타나기 시작했다. 늑대가 산양을 잡아먹자 사람들은 늑대를 보이는 대로 사냥하였다. 늑대가 마을에서 사라진 이후에 마을에서 기르던 모든 산양이 죽고 말았다. 산양이 죽은 원인에 대해서 시스템 사고 관점에서 토론해 보시오.

2. 9 Windows 사고기법을 활용하여 실제 생활 속에서 만나게 되는 문제를 해결해 보자. 피자 배달시 열에 의해서 박스가 눅눅해지면서 피자가 위쪽 면에 눌러 붙어서 고객들의 불만이 일어나곤 한다. 고객 불만 해소를 위해 어떠한 개선책을 마련해야 할까?

출처 : Ellen Domb, "How To Deal with Cost-Related Issues in TRIZ", TRIZ Journal January 2006)

표 3-3 현재 시스템을 기준으로 과거와 미래 시스템 작성 사례

| 공간＼시간 | 과거(예방, 방지) | 현재 | 미래(수리, 교정) |
|---|---|---|---|
| 상위 시스템 | {피자, 상자, 운반 상자, 배달 차량, 운전자 등} 패키지 및 배달 시스템을 대상으로, 어떻게 하면 피자가 눅눅해지지 않도록 할 수 있을까? | 피자, 상자, 운반 상자, 배달 차량, 운전자 | (피자, 상자, 운반 상자, 배달 차량, 운전자 등) 패키지 및 배달 시스템을 대상으로, 어떻게 하면 피자를 다시 바삭바삭하게 만들 수 있을까? |
| 시스템 | 어떻게 하면 피자가 눅눅해지지 않도록 할 수 있을까? | 〈현 문제〉 피자가 눅눅해짐 | 눅눅한 피자를 어떻게 하면 다시 바삭바삭하게 만들 수 있을까? |
| 하위 시스템 | (빵 껍질,치즈, 소스, 페퍼로니, 버섯 등) 어느 한 요소를 대상으로, 어떻게 하면 피자가 눅눅해지지 않도록 할 수 있을까? | 빵 껍질, 치즈, 소스, 페퍼로니, 버섯 등 | (빵 껍질, 치즈, 소스, 페퍼 로니, 버섯 등) 어느 한 요소를 대상으로, 어떻게 하면 피자를 다시 바삭바삭하게 만들 수가 있을까? |

📋 **요약정리**

- 시스템 사고를 하려면 시스템의 특징부터 알아야 한다. 모든 시스템은 특정한 목적을 갖고 있으며 시스템의 각 부분은 이 목적 달성을 위해 결합한다. 또 시스템은 더 큰 시스템 안에서 특정한 목적을 수행하며 안정을 추구하는 성향을 지닌다. 아울러 시스템 안에서는 피드백이 이뤄진다. 펭귄들이 문제의 원인을 찾아낸 것도 시스템 사고 덕분이다.

- 야누스 사고(Janusian thinking)가 창의성과 문제해결을 연결하는 접근법의 좋은 예라고 할 수 있다. 계층적 사고는 모든 기술적 시스템에 속에는 엄격한 종속 관계가 있다. 즉 위에는 상위시스템이 있고 아래에는 하위 시스템이 존재한다. 이와 같은 종속의 고리에 어떤 변화가 생긴다면 양쪽 모두가 영향을 받게 된다. 진화적 사고는 시스템을 바라볼 때 과거, 현재, 미래의 시스템을 모두 바라보는 시스템적 사고이다.

- 9 windows 사고기법은 다양한 시각에서 문제를 이해하는데 유용하고 생각을 확대 할 수 있다. 시간축의 관점에서 생각하기는 현재를 기준으로 과거와 미래까지의 동향에 대한 생각을 도와준다. 과거를 생각하는 것은 현재를 이해하는데 도움이 되고, 미래를 생각하는 것은 그곳에 도달하기 위해 무엇이 필요 하고, 무엇을 준비해야 하는지 미래예측에 대한 통찰력을 제공해 준다. 공간축의 관점에서 규모에 접근 하는 시각은 우주에서 지구와 태양계를 보듯이 문제상황을 바라보는 것과 같다. 맥락에서 시스템을 바라보며 바로 끄집어 낼 수고 있고, 시스템 주변의 모든 것을 살펴볼 수도 있다.

# ||

## 트리즈를 알면 고정관념을 타파하고
## 창의성이 폭발한다.

**Real Beauty(자신의 미를 믿어라)**

고정관념에 도전한 광고!

**Wrinkled**
**Wonderful**

출처 : 데일이레코드 (네이버)

나이를 먹는다는 의미는
늙어가는 것이 아니라,
좋은 포도처럼 익어가는 것이다.

✅ 4. 창의적 문제해결의 핵심 중 하나는 고정관념을 깨는 것이다.

✅ 5. 트리즈는 문제해결의 방해꾼인 심리적 관성을 극복하는 도구를 제공한다.

✅ 6. 아이디어를 잘 못 내는 사람에게 적합한 방법이 있다.

✅ 7. 아이디어를 잘 내지만 정리를 못하는 사람에게 적합한 방법이 있다.

## SECTION 4
## 창의적 문제해결의 핵심 중 하나는 고정관념을 깨는 것이다.

 본 장의 목적은 창의적 문제해결을 가로막는 고정관념을 극복하는 심리적 수단과 기술적 수단을 학습하는 것이다. 먼저 심리적인 장애가 나타나는 이유와 그 영향성에 대해서 알아본다. 고정관념을 극복한 사례를 통해서 문제해결의 선결 요소가 고정관념 타파임을 배운다.

사람은 모든 것을 학습을 통해 배우고 경험으로 체득한다. 그런데 이 학습에서 처음에 알게 된 것을 절대 진리로 착각하는 경향이 있다. 그래서 그것을 바꾸지 않으려 한다. 이러한 사고의 관성은 어떤 변화가 있거나 새로운 아이디어를 시도할 때 주저하거나 점진적으로 시도하게 만든다. 일반인들은 이를 고정관념이라고 부른다. 트리즈에서는 심리적 관성(Psychological Intertia)이라 칭한다.

심리학의 게쉬탈트 학자들이 창의성을 방해하는 요인을 연구했다. 연구의 핵심개념이 고착(fixation) 이다. 고정관념이란 고착된 관념을 말한다. 고착은 문제

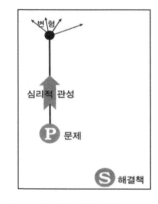

그림 4-1 문제해결과 심리적 관성 벡터

해결 과정에서 일어나는 일종의 심리적 함정으로 문제의 창의적 해결을 방해하는 힘이다.[(Aderson, 1990): Kaufmann, 2001)] 고착이 강한 사람일수록 과거의 경험과 지식에서 빠져나오지 못한다. 고착이 강한 만큼 상대적으로 창의성도 떨어지게 마련이다.

### 심리적 관성(Psychological Inertia)에 의한 사고 영역의 제한

개인은 사회경험으로 부터 습득된 정보나 지식 등에 의해 사고방식 이라는 것이 형성된다. 이로 인해 사고영역이 제약되거나 사고경향이 만들어 지기도 한다. 문제를 효과적으로 해결하기 위해서는 다양한 관점에서의 사고 과정이 필요하다. 심리적 관성에 의해 사고가

경직되고 습관화되어 문제에 대한 올바른 정의가 어려워진다. 동시에 효과적인 해결안을 찾기 위한 시야가 좁아진다.

문제의 해결이 어려운 이유 가운데 하나가 제약조건 때문이다. 이 제약조건은 실제적 제약조건과 허구적 제약조건으로 분류된다. 허구적 제약조건은 무의식중에 문제해결 자가 실재하지 않는 것을 실재하는 것으로 착각하여 추가하는 것이다. 이러한 제약은 심사숙고 끝에 생기는 것이 아니고 단지 심리적인 사고의 관성 때문이다. 이러한 심리적 제약은 다음의 경우에 발생한다.

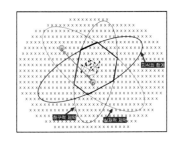

그림 4-2 문제해결에서의 허구적 제약

실재적 제약조건 (Real Restriction)은 실제로 존재하거나 외부의 결정사항으로 부과되는 것으로 의무적으로 수용하는 조건이다. 예를 들면 시간 조건이나 책정된 예산 그리고 요구조건 등이다. 이것은 문제해결 자가 개인적으로 변경하려 해도 할 수 없는 것들이다. 허구적 제약조건 (Fictitious)이란 실제로 존재하지 않으나 무의식적으로 불필요하게 첨가한 조건이다.

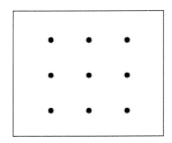

그림 4-3 9개 점 잇기

다음 9개의 점을 펜을 한 번도 떼지 않고 4개의 직선으로 연결해 봅시다. 위의 예시에서 사각형 모양으로 배열된 9개의 점을 하나의 선으로 잇는 문제는 어렵다. 이유가 있다. 9개의 점을 연결하는 선을 사각형으로 배열된 점 안에서만 해결하려고 시도하기 때문이다. 사각형이라는 모양에 고착되어 사각형 밖에 해답이 있는 공간으로 인식하지 못해서이다.(GICK & Lockhar, 1995)

고정 관념을 뛰어넘은 인물의 일화에서 문제해결의 선결 요소가 고정관념을 부수는 것임을 배워보자.

## 알렉산더 대왕의 매듭 풀기

"기원전 334년 마케도니아에서는 매듭을 푸는 사람이 왕이 된다고 하였다. 여러 사람이 도전하였으나 풀지 못했다. 어느 날 알렉산드로스 장군은 매듭을 잘라 버리고 왕이 되었다. 매듭을 풀려고만 했던 많은 평범한 사람들의 생각을 완전히 파괴하고 새로운 해결방안을 제시한 것이다."

## 소아 격옹(小兒擊甕)

중국 송나라 때 있었던 일이다. 어른들이 모두 일터에 나간 사이에 동네 아이들이 물이 가득 찬 큰 독에 올라가 놀고 있었다. 그러던 중 한 아이가 실수로 그만 독 속으로 빠지고 말았다. 같이 놀던 아이들은 어쩔 줄 몰라 하며 "사람 살려요. 사람이 빠졌어요."라고 소리를 쳐댔다. 그러나 마을 어른들이 모두 일터에 나간 터라 도움을 받을 길이 없었다. 아이들은 구할 방법이 없어 발만 동동 구르며 안타까워했다. 그런데 이를 멀리서 지켜보던 한 아이가 앞으로 불쑥 나오더니 큰 돌을 집어 독을 힘차게 내리쳤다. 그러자 독이 깨지면서 콸콸 쏟아지는 물과 함께 아이도 함께 밖으로 빠져 나왔다. 물에 빠진 아이를 구하려면 독 위에 올라야 한다는 고정관념에서 벗어나 독을 깬다는 남과는 다른 생각을 했던 것이다. 바로 이 소년이 송나라 시대의 유명한 대학자 사마광 이다.

## 어느 화가의 지혜

옛날 그리스에 유명한 애꾸눈 장군이 있었다. 그런데 장군은 죽기 전에 자기 초상화를 하나쯤 남기고자 이름난 화가들을 불러 모았다. 그러나 화가들이 그린 초상화가 장군의 맘에 영 들지 않았다. 어떤 화가는 애꾸눈 그대로의 장군 얼굴을 그렸고, 또 어떤 화가는 장군을 배려해서 양쪽 눈이 성한 그림을 그렸던 것이다. 장군은 애꾸눈이 있는 자기의 초상화도 못마땅했지만 사실 있는 그대로의 자신을 그리지 않은 초상화를 보고 더욱 화를 냈다. 이때 마침 이름 없는 한 젊은 화가가 장군 앞에 나타나 자신이 초상화를 그려보겠다고 했다. 장군은 다소 미심쩍은 구석도 있었지만 한편으론 초상화를 남기고 싶은 마음에 허락했다. 그런데 장군은 이름 없는 젊은 화가가 그린 초상화에 매우 흡족해 했다. 왜냐하면 그 화가는 다른 화가와는 달리 장군의 성한 눈이 있는 옆모습을 그렸기 때문이다.

### 선의 길이를 줄여라.

어느 마을의 한 스승이 제자들을 불러 모아 놓고 한쪽 벽에 선을 긋고 나서 이야기를 했다. 이 선을 건드리지 말고 조금 더 짧게 만들어 보아라. 스승의 말에 제자들은 벽에 그려진 선을 보면서 궁리를 어떻게 할 줄을 몰랐다. 그 때 한 제자가 벌떡 일어나 벽에 그려진 선 밑에 또 다른 선 하나를 더 길게 그렸다.

### 이미 알고 있는 패턴을 파괴한다.

사물이나 현상을 다른 관점에서 새롭게 보고 새로운 방법으로 문제를 해결해 본다. 기존의 경직된 생각에서 벗어나 남과 다른 생각을 하고 열린 마음으로 유연한 생각을 한다. 다양한 시각을 가지고 기존의 생각의 틀을 깨는 것이다. 생각의 틀을 깬다는 것은 고정관념에서 벗어나 남이 잘하지 않는 엉뚱한 생각을 하는 것이다. 사회적으로 유용한 가치를 이끌어 낼 수 있다. 이미 알고 있는 패턴을 파괴해 본다. 건설적이며 혁신적인 새로운 생각이 만들어 진다. 기존 생각이나 행동 패턴을 파괴해야 비로소 새로운 패턴을 만들 수 있다. 새로운 패턴을 발견하기 위해서는 기존 패턴을 깨야 한다.

### 현재 문제를 없애지 않고 더욱 부각시킨다.

기존 제품이나 서비스에 대해서 오히려 문제를 부각시킴으로써 창의적인 생각을 도출한다. 문제를 확대하여 강조하다 보면 새로운 발상을 할 수 있는 계기가 생긴다. 문제를 더욱 확대하고 부각시키기 위해서는 해당되는 문제에 대해 모양, 기능, 디자인 등의 특성에 대해 나열한다. 만약, 해당문제가 업무라면 업무에 대한 프로세스나 절차를 정리한다. 그런 후에, 나열된 각각의 특성들을 기존 알고 있는 규칙이나 이론에 대해 반대로 뒤집어 적는다. 사례를 통해서 알아본다.

사례를 보자. 1853년 뉴욕주의 조지크럼(George Crum)는 감자가 두껍다는 불만을 토로하는 고객에게 주인은 골탕을 먹이곤 했다. 불만 고객에게 주인은 감자를 포크로 찍어 먹기 힘들 정도로 감자를 얇게 제공했다. 그 요리가 오히려 인기를 얻어 오늘날의 감자 칩이 되었다고 한다.

네덜란드 북부의 어느 작은 도시에 복잡한 교차로가 있다. 하루에 수천 명의 보행자와 2만여 대의 자동차가 오간다. 이 교차로에서 4년 동안 교통사고 36건이 발생하였다. 신호등 설치 등 온갖 규제를 다 동원했으나 효과가 없었다. 역발상으로 오히려 교통규제를 모두 없애 버렸다고 한다. 신호등이나 교통 표지판도 없다. 인도와 차도의 구분도 없이 교통 규제가 없는 거리를 시행한 이후로는 단 2건의 사고만이 발생했다. 한스몬더만(Hans Monderman)의 "공유 공간"이란 철학으로 수많은 반대를 극복하고 1978년에서 2002년까지 시행한 결과다. 교차로에 들어오면 차량은 속도를 줄이고 보행자는 주의를 더 기울이게 된다. 이 프로젝트는 그 이후 독일, 덴마크, 영국 등의 대도시들이 참여하였다고 한다.

## 역발상, 거꾸로 생각해 본다.

고정관념은 '등잔 밑이 어둡다'는 말에서 '등잔 밑'에 드리워져 있는 그림자이다. 역발상은 상식에서 벗어나고 비현실적이고 비논리적이며 엉뚱한 다른 생각이다. 한편으로 용기와 모험심을 가지고 생각의 반대편으로 가는 것이다. 그곳에 기회가 숨죽이며 기다리고 있다. 다음의 다양한 사례를 통해서 배우자.

일본의 전기업체 마쓰시다 전기 창업주인 마쓰시다 고노시케 일화다. 이 회사는 최고 인재들이 도출한 아이디어를 선택하지 않는다. 이로 인해 오히려 성공한 기업이다. 일반적으로 공간을 많이 차지하는 물류센터는 땅값이 비교적 저렴한 도심 외곽에 위치하는 것이 일반적이다. 그러나 역발상으로 일본의 식품업체 니폰 레스토랑의 물류센터를 도심 한가운데에 건설했다. 일반상식과는 정반대로 건설했으나 오히려 물류비용이 줄어 수익이 증가했다.

네덜란드 정부는 쓰레기로 도시가 오염되어 고민이 많았다. 깨끗한 도시를 만들고자 쓰레기를 버리지 않도록 캠페인을 하였다. 휴지통도 설치하는 등 여러 가지 노력했으나 오염문제는 해결되지 않았다. 오염을 줄이기 위해 쓰레기를 버리지 않도록 하지 않았다. 거꾸로 생각하여 쓰레기를 휴지통에 제대로 버릴 수 있는 방안을 찾았다. 쓰레기를 휴지통에 제대로 넣으면 녹음되어 있던 짧은 농담이 나오는 휴지통을 개발했다. 사람들을 유도했던 것이다.

프로이센 프리드리히 대제, 그는 탄수화물의 섭취를 위해 독일인에게 감자를 보급하려 했다. 그런데 사람들은 반응이 냉담했다. "이 망할 놈의 감자는 개도 안 먹는데 우리보고 어쩌라고!" 그는 기상천외한 방법으로 이 문제를 해결했다. 감자를 왕실 채소로 선포하고 왕족들만 먹을 수 있도록 군인이 지키게 했다. 그러자 '왕실이 경비병을 배치해 지킬 정도라면 훔칠만한 가치가 있을 것이다.'라고 생각한 농민들은 하나 둘 감자를 훔치기 시작했다. 18세기 중반 무렵에는 감자를 거래하는 지하상권까지 생겨났다.

터키 투르크 민족의 영웅 아타튀르크 이야기 이다. 그는 터키를 근대화하려고 여자들이 베일을 쓰는 것을 금지하고 싶었다. 대중의 관습을 바꾸는 것은 어려운 일이다. 아타튀르크는 어떻게 했을까? 창녀들은 꼭 베일을 써야 한다는 법을 만들어 공표했다. 베일을 쓰면 창녀 취급을 받는 분위기를 조성한 것이다. 아타튀르크는 '베일금지'에서 '창녀 필수'로 관점을 정반대로 전환했다.

고정관념을 깨는 기술적 도구, 다섯 가지 방법을 간략히 소개한다. 구체적인 해당 방법에 대해서는 5장에서 다룬다.

1. 이상적 최종결과(IFR, Ideal Final Result) 설정

   이미 생각의 해답을 정해놓고 끝에서 출발하여 마무리 하는 것이다. IFR을 문제해결 기법으로 사용하는 이유는 심리적 관성을 탈피해 보자는 것이다.

2. 전문 기술용어 회피

   기술적으로 상세 화된 용어보다 더 일반적으로 사용하는 단어가 도움이 된다. 전통적인 기술적 용어를 사용한 사고는 심리적 타성을 더욱 강화시킨다. 기술적 용어는 그 자체의 개념을 자주 떠올리게 한다.

3. 크기-시간-비용사고 방법(STC : Size-Time-Cost)

   주어진 시스템에 대한 크기, 시간, 비용의 축소와 확대에 대해 자유로운 상상의 날개를 살펴보는 방법론이다. 이 방법론은 문제해결의 실마리를 발견하는 것과 고정관념에서 정신적, 심리적으로 탈출 하는데 유용하다.

4. 기능분석(Functional Analysis)

   시스템의 구성 요소들의 기능분석은 객관적으로 어디에 문제가 있는지 드러내 심리적

관성을 탈피할 수 있다.

5. 초소형 난쟁이, SLP(Small Little People)

난쟁이의 도움으로 감정이입의 결점을 극복한 방법론이다. 사물(기계 장치)이 작은 사람들로 구성되어 있다고 상상한다. 이 작은 사람들의 눈을 통해서 안에서부터 문제를 볼 수 있게 해준다.

■ 실무활용 방안

우리 자신의 고정관념이 어느 정도인지 몇 가지 예로서 심리적 관성을 체험해 보기 바란다. 다른 사람의 도움을 받지 않고 스스로 자신을 테스트 해보기 바란다.

테스트 1.

길이 4m 경사진 언덕을 지렁이가 기어서 올라간다. 한 시간에 50cm씩 올라오며, 20cm씩 미끄러진다. 지렁이가 경사진 언덕에 도착하려면 과연 얼마나 걸릴까?

테스트 2.

문제 9 dot problem에서 난이도가 조금 높다. 9개의 점을 펜을 한 번도 떼지 않고 3개의 직선으로 연결하시오. 힌트는 '더 효율적으로 생각하기'다.

테스트 3.

문제의 난이도를 한층 더 높인다. 9개의 점을 펜을 한 번도 떼지 않고 한 개의 직선으로 연결하시오.

테스트 4

아래 그림을 보고 다음의 등분 지시에 따라서 순차적으로 각 사분면에 직접 그려보시오.
1사분면(3등분), 2사분면(2등분), 3사분면(4등분), 4사분면(7등분 하시오)

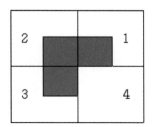

가정: 정 사각형

## 📋 요약정리

- 고정관념은 문제해결 과정에서의 일종의 심리적 함정으로 문제의 창의적 해결을 방해하는 힘이다. 이 고착이 큰 사람 일수록 과거의 경험이나 지식에서 빠져나오지 못한다. 고착이 크면 그만큼 창의성도 떨어진다.

- 문제의 해결이 어려운 이유 가운데 하나가 제약조건이 있기 때문이다. 허구적 제약조건 (Fictitious)이란 실제로 존재하지 않으나 무의식적으로 불필요하게 첨가한 조건이다.

- 심리적 관성 극복을 위한 방법과 도구
  - ‣ 알고 있는 패턴을 파괴하면 고정관념의 껍질이 벗겨진다.
  - ‣ 현재 문제를 없애지 않고 더욱 부각시키면 고정관념이 부수어 진다.
  - ‣ 생각의 역발상이 고정관념을 깬다.
  - ‣ 이상적 최종결과(IFR, Ideal Final Result) 설정
  - ‣ 전문 기술용어 회피 방법
  - ‣ 초소형 난장이 방법(SLP : Small Little People)
  - ‣ 크기-시간-비용사고 방법(STC : Size-Time-Cost)
  - ‣ 기능분석(Functional Analysis)

## SECTION 5
## 트리즈는 문제해결의 방해꾼인 심리적 관성을 극복하는 도구를 제공한다.

본 장의 목적은 문제해결의 방해꾼인 심리적 관성을 극복하는 5가지 기술기법을 학습한다.
1. 이상적 최종결과(Ideal Final Result) 설정법
2. 시스템의 기능분석법
3. 전문 용어 사용 회피
4. 초소형 난쟁이 모형(Smart Little People) 활용
5. 규모-시간-비용(STC)사고 기법

알트슐러는 문제해결을 어렵게 방해하는 요소로 네 가지 요인을 지적했다. 심리적 관성과 문제설정의 과오, 문제해결 지식부족 및 모순을 회피하는 것이다. 첫째, 사람은 문제해결을 자신의 지식과 경험만으로 하려고 한다. 이러한 경향이 심리적 관성(Psychological Inertia)에서 못 벗어나게 한다. 심리적 관성의 이론적 근거는 9 dot problem 체험 결과를 인용한다. 문제를 다양한 관점에서 보고 새로운 아이디어를 창출해야 하는데 관습과 경험이 이를 방해한다. 물론 새로운 아이디어의 수용도 어렵게 한다.

심리적 관성은 허구적 제약조건(Fictitious)을 만든다. 허구적 제약 조건은 실재 존재하지 않으나 문제해결 자가 실재하는 것으로 착각해서 불필요하게 첨가하는 조건이다. "변화를 거부하고, 관습에 푹 젖어서 바깥세상을 보지 못하고 생각하지도 못하는 경향"을 말한다. 인간은 학습과 체험을 통해서 배우게 된다. 그런데 이 학습에서 처음에 알게 된 것을 절대 진리로 수용하는 경향이 있다. 그래서 처음 인지한 것을 절대 바꾸려 하지 않는다. 이러한 사고의 관성은 어떤 변화가 생겼을 때 신속한 대처를 주저하게 하거나 점진적으로 시도하도록 만든다.

문제해결을 방해하는 심리적 관성은 극복 가능한 것인가? 이상적인 문제의 해답을 구하려면 먼저 고정 관념의 벽을 넘어야 한다. 트리즈의 계단이 고정관념

그림 5-1 문제해결의 이상적인 목표설정

을 넘어가는 수단이 된다. 이 계단을 이용하면 체계적으로 접근할 수 있는 도구가 제공된
다. 1.이상적 최종결과 설정 기법 2.시스템의 기능분석 기법 3.전문용어 사용 회피 4.초소형
난쟁이 모형(Smart Little People) 5. 규모-시간 사고 기법이다.

### 1. 이상적 최종결과(IFR, Ideal Final Result) 설정

이상적 최종결과는 대부분의 사람들이 일상
업무활동에서 종종 하는 업무 목표 세우기와
같다. 목표 수준이 달성하기 쉬운 것이 아니라
단어 표현대로 현실적으로 불가능한 목표를 세
우는 일이다. 이 방식은 실현 가능성을 따지기
이전에 많은 장점을 가지고 있다. 일하는 방식

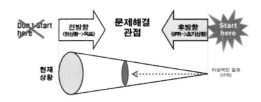

그림 5-2 문제해결은 이상적인 최종 결과로 부터
시작한다.

을 반대로 바꾸는 것이다. 해야 할 일에서 출발하는 것이 아니라 이미 생각의 해답을 정해
놓고 끝에서 출발하여 마무리 하는 것이다. IFR을 문제해결 기법으로 사용하는 이유는 무
엇인가? 심리적 관성을 탈피해 보자는 것이다.

### 2. 문제 시스템의 기능을 분석하라

1970년대 구소련의 우주프로젝트중 하나가 Lunar 16호의
달 착륙 프로젝트가 있었다. 주 임무가 영상 사진을 지구로 전
송하는 것이다. 백열전구가 가장 좋은 전원으로 장착되었는데
착륙 충격으로 유리와 소켓 연결부가 계속해서 깨지는 것이
다. 많은 과학자와 기술자들이 여러 가지 전구유리 강화방법
을 연구했지만 해결하지 못했다. 어떻게 전구를 강화할 것인
가? 연구 프로젝트는 실패했다. 시간과 비용이 낭비된 것이다.

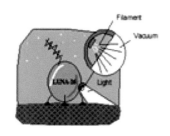

그림 5-3 루나 16호 달 착륙 프
로젝트 개념도

트리즈 전문가가 나타나서 로켓의 주요 구성 품들 전체를 대상으로 기능분석을 하였다. ①
전구 램프의 기능은 무엇인가? ② 스쿠류 베이스의 기능은 무엇인가? ③ 필라멘트의 기능은
무엇 인가? ④ 유리벌브의 기능은 무엇인가? 기능분석 질문에서 유리벌브의 기능은 진공상태
를 유지하는 것입니다. 연구원이 대답했다. 달 전체가 완벽한 진공이다. 그러니 유리벌브는
더 이상 필요하지 않다는 사실을 새삼 알게 되었다. 이 프로젝트는 전구 없이 발사되었다.

표 5-1 루나 16호 구성품 기능분석

| 자원분석 | 기능 |
|---|---|
| 유리벌브 | 진공을 유지한다. |
| 필라멘트 | 전기 에너지를 빛 에너지로 전환한다. |
| 벌브 안 진공 | 방전한다. |
| 스쿠류 베이스 | 전구를 유지한다. |
| 주변 환경 | 진공 |

### 3. 전문용어 사용을 회피하라

그림에서 사자가 얼마나 빠른 속도로 달려야 꼬리에 매달린 빈 깡통의 소리를 듣지 않을 수 있는가? 하는 것이 질문이다.

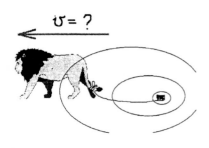

사자의 속도가 얼마여야 하는가? 사자의 꼬리에 매달린 통조림 깡통의 소음이 들리지 않게 하려면 얼마의 속도로 달려야 하는가?」심리적 무력감은 기술적 용어와 관계가 크다. 우리는 이미 알려진

그림 5-4 사자 꼬리에 달린 깡통

용어들과 그 용어들이 연상시키는 형상으로부터 벗어나야 한다. 따라서 모든 문제는 가장 단순한 용어로 재정리 할 필요가 있다. 기술적으로 상세 화된 용어보다 더 일반적으로 사용하는 단어가 도움이 된다.


전통적인 기술적 용어를 사용한 사고는 심리적 타성을 더욱 강화시킨다. 기술적 용어는 그 자체의 개념을 자주 의미한다. 과제를 제시할 때 이미 익숙한 기술 용어를 사용하기 때문에 이미 기존에 있는 창조 기술적 해결안을 떠오르게 하기 때문이다. 기술 용어를 피했다 할지라도 이미 습관적인 영상을 떠올리게 된다. 이것이 상상력의 타성이다. 자신의 분야를 깊이 알면 알수록 기존의 영상이 머릿속에 내재되어 뿌리 박혀 있는 것이다. 어려운 고통과 노력으로 얻어서 넓힌 지식은 더욱더 새로운 지식을 받아들이지 않는다. 좁은 전문성이라 한다. 전문 용어 사용 문장과 일반 용어 사용 문장을 비교해 보자.

표 5-2 전문 기술용어 사용과 일반용어 사용 문장의 비교

| 전문용어 사용 문장 | 일반용어 사용 문장 |
|---|---|
| 300개의 전자를 몇 개의 그룹으로 나누어 어떤 에너지 준위에서 다른 에너지 준위로 이동시켜야 한다고 가정한다. 그러나 두 그룹에서 양자 전이가 미리 일어나 그 룹수가 처음에 계산했던 것 보다 적어졌다. 결국 각 그룹에는 현재 전자가 다섯 개씩 더 들어가 있다. 그러면 전자 그룹은 몇 개 일까? | 300명의 스카우트 대원을 여름 캠프장으로 보내기 위해 몇 대의 버스를 예약했다. 그러나 두 대의 버스가 약속한 시간까지 나타나지 않았다. 그래서 제 때에 도착한 각 버스에 계획했던 것보다 다섯 명의 대원들을 더 태웠다. 그렇다면, 캠프장으로 간 버스는 몇 대 일까? |

　문제상황을 이해하여야 문제해결 단계로 접근이 가능하다. 전문 용어를 사용할 경우 그 용어 자체에 사고가 집중되어 아이디어의 발상에 제약 고착이 발생한다. 문제상황을 서술할 때에는 누구나 이해가 가능한 수준으로 일반적인 용어를 사용하여야 한다.

### 4. 초소형 난쟁이 모형(Smart Little People)을 활용한다.

　많은 트리즈 논문에서 인용되고 있는 알트슐러가 제안한 유명한 사례가 있다. "해저에서 지지 케이블로 잡아 매어둔 기뢰가 소해정에 의해 제거되지 않게 하는 완벽한 해양 케이블 설계 방법"이다. 강력하고 간단한 창의도구인 초소형 난쟁이 모형은 몇 분 이내에 숙달하여 평생 유용하게 사용 할 수 있다. SLP는 상상에만 존재하는 아주 작은 존재로 해결하려는 문제의 여러 요소들을 표현하는데 사용된다. 자기 자신이 매우 작은 존재가 되어 문제 영역에 위치하여 문제를 매우 상세하게 본다. 이런 경우에 도구는 유용한 것이 될 수도 있고, 유해한 것이 될 수도 있다. 이 도구는 문제를 이해하는데 유용하다.

　2차 대전 당시(1939~1945) 소비에트 연방은 항구에 적함대가 들어오지 못하게 하려고 수뢰를 항구 쪽에 빽빽히 설치하였다. 그러나 이러한 사실을 알게 된 연합군 함대는 그림과 같이 소해정(mine sweeper)이라는 특별한 배를 이용했다. 이 배는 내부에 설치된 트롤(trawl)의 강철 밧줄로 수뢰를 옆으로 옮겼다. 적의 함대가 지나갈 수 있도록 길을 안내 했다. 이 사실을 안 소비에트 연방은 어떻게 하면 적의 소해정이 지나가도 수뢰가 옮겨지지 않도록 할까? 하고 고민하였다. 해결책은 무엇인가?

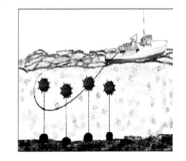

그림 5-5 소해정과 수뢰

문제상황을 간단히 기술해 보면 그림과 같다. 부낭에 연결된 강철로 된 밧줄 A와, 밧줄 A에 수평으로 지나가는 또 한 개의 밧줄 B가 있다. 부낭은 부력으로 떠 있고, 이 부낭을 밧줄이 팽팽하게 당기고 있다. 밧줄 B가 밧줄 A를 그냥 통과하도록 하면 된다. 그렇게 하려면 어떻게 해야 하나?

작은 사람(SLP, Smart Little People)의 개념은 아주 작은 사람들이 있다고 상상하는 것이다. 이 작은 사람들의 눈을 통해 문제를 "문제 안" 에서 부터 바라보는 것이다. 이것을 유용하게 사용하기 위해서는 문제해결자의 '강력한 상상력' 을 필요로 한다. 아래 그림과 같이 밧줄 B가 밧줄 A를 지나가도록 하는 방안을 고안하라?

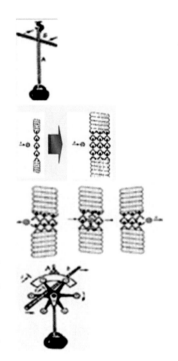

첫째, 한 줄의 밧줄을 작은 사람들이 서로 손잡고 있는 문제모델로 상상한다.

둘째, 한 줄을 여러 줄로 나열된 사람들로 바꾸어 본다.

밧줄 B가 지나갈 수 있도록 사람들이 잡고 있는 첫째 줄 손을 놓는다.

셋째, 끊어졌던 첫 번째 사람들이 손을 잡아 연결하고, 밧줄 B가 가운데 올 수 있도록, 사람들이 잡고 있는 두 번째 줄 손을 놓는다.

넷째, B가 완전히 밖으로 나갈 수 있도록, 두 번째 줄 사람들이 놓았던 손을 다시 잡는 것과 동시에 세 번째 줄 사람들이 잡고 있던 손을 놓는다.

다섯째, 작은 사람들의 동작이 기어-휠(Gear-wheel)의 운동법칙과 매우 흡사하다. 기어-휠 운동법칙을 가진 구체적이고 현실적인 구조물을 설계한다.

그림 5-6 작은 사람을 이용한 상상력으로 밧줄이 지나가는 개념도

## 5. 크기-시간-비용(STC, SIZE-TIME-COST) 방법을 이용하라

이 도구는 심리적 타성을 극복하게 하는 매우 강력한 도구이다. 주어진 시스템에 대한 크기, 시간, 비용의 축소와 확대에 대해 자유로운 상상을 펼치는 방법론이다. 이 방법론은 문제해결의 실마리를 발견하는 것과 고정관념에서 심리적으로 탈출하는 것이 가능하다. 의외

로 간단하게 효과를 볼 수 있다.

STC 방법론은 답을 제시하지는 않는다. 생각의 흐름을 방해하는 심리적 무력감을 극복하는 것이다. 따라서 이 방법론은 문제해결의 첫 단계에 필요로 하는 도구일 뿐이다. 그리고 IFR 과 물리적 모순으로 연결되는 작업이 이어지도록 한다.

① 크기에 대해 상상한다.

- 대상의 크기를 제로(O)로 바꾸면 하고 상상한다. 이제 문제를 해결할 수 있을까? 그렇다면 어떻게?
- 대상의 크기를 무한대(∞)로 바꾸면 하고 상상한다. 이제 문제를 해결할 수 있을까? 그렇다면 어떻게?

② 시간에 대해 상상한다.

- 작동 시간을 제로(O)로 바꾸면 하고 상상한다. 이제 문제를 해결할 수 있을까? 그렇다면 어떻게?
- 작동 시간을 무한대(∞)로 바꾸면 하고 상상한다. 이제 문제를 해결할 수 있을까? 그렇다면 어떻게?

③ 비용에 대해 상상하라.

- 허용 비용을 제로(O)로 바꾸면 하고 상상한다. 이제 문제를 해결할 수 있을까? 그렇다면 어떻게?
- 허용 비용을 무한대(∞)로 바꾸면 하고 상상한다. 이제 문제를 해결할 수 있을까? 그렇다면 어떻게?

예 어떤 수사관이 전문가 앞에 놓여 있는 탁자 위에 소총을 올려놓았다. '이 소총을 검사해 주세요'
일주일 전에 총알을 발사한 사실이 있는지 여부를 알고 싶습니다.

시간의 축에서 1분전, 10초전 이면 총신의 열로 식별이 가능하다. 일주일 이후라면 열이 식어 확인이 곤란하다. 하지만 온도의 흔적은 남는다. 강철은 퀴리 온도를 넘으면 자성이

상실된다. 이 기간은 보통 3~4주가 경과 되어야 한다. 따라서 여기에서 힌트를 얻어 이상적 최종결과를 설정하고, 물리적 모순을 찾아내고, 물리적 지식을 활용하여 총알 발사 여부 확인이 가능하다.

■ 실무활용 방안

1. 금속 용기의 부식 문제에 대한 내용이다. 읽어보고 이 문제에서 이상적인 최종결과를 설정해 보라.

   강산에 대한 합금 시편의 부식 반응 정도를 판단하는 실험장치가 있다. 실험용기가 계속되는 강산과의 접촉으로 표면이 부식되는 문제가 발생한다. 어떻게 해결할 것인가?

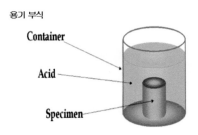

그림 5-7 합금 시편 부식실험 금속용기

   이상적인 최종결과 :

   _____

2. 집 근처에 작은 연못이 하나 있다. 연못 속에는 많은 잉어가 살고 있었다. 연못에 잉어들이 몇 마리나 살고 있는지 궁금했다. 잉어 숫자를 세어보려고 여러 번 시도해 보았으나 한곳에 멈추어 있지 않았다. 이리 저리 움직이는 바람에 제대로 잉어들의 숫자를 세는 것은 거의 불가능했다. 연못 안에 잉어가 몇 마리인지 어떻게 알 수 있는가? 이 문제의 답은 이상적인 최종결과를 설정하여 찾는다.

   이상적인 최종결과 :

   _____

3. 선풍기 날개의 기능이 무엇인지 기술해 보시오.

   이상적인 최종결과 :

   _____

## 요약정리

- 창의적 문제해결을 방해하는 심리적 관성(Psychological Inertia)을 어떻게 극복할 것인가? 문제의 해답에 도달하기 위해서는 고정관념의 벽을 넘어서야 한다. 트리즈가 제공하는 계단을 이용하면 쉽고 빠르게 갈 수 있다. 트리즈가 제공하는 도구들은 다음과 같다.

  - 이상적 최종결과(Ideal Final Result) 설정으로 새로운 시각으로 문제에 접근할 수 있다.

  - 문제 시스템의 기능 분석을 통해서 기술적 접근이 가능하다.

  - 전문용어 사용을 회피하여 자유로운 발상으로 심리적 무력감을 덜어낸다.

  - 규모-시간, 사고를 이용하여 자유로운 상상을 펼친다.

  - 초소형 난장이 모형(Smart Little People)은 자기 자신이 매우 작은 존재가 되어 문제 영역에 위치하여 문제를 매우 상세하게 보는 것이다.

## SECTION 6
## 아이디어를 잘 못 내는 사람에게 적합한 방법이 있다.

본 장의 목적은 어떤 사람이 아이디어를 잘 못 낸다면 그 이유와 적합한 대처 방법을 알려준다. 학문적 연구결과에 의해 아이디어 생성을 방해하는 요인이 밝혀졌다. 물론 대처 방법도 마련되어 있다.

Isakesn과 Treffinger(1985)는 창의적 문제해결을 위해서는 확산적 사고와 수렴적 사고 모두가 필요함을 지적했다. 아이디어 확산을 방해하는 고착이 사람의 우뇌 활용성향과 밀접한 관련성을 갖는 것으로 관찰되었다. 확산적 사고는 기존 지식과 사고의 틀에서 벗어나 자유발상으로 가능한 많은 아이디어를 도출하는 사고방식을 말한다. 아이디어를 잘 못 내는 이유가 이런 확산적 사고의 제약 고착이 있기 때문이다. 여기에는 이를 극복하는 적합한 방법이 있다. 아래 그림은 어떤 문제가 있다면 문제 이해를 위한 아이디어 수렴이 필요하다. 그다음 문제해결 방안을 찾기 위해서는 아이디어 발산이 필요한데 여기서 잘 못 내는 경우가 있다. 이와 관련한 던컨의 실험 결과를 살펴보자.

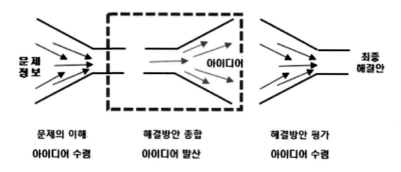

그림 6-1 문제해결을 위한 수렴적 사고와 확산적 사고

## 아이디어 확산사고(Divergent Thinking)에 관한 실험

1945년에 던컨의 촛불 시험이 있었다. 피 실험자에게 초와 압정 그리고 성냥을 상자에 넣어주었다. 이들을 이용하여 벽면에 초를 고정하여 불을 켜라고 요구하였다. 대다수의 피 실험자들이 문제를 푸는데 실패한다. 대부분은 성냥에 불을 붙여 초의 한쪽 면을 가열한 후 벽에 있는 게시판에 초를 붙이려고 했다. 또는 초의 한쪽 면을 가열한 후에 초가 굳기 전에 압정 손잡이 부분을 초 안으로 밀어 넣었다. 그리고 초가 굳으면 그때 초에 나와 있는 압정을 게시판에 붙이기도 했다.

이번에는 종이상자 안에서 이들을 꺼내어 종이상자와 함께 주었다. 그랬더니 이번에는 종이상자를 벽에 대고 압정으로 고정한 다음 초를 그 위에 올려놓고 불을 붙여 문제를 풀었다. 왜 이런 일이 일어날까? 이를 고착현상 이라한다. 대부분 상자 안에 넣어주면 상자를 문제풀이 도구로 인식하지 않는데서 오는 현상이다.

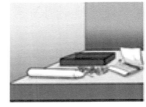

그림 6-2 던컨의 촛불 실험

상자의 기능은 단순히 물건을 보관하는 장소로 인식하기에 달리 활용할 생각을 하지 않는다. 하지만 상자와 물건들을 별도로 주면 상자는 벽면에 부착하는 용기로 인식되어 문제를 푸는 것이 관찰되었다. 고정관념이 사물이나 현상에 대한 다양한 해석의 부재에서 올수 있음을 보여준다. 그 요소의 기능에 대한 심리적 장벽, 즉 기능적 고정관념(Functional fixedness)이 존재한다.

### 1. 용도 변경, 40가지 발명원리(25장)를 응용하면 아이디어를 잘 낼 수 있다.

발명원리 중 용도변경 기법을 활용하면 아이디어를 잘 낼 수 있다. 다음과 같이 3단계로 진행한다.

1 단계 : 원하는 것(목표)을 명확하게 정한다.

2 단계 : 시스템의 구성요소를 나열한다.

3 단계 : 목표 문장을 작성한다. 시스템 구성요소를 괄호( )에 하나씩 넣어서 하나의 문장을 완성한다.

실전 연습으로 위의 던컨의 촛불 실험에 적용하여 아이디어를 도출해 보자.

1 단계 : '원하는 것' 목표를 정한다. :

(시스템 요소 )이 초를 벽에 붙이는 역할을 한다.

2 단계 : 시스템 구성요소 나열 :

초, 성냥, 압정, 두꺼운 종이 상자, 탁자, 벽

3 단계 : 목표달성 문장 작성 : 괄호( )안에 구성 요소를 하나씩 넣어 문장을 완성한다.

1. ( 초 )가 초를 벽에 붙이는 역할을 한다.

2. ( 성냥 )이 초를 벽에 붙이는 역할을 한다.

3. ( 압정 )이 초를 벽에 붙이는 역할을 한다.

4. ( 두꺼운 종이 상자 )가 초를 벽에 붙이는 역할을 한다.

5. ( 탁자 )가 초를 벽에 붙이는 역할을 한다.

6. ( 벽 )이 초를 벽에 붙이는 역할을 한다.

위에 6개 문장이 만들어 졌다. 발명원리 용도변경 기법을 활용하면 순간에 6개의 아이디어가 나왔다. 이중에서 4번(두꺼운 종이 상자)이 실용적인 아이디어로 인정되어 채택한다.

두 번째 실전 연습 문제가 있다. 방 안에 두 줄이 매달려 있다. 사람이 이 두 줄을 잡아서 묶으려 하는데, 줄의 길이가 짧아서 1개의 줄을 잡고서는 다른 줄을 잡을 수가 없다. 방 안에는 펜치, 의자, 전등이 있다. 도움을 줄 수 있는 사람이 없어 오직 혼자서 해야 한다. 이 경우에 아이디어를 내보도록 하자. 이 실험은 1931년 마이어의 두 줄 실험이다.

그림 6-3 마이어의 두 둘 실험

1 단계 : 원하는 목표를 정한다.

(구성요소)이 한쪽 줄을 잡은 채 나머지 줄을 잡게 한다.

2 단계 : 시스템 구성요소를 나열한다.

2개의 줄, 사람, 펜치, 의자, 전등

3 단계 : 목표달성 문장 작성한다.

괄호 안에 (구성요소)를 넣어 문장을 완성한다.

1. (2개의 줄)이 한쪽 줄을 잡은 채 나머지 줄을 잡도록 줄을 잡게 한다.

2. (사람)이 한쪽 줄을 잡은 채 나머지 줄을 잡도록 줄을 잡게 한다.

3. (펜치)가 한쪽 줄을 잡은 채 나머지 줄을 잡도록 줄을 잡게 한다.

4. (의자)가 한쪽 줄을 잡은 채 나머지 줄을 잡도록 줄을 잡게 한다.

5. (전등)이 한쪽 줄을 잡은 채 나머지 줄을 잡도록 줄을 잡게 한다.

위의 5개 문장은 기능적 고정관념에서 탈피하도록 유도해 준다. 현실적이고 실용적인 아이디어는 3번과 4번 문장이다. (펜치/의자)는 본래의 기능이 아닌 줄의 길이를 늘려주는 역할을 하도록 생각을 펼치도록 강제적으로 유도한다. 한쪽 줄에 (펜치/의자)를 매달아서 흔든다. 처음에 줄을 한 손으로 잡고 다음 펜치/의자가 매달린 줄이 다가오면 줄을 잡아서 두 줄을 묶는다.

세 번째 사례를 풀어보자. 한정식 음식점이 최근 매출이 떨어져 그 원인을 다양한 각도에서 분석해본 결과 손님은 적고 종업원 인건비에 문제가 있다고 분석이 되었다. 종업원 숫자를 줄이는 방법 말고 다른 창의적인 방법이 없을까 고민 중이다.

1 단계 : '원하는 것' 목표를 정한다. :

(       )이 우리 식당 종업원 역할을 한다.

2 단계 : 시스템 구성요소를 나열한다. :

손님, 지나가는 행인, 이웃집 가게 주인

3 단계 : 목표 달성 문장을 작성한다. :

괄호( )안에 구성요소를 하나씩 넣어 문장을 완성한다.

1. ( 손님 )이 우리 식당 종업원 역할을 한다.

2. ( 지나가는 행인 )이 우리 식당 종업원 역할을 한다.

3. ( 이웃집 가게 주인 )이 우리 식당 종업원 역할을 한다.

위와 같이 3가지 아이디어가 만들어 졌다.( 손님 )이 식당 종업원 역할을 한다는 개념을 채택하여 다음 달부터 식당에서는 '셀프서비스' 체제로 대변신한다. 대신 음식 값을 내리고 손님이 직접 필요한 서비스를 스스로 하게한다. 고객 만족도는 더 충족되고 서비스 속도가 빨라져서 식당 이익이 좋아졌다.

### 2. 기능 통합, 발명원리를 응용하면 아이디어를 잘 낼 수 있다.

발명원리 중 기능통합 기법을 활용하면 아이디어를 잘 낼 수 있다. 다음과 같이 3 단계로 진행한다.

음식점에 식사 중 음료 병을 따야 하는데, 식탁에 포크만 있는 경우에 이런 생각을 해 볼 수 있다.

1 단계 : '원하는 것' 목표를 정한다. :

음료를 마시기 위해 병뚜껑을 열고 싶다.

2 단계 : 시스템 구성요소 나열 한다. :

병, 포크, 테이블, 손님, 핸드폰, 숟가락, 젓가락

3 단계 : 목표 달성 문장을 작성한다. :

괄호 ( )안에 구성요소를 하나씩 넣어 문장을 완성한다.

1. (병따개) 역할도 하는 ( 병 )

2. (병따개) 역할도 하는 (테이블)

3. (병따개) 역할도 하는 (손님)

4. (병따개) 역할도 하는 (핸드폰)

5. (병따개) 역할도 하는 (포크)

6. (병따개) 역할도 하는 (숟가락, 젓가락 등등)

6가지 아이디어를 만들어 낼 수 있다. (병), (포크), (숟가락/젓가락)이 병따개 역할을 한다는 개념을 도출해 냈다. 이는 전용 '병따개' 없이도 원하는 목표 달성이 가능하다는 이야기이다. 여기에서 멈추지 않는다. 포크의 용도 변경을 1회로 그치지 않고 포크에 병따개 기능을 아예 포함시켜 새로운 포크를 만들 수 있다. 아래 그림에서 보여준다. 이 아이디어를 유추하여 새로운 아이디어가 탄생했다. 동일한 원리로(핸드폰 충전기) 역할도 하는(마우스 패드)가 나왔다.

그림 6-4 포크의 두 가지 기능

그림 6-5 마우스 패드의 두 가지 기능

■ **실무 활용 방안**

　아이디어를 잘 못 내는 사람은 발명원리를 익혀 응용 확대하여 사용하면 이전에 비해 잘 할 수 있다.

　용도변경과 기능통합의 기법을 먼저 활용하고 이에 익숙해진 이후에 다른 기법들을 활용 해 보라. 앞서의 사례에서 '핸드폰 충전기' 역할을 하는 '마우스 패드' 를 보았다. 현재 자신 의 분야에서 새로운 사업모델을 구상해 보라. 예를 들면 일과 후에만 금융 서비스를 하는 은행, 서비스 없는 무인 매장 등에 대한 아이디어를 만들어 보자.

　40가지 발명원리 학습이 필요한 사람은 아이디어가 부족한 사람, 새로운 문제해결 아이 디어가 필요한 이들이다. 이들에게는 40가지 원리가 사고의 고착으로부터 벗어나게 해주는 유용한 도구가 될 것이다.

## 📋 요약정리

- 문제해결을 위해서는 아이디어 수렴과 아이디어 확산 모두 요구된다. 수렴적 사고는 문제에 관련된 정보를 획득하여 문제를 이해하고 본질을 정리하는 역할을 좌 뇌에서 한다. 또한 문제의 최종 해결안을 결정하기 위한 평가와 종합 결론에 기여한다. 확산적 사고는 문제의 해결안을 얻기 위한 다양하고 많은 아이디어가 요구될 때 우뇌가 그 역할을 한다. 사람에 따라서는 아이디어 발산이 잘 안 되는 경우가 있다. 아이디어를 잘 내기 위한 방법은 40가지 발명원리(25장)를 활용하면 도움이 된다.

- 용도 변경과 기능 통합 기법에 의한 아이디어를 얻는 구체적인 방법과 절차를 제시한다. 아래 3단계를 순차적으로 따라하면 된다. 중요한 것은 문제상황에 대한 올바른 이해가 선행되어야 하는 점이다.

  1 단계, 원하는 목표를 정한다.

  2 단계, 시스템 구성요소를 나열한다.

  3 단계, 목표달성 문장을 작성한다.

## SECTION 7
## 아이디어를 잘 내지만 정리를 못하는 사람에게 적합한 방법이 있다.

본 장의 목적은 아이디어를 잘 내는데 정리가 약하다면 그 이유와 적합한 대처 방법을 알려준다. 학문적 연구결과에 의해 아이디어 정리를 방해하는 요인이 밝혀졌다. 물론 대처 방법도 마련되어 있다.

Isakesn과 Treffinger(1985)는 창의적 문제해결을 위해서는 확산적 사고와 수렴적 사고 모두가 필요함을 지적했다. 아이디어 정리를 방해하는 작용은 사람의 좌 뇌 활용성향과 밀접하게 관련되어 있다.(Finke 1995) 이것을 수렴적 사고(Convergent Thinking)의 제약이라고 한다. 문제의 답을 향하여 지식과 사실을 근거로 생각의 범위를 좁혀 아이디어를 찾는다. 이 과정에서 논리적인 걸림돌을 극복하지 못하는 현상을 말한다. 아이디어를 잘 내지만 정리를 못 하는 사람에게는 문제가 가지고 있는 논리적 불변조건을 인식해 내는 것이 필요하다. 고리문제(Isaak & Just, 1995)를 통해서 살펴보자.

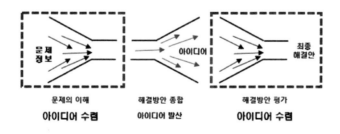

그림 7-1 문제해결에 필요한 수렴적 사고

3개의 낱개 고리가 하나로 연결된 연결고리 4개가 있다. 이들 연결고리를 모두 연결하여 하나의 큰 고리로 만들려고 한다. 단, 한 개의 고리를 여는데 200원, 닫는 데는 300원이 든다. 모든 고리가 문제의 시작 단계에서는 닫혀져 있다. 모둔 12개의 고리로 된 사슬을 1,500원 미만으로 한 개의 원을 만드는 것이다. 어떻게 해야 문제를 풀 수 있는가?

이 문제를 풀려면 주어진 불변조건인 3개의 낱개 고리를 사용해야 한다는 것을 빨리 인식해야 한다. 낱개 고리 3개를 얻을 수 있는 방법을 찾아야 한다. 이러한 논리로 하게 되면 4개의 작은 고리중 하나를 완전하게 해체하면 낱개 고리 3개를 만들 수 있다 이 3개를 남아 있는 고리 3개의 끝에 연결하여 큰 고리를 만들 수 있다. 이 실험에서 지능지수가 낮은 집단에게서 이러한 수렴적 사고 제약이 심함을 실증적으로 확인하였다.

그림 7-2 고리문제 : 1995,Isaak & Just

여러 개의 아이디어들 중에서 우리가 선택하여 실천할 수 있는 것은 하나, 또는 몇 개뿐일 수밖에 없다. 그러므로 확산적 사고 기법으로 아이디어를 많이 생산해도 효용이 없을 수 있다. 산출된 아이디어나 생각이 문제해결을 위해 적절한 것인지를 판단하고 평가하며 선택해야 한다. 문제가 제기되면서 수렴적 사고 기법들이 개발되기 시작했다. 수렴적 사고 기법의 목적은 먼저 다양한 아이디어를 정리하고 분류하는 것이다. 그 다음은 어느 것을 선택할 것인지 평가하고 우선순위를 결정하는 것이다. 혹은 제시된 아이디어를 개선하고 보완하기도 한다. 대표적인 수렴적 사고 기법에는 PMI, 쌍비교분석법, KJ(친화도)법, 하이라이팅 법 등이 있다 .

PMI법, 에드워드 드보노 (Edward de Bono)가 고안했다. 이 기법은 아이디어의 장점(Plus)과 단점(Minus) 그리고 흥미로운 점(Interesting)을 평가한다. 제시된 많은 아이디어 중에서 가장 최선의 것을 효과적으로 선택하는 수렴적 사고 기법이다. 활용은 다음 5단계로 진행하며 기록은 적당한 서식을 만들어 사용하라.

## PMI 법, 활용 5 단계

1 단계 : 문제해결 아이디어를 선정하고 PMI를 실시하는 목적 및 배경을 정리한다.

2 단계 : 선정된 아이디어의 장점, 좋아하는 이유 (Plus)를 5개 정도 나열한다. 그리고 장점을 더욱 살릴 수 있도록 보완 한다.

3 단계 : 선정된 아이디어의 단점이나 싫어하는 이유 (Minus)를 5개 정도 열거 한다. 그리고 단점에 대한 원인과 대책을 제시 한다.

4 단계 : 선정된 아이디어의 흥미로운 점 (Interesting)을 5개 정도 서술한다. 그리고 흥미로운 점을 새로운 대안 도출의 원천으로 삼는다.

5 단계 : 위의 각 단계에서 도출된 생각을 종합하여 평가를 내린다.

**표 7-1** PMI 카드, 문제해결 아이디어 평가 & 결정 서식

| PMI 카드 〈 문제해결 아이디어 평가 & 결정 〉 | | |
|---|---|---|
| 문제해결 아이디어 | | |
| Plus (장점) 왜, 좋아하는지? | Minus (단점) 왜, 좋아하지 않은지? | Interesting (흥미로운 점) 특징이나 새로운 점? |
| 1. | | |
| 2. | | |
| 3. | | |
| 4. | | |
| ~ | | |
| 종합 의견 | | |
| 최종 결정 | | |
| 아이디어 구현 | | |

쌍비교분석법(PCA, Paired comparison analysis), 많은 아이디어와 업무들을 중요도에 따라 실행할 때 사용한다. 서로 한 번씩 비교해 보고 상대적으로 중요한 것을 우선순위 상위에 두는 방법이다. 핵심은 중요도를 결정할 때 사용되는 기법이다. 이때 중요도를 5점 척도로 나타내며 1점 =약간 더 중요함, 3점 = 상당히 중요함 , 5점 = 매우 많이 중요함 중 선택하여 기록한다. 비교하여 나타낸 점수들의 총점으로 가장 우선순위를 선정한다. 개인이 업무를 처리할 때 사용하거나 조직에서 프로젝트를 진행하기 전에 사용할 수 있다. 주의할 점은 높은 점수를 받아 우선순위가 되었더라도 구성원들과 협의하여 진행해야 한다.

우선 아이디어들 간의 우선순위를 정한다. 서로 한 번씩 비교해 보고 상대적으로 중요한 것을 확인하여 순위를 정하는 것이다. 쌍비교분석표에 각 아이디어를 기록하여 분석표를 완성한다. 아이디어의 각 쌍을 비교하여 각 칸에 더 중요한 아이디어와 그 점수를 기록한다. 각 아이디어의 총점을 가지고 가장 우선순위의 아이디어를 선정하고 상대적인 중요성을 해석한다. 3 단계로 진행한다.

## 쌍비교분석법(PCA) 3단계

1 단계 : 문제해결 대안 선정과 관련한 회의 일정을 정한다, 대안은 5개에서 10개미만 으로 한다. 협의 참여자들과 사전 공유한다.

2 단계 : 쌍비교분석과 우선순위 결정한다.

① 비교 분석 대상 항목을 가로축과 세로축에 열거하여 비교표를 만든다. 최대 10개로 한다.

② 한 번에 하나씩 가로축과 세로축에 열거된 사항들을 서로 비교하여 중요도 점수를 기록한다.

③ A와 B를 비교 시 A가 B보다 중요하다고 생각 된다면 A를 적고 일의 중요도를 5점 척도(1점 = 약간 중요함, 3점 = 상당히 중요함, 5점 = 매우 중요함)에 따라 함께 기록한다. A가 B보다 약간 중요하면 A1, 상당히 중요하면 A3 그리고 매우 중요한 사항이라면 두 개의 비교 칸에는 A5라고 기록한다.

④ 모든 비교가 끝났다면 비교 항목별로 중요도를 나타내는 점수들을 더해서 총점을 구한다. 총점이 클수록 중요도가 높아지고 상대적으로 가장 많은 점수를 받은 사항이 가장 우선순위가 된다.

3 단계 : 우선순위에 따라 계획을 수립한다.

## 쌍비교분석법(PCA, Paired comparison analysis) 카드

| 주제 | 문제해결 대안 선정과<br>우선순위 결정 | | | 중요도<br>1. 약간 중요<br>3. 상당히 중요<br>5. 매우 중요 | 최종 결정 | |
|------|------|------|------|------|------|------|
| 구분 | 대안 A | 대안 B | 대안 C | --- | 대안 J | 대안 | 총점 |
| 대안 A | | A5 | A1 | | A1 | A | |
| 대안 B | | | B5 | | B3 | B | |
| 대안 C | | | | | C5 | C | |
| -- | | | | | | | |
| 대안 J | | | | | | J | |

표 7-2 PCA 카드, 쌍비교분석법 서식

　　KJ법(친화도 분석법), 브레인스토밍과 함께 가장 많이 쓰이는 문제해결 기법이다. 일본의 문화인류 학자인 카와키타 교수가 고안한 기법이다. 데이터를 카드에 작성하고, 카드를 그룹으로 나누어서 그림으로 설명하고 논문 등으로 정리하는 방법이다. 공동 작업에서 자주 사용되어지는 방법이다. 사회복지 영역에 있어서도 지역복지 계획 수립에 있어서 지역주민들의 문제발견 시에 활용되어질 수 있는 방법이다. 포스트잇으로 워크숍 시 사용하기도 한다.

　　KJ법의 고안자 카와타 교수는 그의 저서 『발상법』에서 KJ법과 좋은 발상법으로서 브레이밍스톰을 들고 있다. 그 이유로는 아이디어 창출과 문제해결을 위해서는 여러 각도에서 바라본 의견이 중요하다는 것이다. 브레이밍스톰에 있는 4가지의 규칙이 다방면에서 많은 아이디어를 만드는데 도움이 된다고 한다.

　　※ 브레이밍스톰의 4가지의 규칙은 비판하지 않기, 자유롭게 발언하기, 질보다도 양을 중시하기 마지막으로 아이디어들을 결합하기이다.

## KJ법(친화도 분석법) 6 단계

### 1 단계 : 주제 선정

하나의 주제를 정하고 아이디어, 자료, 리서치 등을 나열한다.

### 2 단계 : 아이디어 카드 작성

하나의 포스트잇(카드)에 하나의 주제를 단문으로 작성해 무작위 배치한다.

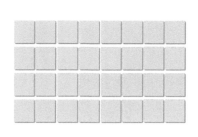

그림 7-3 KJ법 2단계 아이디어 카드 작성

3 단계 : 카드 모으기

작성된 아이디어를 내용이 유사한 포스트잇(카드)끼리 모은다. 계속하여 모은다.

4 단계 : 소그룹 분류

정리된 포스트잇(카드)를 유형별 소그룹으로 묶고 대표하는 용어로 이름표를 만든다.

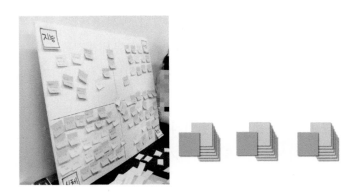

그림 7-4 KJ법 5단계 아이디어 카드 소그룹핑

5 단계 : 중. 대 분류

중, 대 그룹으로 묶고, 필요시 관계를 조정한 다음 대표하는 이름표를 만든다.

그림 7-5 KJ법 5단계 아이디어 카드 중.대그룹핑

6 단계 : 도표화/문장화

각 그룹의 내용을 검토하고, 그림, 도표 또는 문장으로 표현한다.


하이라이팅, 문제해결 아이디어로 선정된 대안들을 몇 개의 동일한 범주로 묶어 분류해 보는 것이다. 나열한 아이디어들 중에서 가장 적절하다고 여겨지는 아이디어를 분류한다. 즉 히트 아이디어를 선정한 후에 아이디어 중에서 서로 관련 있는 것을 분류해 낸다.

역 브레인스토밍은 양적인 면을 중시하고 자유분방하게 진행된다는 점에서 브레인스토밍과 유사하다. 하지만 생성해 놓은 아이디어에 많은 양의 자유분방한 비판을 생성해 내는 점이 다르다. 약점이 가장 적고 문장을 가장 잘 해결할 것 같은 대안을 선택하고 마지막으로 실천을 위한 실천계획을 수립한다.

평가행렬법(evaluation matrix)은 하이라이팅 된 대안들 평가때 활용된다. 평가해야 할 대안들을 세로로 적고 가로의 상단에는 평가의 준거를 제시하는 평가 행렬 표를 만든다. 대안을 평가할 때 사용할 적절한 평정척도를 제시한다.

■ **실무 활용방안**

1. 자신의 직무 활동에서 해결해야 할 문제의 아이디어 5개를 도출하라. 이중에서 가장 적합한 아이디어 하나를 선정하라. 단 PMI 법을 이용하여 카드(표 7-1)를 완성하라.

2. 자신의 직무에서 문제해결 대안 의사결정 회의시, 쌍비교분석법(PCA)을 이용하라. 최종결정을 쌍비교분석법 서식(표 7-2)을 완성하라.

3. 어떤 주제에 대한 그룹 토론이 필요한 경우에 KJ(친화도 분석)를 사용하라. 벽면과 포스트잇을 이용하여 다양한 아이디어를 도출한다. 이들을 일목요연하게 정리하여 실천 과제를 수립하라.

## 📋 요약정리

- 문제해결시 아이디어는 잘 내는데 마무리가 잘 안 되는 사람들이 있다. 수렴적 사고를 제약하는 고착이 있기 때문이다. 기법들을 배우고 익혀서 활용하면 개선이 될 것이다. 다양한 아이디어를 정리하고 분류하여 최종 선택의 판단과 우선순위를 결정하는 능력이 강화될 것이다. 수렴적 사고 기법에는 PMI, 쌍비교분석법, KJ(친화도)법, 하이라이팅법 등이 있다 .

- PMI 기법은 아이디어의 장단점과 흥미로운 점을 평가한다. 제시된 아이디어 중에서 가장 최선의 것을 선택하는 기법이다. 5단계에 걸쳐서 아이디어를 수렴한다.

- 쌍비교분석법은 많은 아이디어와 업무들을 중요도를 결정할 때 사용하는 기법이다. 서로 한 번씩 비교해보고 상대적으로 중요한 것을 우선순위 상위에 두는 방법으로 중요도를 결정한다. 3단계로 진행 한다.

- KJ법은 데이터를 정리하기 위해 고안한 기법이다. 브레인스토밍과 함께 가장 많이 사용된다. 6단계의 진행 순서가 있다.

- 그 외에도 하이라이팅, 역 브레인스토밍, 평가행렬법(evaluation matrix) 등이 활용된다.

# Ⅲ

## 문제를 시스템으로 바라보면
## 답이 입체적으로 보인다.

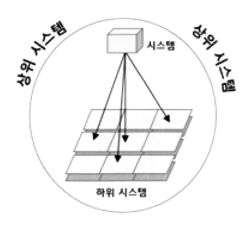

[문제를 시스템으로 바라보기]

✅ 8. 문제해결 모형은 최종해결책으로 안내하는 네비게이션이다.

✅ 9. 문제를 시스템으로 바라보면 답이 입체적으로 보인다..

✅ 10. 창의적인 문제해결은 발견에서 시작되고 결과보다 우선한다.

✅ 11. 트리즈는 기술문제를 시스템과 기능분석으로 해결한다.

✅ 12. 문제의 결과와 싸우지 말고 근본원인과 싸워라.

## SECTION 8
## 문제해결 모형은 최종해결책으로 안내하는 네비게이션이다.

 본 장의 목적은 문제발견에서 해결까지의 경로를 설명하는 것이다. 창의적인 문제해결 과정을 보다 쉽게 이해하고 활용할 수 있도록 BK 트리즈 문제해결 모형을 제시한다. 이 모형은 트리즈 기본 개념들로 문제해결 전체 과정의 논리적인 흐름을 보여준다.

### BK 트리즈 문제해결 모형 소개

이 모형의 구성요소는 시스템, 모순, 자원, 이상적 최종결과, 진화유형과 발명원리와 같이 6가지이다.

문제해결 모형이 갖는 의미는 세 가지이다. 첫째 트리즈의 문제해결 논리가 함축된 구조적인 틀이다. 둘째 현장의 문제해결에 트리즈 개념을 활용하게 해주는 도구이다. 셋째 언제든지 손쉽게 꺼내어 참고 할 수 있다. 그러면 모형에 대해서는 어떤 문제상황이 발생했다는 가정 하에 설명한다.

첫 번째 할 일은 시스템의 기능에 어떤 문제가 생겼는지 파악하는 것이다. 이어서 쉽지 않지만 시스템에서 모순을 찾아 정의한다. 그 다음에는 주변의 자원을 활용하여 모순을 해결한다. 자원은 우리가 문제해결을 통해서 얻으려는 기능을 전달해 주는 수단이 된다. 또한 자원은 우리가 문제해결의 궁극적인 목표로 삼는 이상적 최종결과 (Ideal Final Results)을 가져다준다. 이 모형은 모순 분석 없이 진화유형과 발명원리를 활용하여 IFR을 얻을 수 있는 경로를 제시해 주고 있다. 이 모형은 문제상황에서 출발하여 최종해결책을 얻기까지 문제해결 경로를 안내하는 네비게이션(Navigation)

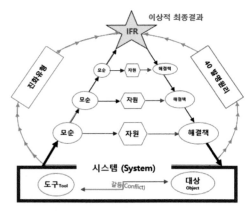

그림 8-1 BK 트리즈 문제해결 모형

역할을 해 준다.

BK 트리즈 문제해결 모형은 Nikolay Shpakosky와 Ellen Domb 지도에 기초해 생성되었음을 밝힌다. 이 모형에 영감을 미친 서적은 The Target Invention Practice와 Simplified TRIZ 이다.

## 기술시스템과 모순

기술시스템은 어떤 의도된 기능을 수행하는 것으로 도구와 대상물로 이루어져 있다. 시스템이 갖는 갈등(모순)은 도구가 대상물에 가하는 작용에서 나온다. 도구와 대상이란 예를 들어 설명하면 이러하다. 가정의 식칼은 과일의 껍질을 벗기거나 자르기 위한 도구이다. 이 때 대상물은 과일이 된다. 과일의 껍질이 벗겨지는 것은 도구인 칼이 대상물인 과일의 모양에 변화를 주었기 때문이다. 과일 껍질이 두껍지 않게 벗겨지는 것을 원하는데 만일 그렇지 않으면 문제가 된다. 도구가 대상에 작용한 결과에 따라서 문제가 될 수도 아닐 수도 있다.

비행기는 승객과 화물을 이동시키는 도구이다. 현장 교육은 작업자의 숙련도를 높이기 위한 도구이다. 엑셀은 숫자 계산을 빠르고 정확하게 셈하기 위한 도구이다. 광고는 잠재 고객에게 상품 내용을 전달하는 도구이다. 엔지니어들이 사용하는 각종 소프트웨어는 제품을 설계하는 도구이다. 반면에 위의 예에서 대상은 승객과 화물, 작업자, 숫자, 제품 특성 등이다.

도구는 대상을 상대로 작용을 한다. 다른 말로 대상의 속성을 변화시키는 작용을 하는 가해자이다. 반면에 대상은 도구의 작용을 받는 피해자이다. 도구가 대상에 작용하여 우리에게 전달하는 결과는 두 가지이다. 하나는 원하는 결과(이득)와 원하지 않는 결과(해로움)이다. 원하지 않는 결과를 문제로 인식한다. 이러한 경우도 있다. 원하는 것이면서 한편 원하지 않는 것 또는 원하는 것을 얻

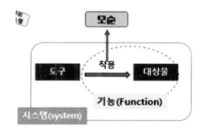

그림 8-2 시스템에서 모순이 나온다.

었는데 이로 인해 다른 것이 나빠진 상황도 일어나곤 한다. 이것을 모순이라 하는데 일반적으로 해결이 쉽지 않다.

시스템은 기능 수행을 위해 만들어진 실체이다. 우리는 이 시스템의 기능을 통해서 원하

는 것을 전달 받게 된다. 그런데 이 기능이 항상 원하는 결과만 주는 것이 아니다. 때때로 원하지 않는 결과를 같이 제공한다. 원하지 않는 결과는 없애거나 해결해야 할 대상 즉 문제로 취급한다. 현실적으로 우리에게 주어지는 시스템들은 대단히 복잡하고 온갖 기능들이 혼재 되어 있다. 그래서 해결하고자 하는 기능을 찾는 것이 중요하고 기술이 필요한 것이다.

그림 8-3 기능은 이득과 해로움을 전달한다.

## 자원은 모순 해결의 열쇠

자원은 모순 극복에 도움이 되는 정보, 에너지, 특성들을 말한다. 자원은 처음에는 눈에 잘 띄지 않는다. 그 이유는 문제상황을 관찰하는 자세와 고정관념이 있기 때문이다. 창의적인 해결책을 얻으려면 자원을 분석하여 문제해결에 필요한 에너지를 얻어야 한다. 자원을 잘 활용하기만 하면 문제 그 자체가 스스로 해결하기도 한다. 자원은 일종의 예비 부품이다. 예로 설명하면, 땅에 일부를 묻은 쓰레기통은 땅속

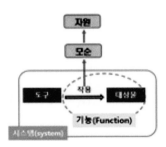

그림 8-4 모순 그리고 자원의 관계성

공간을 자원으로 이용한 것이다. 우리의 관심 대상이 모든 자원이지는 않다. 시스템과 주어진 환경에서 사용할 수 있는 자원 그리고 아직 사용하지 않은 공짜 자원에 관심이 있다.

패스트푸드 식당은 1948년 맥도널드(Mac McDonald)에 의해 개점되었다. 그 당시에는 아주 혁신적인 새로운 형태의 식당이었다. 고객이 스스로 식당의 웨이터 역할을 하는 것이다. 1954년에 많은 사람들이 맥도널드 식당을 둘러보고 패스트푸드의 개념을 이해했다. 하지만 기업들은 이러한 개념을 이해하는데 6년이란 시간을 흘러 보냈다. 기존의 대다수 레스토랑 주인들은 고비용 저 품질의 서비스를 한동안 계속 제공했다. 새로운 개념의 비즈니스를 이해하지 못한 이유는 무엇인가? 환경의 변화에 따른 자원 활용의 효과와 그 개념을 알지 못하였기 때문이다.

## 이상적 최종결과(IFR)는 문제해결의 궁극적인 목표

이상적 최종결과란 트리즈 창시자 알트슐러가 정립한 개념이다. 이 개념의 근거는 이상성 증가 법칙 즉 "시스템의 발전은 그 이상성을 증가시키는 방향으로 진행한다."에 두고 있다. 이상성이란 문제해결 결과가 이상적인 최종목표에 얼마나 근접하였는지 판단하는 척도이다. 이상성이 높다는 것은 문제해결을 위한 투입 요소가 없고, 유해함도 없이 오직 이득만을 얻는 것이다. 이상적인 최종결과를 얻는 구체적인 방법은 자원을 사용하여 타협 없이 모순을 해결하는 것이다. 자원은 완벽

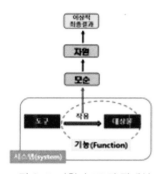

그림 8-5 자원과 IFR의 관계성

한 해결책으로 여행하는 길을 막아서는 장애물을 제거하는 수단이다.

수식은 해결책의 수준을 묘사하는 식이다. 기존에 제시되었던 수식을 일반화 했다. 수식에서 분모가 '0'이 되면 분모인 이상적 최종결과는 비용이 들지 않고 해로움도 없다. 오직 유익한 기능만을 가진 시스템이 된다. 이상적인 시스템을 정의하는 것이 이런 이유에서다. 시스템이 복잡해지면 비용과 해로움이 동시에 증가한다. 시스템이 단순해진다면 유익한 기능을 유지하면서 이상성은 증가하게 된다.

$$\text{이상성(Ideality)} = \frac{\uparrow \text{이득(Benefits)}}{\downarrow \text{비용(Costs)} + \text{해로움(Harms)} \downarrow}$$

그림 8-6 이상성 공식

## 기술진화의 유형

진화의 유형은 시스템의 개발 과정에서 중요한 규칙이 된다. 어떤 상황에서는 모순을 찾아내기 어려울 수도 있다. 이 경우에 진화유형은 문제의 해결책을 수월하게 찾는 경로가 된다. 진화 유형이란 시스템이 어떻게 진화하는지를 알려주는 것이다. 진화 유형은 대략 3가지의 용도로 사용된다. 첫째, 신기술과 새로운 제품을 효율적으로 개발하는데, 둘째, 시스템의 비즈니스 가능성을 객관적으로 평가하는데 셋째, 새로운 경쟁자 출현을 예측하는 수단으로 사용될 수 있다.

알트슐러는 예측 가능한 기술시스템 진화의 개념을 만들어 발표하였다. 기술 진화의 속도를 조절하는 사회적 요인들은 많지만 진화의 방향을 크게 바꿀 수는 없다는 것이다. 알트슐러는 8개의 기술진화 법칙을 제시하였다. 3개 그룹으로 분류할 수 있다. 첫째, 시스템 존재조건 그룹(Statics) ① 시스템 완전성 ② 에너지 전달 경로 단축 ③ 리듬 조화. 둘째, 시스템 진화발전 그룹(Kinematics) ④ 이상성 증가 ⑤ 하위 시스템의 불 균일 진화 ⑥ 상위 시스템으로 이동 세 번째, 시스템 역동성변화 그룹(Dynamics)은 ⑦ 미시수준으로 이동 ⑧ 동적특성(유연성) 증가 두 가지이다.

## 40가지 발명원리

1970년대 초 알트슐러와 그의 동료들은 수천 개의 독창적인 발명 특허를 분석하였다. 그 연구 결과로 그들은 모순 해결에 반복적으로 사용된 예를 수집하여 40가지 발명원리로 정립했다. 40가지 발명원리는 기술, 비즈니스, 문화예술 등 거의 모든 영역에서 창의성 원리로 사용되고 있다. BK 트리즈 문제해결 모형은 이상적 최종결과에 이르는 세 가지 경로를 보여준다. 한 가지 경로는 모순 도출과 자원을 활용하는 것이다. 다른 경로는 시스템 진화 유형을 사용하는 것이고 마지막으로 40원리를 이용하는 것이다.

■ **실무적용 방안**

BK 트리즈 문제해결 모형의 주요 구성 요소에 대해 핵심 내용을 간략하게 서술하시오.

1. 기술시스템 : _____

2. 모순 : _____

3. 자원 : _____

4. 이상적 최종결과 : _____

5. 기술진화 유형 : _____

6. 40가지 발명원리 : _____

## 📋 요약정리

- 문제해결 모형이 왜 필요한가? 어떤 일을 반복적으로 할 때에는 효율적으로 수행하기 위한 도구를 필요로 한다. BK 트리즈 모형은 문제의 발견에서 해결책까지 논리적 흐름이 함축된 구조적 틀이다. 트리즈의 주요 개념이 그 안에 들어가 있다. 시스템과 기능모델, 모순과 자원 그리고 이상적 최종결과에 대해 충분한 이해가 필요하다. 특히 이들 사이의 상호작용을 이해하는 것이 중요하다.

- 기술시스템은 도구와 대상물로 이루어져 있다. 모순은 도구와 대상의 갈등을 말한다.

- 모순은 시스템의 한 특성을 개선코자 할 때 그 시스템의 다른 특성이 악화되는 상황이거나 시스템의 어느 한 속성이 반대적인 값을 동시에 요구하는 상황이다.

- 자원이란 시스템 내. 외부에 이미 존재하는 사물, 정보, 기능, 공간, 시간 등의 특성이다.

- 이상적 최종결과는 문제해결을 통해서 얻고자 하는 이상적인 종착점 즉 목표점이다.

- 기술진화 유형은 혁신제품 개발에 유용하다. 또한 모순분석 없이 최종결과에 이르게 해 준다.

- 40원리는 모순해결을 도와준다. 문제상황에 대한 별도의 분석과정 없이 최종해결안에 도달이 가능하다.

## SECTION 9
## 문제를 시스템으로 바라보면 답이 입체적으로 보인다.

본 장은 문제의 해결은 시스템으로 바라보고 접근하라는 원칙을 알려주기 위한 것이다. 시스템의 개념이 왜 중요한지 사례를 통해서 설명한다. 시스템의 일반적인 특징을 살펴본다. 다른 장의 기술시스템의 개념과 원리와 본질적으로 같은 것이다. 본 장에서 원리를 미리 알아두는 것과 같다.

### 시스템의 개념이 무엇인가?

시스템의 정의는 이론적으로 서술하면 이해가 쉽지 않을 것이다. 굳이 처음부터 어렵게 이야기 할 필요가 없다. 실생활 주변의 생생한 이야기를 빌려서 시스템의 진정한 의미가 무엇인지 살펴본다. 인터넷 기사에 "보증금 0원, 월세 10년 동결… 집 주인이 설계한 '임대인과 임차인 모두가 윈윈(Win- Win)하는 시스템'이" 나왔다. '응암동 풍년빌라 실험'이라고 불리는 이 임대 프로젝트는 건물주가

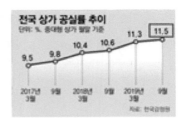

그림 9-1 동아일보 인터넷 기사, 2020.3.18.

'10년간 월세 동결'을 조건으로 세입자에게 집을 빌려주는 것이다. 자칫 위험 부담이 큰 시도로 보일 수도 있지만, 평가 절하된 땅을 저렴하게 매입해 건물 짓기 및 임대까지 전문가들이 협력함으로 이 프로젝트는 성공적으로 진행되었다. 풍년 빌라와 다른 빌라의 가장 큰 차이점은 풍년 빌라는 보증금이 없고 오직 임대료만 내면 된다는 것이다. 보통 풍년 빌라의 임대료는 공간 크기에 따라 45만~70만 원 선에서 책정되었다. 그리고 임대료는 건물주의 파격적인 조건으로 10년 동결을 계약 원칙으로 했다.

모두가 승리하는 시스템인지 따져보자. 임대인의 입장에서 10년간의 공실 없는 임대 보장을 받는다. 임대 업계에서 보통 10년 임대 기간에 2년을 공실 기간으로 예측하는 것을 보면, 임차인뿐만 아니라 임대인에게도 이득이 되는 상생 시스템임을 알 수 있다.

사람들이 원하는 시스템은 모든 사람이 승리자가 되는 협력이 실현되는 세상일 것이다.

세계적인 품질 석학 에드워드 데밍 박사는 그의 저서 "The New Economics"에서 "경쟁은 손실을 가져온다." 협력 시스템을 강조했다. 줄다리기에서 서로가 반대 방향으로 줄을 잡아 당기면 자신의 에너지를 고갈시킬 뿐이고 어느 방향으로도 나아가지 못한다. 우리에게 필요한 것은 협력이다. 각각의 협력 사례들은 협력하는 이들에게 주어지는 혜택과 이득을 보여 준다. 협력은 특별히 잘 관리되는 시스템에서는 아주 생산적이다. 협력의 사례를 제시하는 것은 어려운 일이 아니다. 데밍 박사 책에 나온 대표적인 사례들을 소개한다.

1. 그리니치 평균시에 근거한 하루 시간
   (모든 사람들이 동일한 시간표시를 사용한다)
2. 날짜 변경선을 기준으로 몇 월 몇 일
   (경쟁자와 고객과 같은 날짜를 사용한다)
3. 전 세계가 같은 의미로 사용하는 교통신호등
   (적색이 청색 위에 있다)
4. 전 세계적으로 미터 시스템이 활용되고 있다.
   (미국과 일부 유럽 국가에서는 아직 사용하지 않음)
5. 렌즈의 직경에 대한 초점 거리의 비율은 전 세계적으로
   546 나노미터 파장을 참고한다.
6. AAA 배터리는 전 세계 어디가나 구입이 가능하다.
   품질은 다양하나 크기만큼은 잘 맞는다.
7. 그 외 국제적인 각종 표준화 등의 사례는 헤아릴 수 없이 많다.

이러한 시스템 덕분에 국제교역이 가능하고 대량생산의 장점을 누리고 있다.

## 1. 시스템의 일반적인 특징 5가지를 설명한다.

첫째, 시스템의 각 부분들은 목적달성을 위해 특정한 방식으로 결합한다. 살아 움직이는 생물에게서 '위'가 없다면 죽은 것이나 다름이 없다. 마찬가지로 시계에서 톱니바퀴를 몇 개 없애거나, 현악 4중주에서 첼로를 빼거나, 컴퓨터에서 키보드를 없애거나, 결혼 생활에서 신뢰를 빼거나, 기업에서 마케팅을 없애 버린다면 그 시스템은 제 기능을 할 수 없다.

둘째, 시스템은 더 큰 시스템 안에서 특정한 목적을 수행한다. 시스템 사고의 재미있는 대목이다. 시스템은 자신보다 더 큰 시스템에 속해 있다. 각각의 시스템은 고유의 목적을 가지지만 더 큰 목적을 위해 일하는 다른 시스템과 함께 작동한다. 자동차의 점화 시스템을 생각해 보자. 그것은 자동차라는 더 큰 시스템에 속해 있다. 점화 플러그의 목적은 전기적, 기계적 장치를 작동시켜 엔진이 움직이도록 하는 것이다. 자동차의 목적은 사람이나 짐을 실어 나르는 것이다. 점화 시스템의 목적이 어떻게 자동차의 목적에 기여 하는지는 알 수 있을 것이다. 사실 어떤 시스템도 세상과 동떨어져 존재하지 못한다. 각각의 시스템은 더 큰 시스템과 시너지 관계에 있는 것이다.

셋째, 시스템은 서로 의존하며 상호작용 한다. 우리는 가족이라는 시스템에 속해 있고, 가족은 지역공동체의 일부이다. 지역 공동체는 사회 전체의 한 부분이며, 사회는 인류의 일부분이다. 인류는 또 지구상의 생태계에 속해 있다. 이 시스템 중 한 시스템이 취하는 긍정적이거나 부정적인 행위는 다른 시스템의 이곳저곳에 영향을 줌으로써, 결국 관련된 모든 시스템에 영향을 미치게 된다.

넷째, 시스템은 안정을 추구한다. 거실에서 온도조절장치에 원하는 온도를 설정해 놓은 경우를 생각해 보자. 가령 22도로 맞추어 놓았다고 가정하자. 외부 온도가 올라가거나 내려가면 온도 조절장치는 통풍구를 통해 공기를 내보내 실내 온도를 조절할 것이다. 안정을 유지하려는 것은 모든 시스템의 특징이다. 시스템은 각각에 '가장 알맞은 상태로 설정 된다'. 시스템은 설정을 무효화하려는 외부의 힘에도 불구하고 언제나 설정대로 유지하려고 한다. 우리 몸에 침입한 바이러스를 퇴치하고 정상적인 체온을 37도로 되돌아올 수 있는 것도 이런 시스템 덕분이다. 안정을 유지하려는 경향이 변화에 대한 저항으로 비치기도 한다. 기업에서 새로운 비즈니스 프로세스 도입과 같은 단순한 기업 행위도 격렬한 저항에 부딪치곤 한다. 그런 새로운 행위가 안정을 추구하는 시스템을 하위 시스템까지 뒤흔들어 놓기 때문이다.

다섯째, 시스템 내에서는 피드백이 이루어진다. 어떤 이론가는 다음과 같이 시스템을 간결하게 정의했다. "시스템이란 스스로에게 말하는 것이다." 이 정의는 시스템에 존재하는 피드백의 역할을 강조한 것이다. 자동온도 조절장치가 거실의 온도를 재면 통풍 시스템에 피드백 해준다. 뜨거운 치즈피자를 한입 베어 물었을 때 입 안의 감각이 둔해지는 것은 피드백 현상이다. 기업의 생산성이나 판매량이 급감하는 것도 마찬가지로 피드백 작용이다. 건전한 시스템은 피드백을 '귀 기울여 듣고' 반응한다. 시스템이 피드백을 정확하게 인지하고 이를 해석하고 제대로 조치를 취하지 못할 때 기능이 멈추고 고장이 나게 된다.

### 2. 시스템은 목표 아래 상호작용 한다.

시스템이란 특정한 목표 아래서 각 부분들이 복잡하고 통일된 전체를 구성하여 모여 있는 집합이다.

각 부분들은 상호작용하고 상호 관련되어 있으며 상호의존 한다. 가장 중요한 사실은 각 부분들이 상호작용 한다는 점이다. 각 부분들이 상호작용하지 않는다면 그것은 시스템이 아니라 단순히 모아놓은 덩어리에 불과하다.

데밍 박사는 시스템은「목표 달성을 위해 협력하는 상호의존적인 구성요소들의 네트워크」로 정의했다. 따라서 시스템에는 반드시 목표가 있어야 하며, 목표가 없으면 시스템으로서 존재할 수 없다. 시스템 목표는 시스템 내의 모든 사람들에게 전달되어야 한다. 이때 목표는 미래의 계획을 포함하여야 하며 가치 판단의 기준이 되어야 한다. 시스템을 적절히 관리하기 위해서는 모든 구성요소 간의 관계와 시스템 내에서 활동하는 모든 사람들에 대한 지식을 갖추고 있어야 한다. 시스템은 저절로 굴러 가는 것이 아니기 때문에 누군가에 의해서 관리되어야 한다. (출처 : The New Economics)

시스템에 목표가 없으면 시스템으로 존재하지 않는다. 상호의존성 즉 시스템 구성요소들의 상호의존성이 커지면 커질수록 구성 요소간의 협력과 의사소통의 필요성은 더욱 증가된다. 또한 전반적인 관리의 필요성도 더욱 더 증가된다. 아래 그림은 상호 의존성의 정도를 낮은 수준에서 높은 수준까지 보여준다.

그림 9-2 구성원간의 상호 의존성

오케스트라를 생각해 보자. 연주자는 혼자 연주하지 않고 구성원들이 서로를 지원하기 위해 노력한다. 청중들은 뛰어난 한명의 연주자가 아니라 이들이 함께 연주하는 방식으로 판단을 한다. 지휘자는 모든 연주자가 서로를 지원하는 시스템으로 연주자간의 협력을 이끌어 낸다. 연주자와 지휘자간에 추구하는 공통의 목표는 연주의 기쁨이다.

기업은 핵심 목적을 중심으로 구성된다. 이윤을 낳음으로서 조직을 영속시키려는 명확한 요구이다.

각 사례에서 목적은 조직을 구성하는 방법을 결정한다. 우리 인간도 하나의 생명 시스템이다. 따라서 자기만의 목적을 추구할 것이다. 숨을 쉬는 시스템의 목적은 좀 더 까다로울지 모른다. 소화 시스템의 목적은 음식물을 잘게 부수어 신체가 그 영양분을 흡수 할 수 있도록 하는 것이다.

시스템의 예로 자동차, 배드민턴을 치는 두 사람. 결혼 가정, 기업의 조직 들이 있다. 이들 시스템 속에서 어떻게 각 부분들이 상호작용하고 특정한 목적을 이루어 가는지 알 수 있다. 시스템이 아닌 예로는 책장 서랍 속에 있는 동전들, 창고 안에 있는 물건들, 미술관 보관 창고에 있는 그림들 이들은 단 지 부분들의 집합일 뿐이다. 동전, 물건들 그림은 어떤 실질적인 목적을 위해 상호작용하지 않는다. 단지 거기에 놓여 있을 뿐이다. 상호작용 하지 않는 것들은 시스템이 아니다.

학습조직론의 전문가인 데이비드 허친스가 쓴 「펭귄의 계약 The of the Iceberg」에서 '시스템의 중요성'에 대한 교훈을 주고 있다. 「극지방의 빙산 위에서 살던 펭귄들과 인근의 뭍에 살던 바다코끼리와 협정을 맺는다. 협정의 내용은 바다코끼리들이 대합을 따서 펭귄과 나눠 먹고 바다코끼리들은 빙산에서 펭귄들과 같이 산다는 것이다. 펭귄은 대합을 좋아하지만 폐가 너무 작아 오래 잠수할 수 없어 대합을 따올 수 없었다. 이 협약 덕분에 맛있는 대합들이 넘쳐났다. 이 소식에 이웃 빙산의 펭귄들과 바다코끼리들이 몰려들었고 더 많은 대합을 따서 나누어 먹었다. 하지만 서서히 문제가 발생하기 시작했다.

어느 날 바다코끼리에게 펭귄들이 압사 당하는 사고가 일어났다. 이후에도 크고 작은 분쟁이 계속 늘어났다. 이웃 빙산에서 이주해 온 펭귄들은 이 섬을 떠난다. 남아있는 펭귄들은 문제의 원인을 찾기 시작했다. '스파키'라는 영리한 펭귄이 놀라운 원인을 찾아냈다. 펭귄과 바다코끼리가 너무 많아서 빙산이 가라앉고 있었던 것이다. 펭귄들은 바다코끼리-대합-펭귄 간의 순환관계를 따져 보고 결론에 이른다. 빙산에 살 수 있는 펭귄과 바다코끼리의 개체수를 제한해야 한다는 것이었다. 그래서 빙산이 가라앉지 않으면서 대합 수확량을 늘리는 방안과 수확된 대합을 다른 빙산들로 보낼 수 있는 대책을 준비했다.

이 우화의 교훈은 단선적 사고에서 시스템 사고로의 전환해야 한다는 점이다. 'A 때문에 B다'라는 단선적인 사고로는 현실에 숨어 있는 복잡한 여러 인과관계를 이해할 수 없다는 뜻이다. 우리도 시스템을 이해하지 못하면 (펭귄처럼) 시스템에 갇히게 된다. 기저에 깔린 시스템 구조를 잘 이해할수록 우리는 변화에 적절히 대응할 수 있다. 데이비드 허친스가 설명했듯이, 우리는 시스템 안에서 일하는 것이 아니라, 시스템 위에서 일하는 방법을 배워야 한다. "어떻게 해야 우리가 단순한 시스템 운영자에 그치지 않고 시스템을 디자인하는 사람이 될 수 있을까?" 시스템이 어떻게 작동하는지 알지 못하면 우리는 그저 시스템이 만들어 내는 특정한 사건들(빙산의 보이는 부분)에만 반응하게 된다.

그러나 시스템 사고를 하게 되면 개별적 사건들 너머로 그것들의 장기적인 패턴을 볼 수 있다. '난, 펭귄의 압사 사고가 우연히 일어난 일이 아니라고 생각해 !'일단 패턴을 파악하면 우리는 패턴을 만들어 내는 보이지 않는 구조들을 발견할 수 있다. '빙산이 가라앉고 있어 !' 우리 스스로가 속해 있는 시스템을 재구성하거나 원하는 결과를 낼 수 있도록 시스템을 만들어 내자. 더 효과적으로 행동할 수 있을 것이다.

인구 30만 명에 못 미치는 일본 홋카이도 소도시에 시립동물원 '아사히야마 동물원'이 있다. 일본 최고의 동물원으로 인정받는 혁신의 아이콘이다. 이 동물원은 한때 적은 입장 수입과 투자 부족으로 폐원 위기에 몰렸다. 자구책으로 뛰어난 혁신가 고스케 마사오를 초빙하여 문제해결을 요청했다. 그는 다양한 시각으로 동물원을 분석하였다. 동물원 시스템의 하위 구성요소는 동물들, 동물원 구조, 근무자들 그리고 경영진이다. 상위 시스템 요소는 관람객 어린이, 어른, 지역도시 환경이다.

특히 그는 각각의 구성요소의 입장에서 생각했다. 근무자 입장은 동물에게 먹이도 주고 청소도 해야 한다. 그리고 손님들에게 시달리는 치열한 직업 현장이다. 경영진 입장은 입장객의 숫자와 수입에 대해서 관심 을 가져야 한다. 동물 입장에서는 자연에서 뛰어 놀아야 할 자신을 우리에 가두어 놓은 감옥이라 스트레스를 많이 받을 수 있다. 그는 동물의 입장에서 역발상의 사고로 거꾸로 바꾸어 놓았다. 동물이 자유롭게 뛰어 놀고 관람객은 지정된 통로를 이용하여 동물에 근접하도록 했다. 이러한 관찰과 재미 그리고 색다른 체험은 한순간에 동물원을 탈바꿈해 놓는다. 그 결과 폐원의 위기에서 매년 300만 명이 넘는 관람객이 찾는 동물원이 되었다.

국가 간 축구 경기를 하고 있다. 피파 순위 세계 131위와 4위 국가가 경기를 한다면 누가 이길 확률이 더 높을까요? 물론 각본 없는 드라마가 스포츠라고 하지만, 그래도 세계 4위가 손쉽게 이길 것으로 생각할 수 있다. 그런데 세계 131위가 이겼다. 그 주인공은 예선에서 피파 순위 7위인 포르투갈과 비겼고, 유럽의 강호 오스트리아를 2:1로 이겼다. 그리고 피파 순위 4위인 잉글랜드를 16강에서 꺾는 파란을 일으켰다. 바로 아이슬란드이다. 2016년 유로 남자 축구 토너먼트에서 일어난 일이다.

아이슬란드는 1년 내내 빙하로 뒤덮인 화산섬으로 축구 시즌이 가장 짧고, 인구 33만에 불과해 축구를 할 수 있는 선수도 그리 많지 않았다. 당시의 축구 감독이 치과 의사를 겸할 정도였다. 더군다나 세계적인 슈퍼스타는 한 명도 없었다. 그럼에도 파란을 일으킨 것은 단순히 운이 아니었다. 이름 없는 팀이지만 공동체(시스템)의 힘이었다. 실제로 뛰어난 사람으로만 구성된 공동체(시스템)보다 부족하지만 서로 유기적인 협조가 이루어지는 곳이 훨씬 더 경쟁력이 강화된다는 실험 결과도 있다. 즉, 시스템의 구성요소인 개인보다 공동체인 시스템이 강한 것이다.

## 문제를 시스템으로 바라보는 4가지 관점

문제해결 과정에서 문제를 여러 관점에서 동시에 보는 것이 대단히 중요한 자원이다. 복잡한 것을 단순한 과정으로 전환하는데 도움이 되어 많은 해결 방법을 얻게 된다. 시간의 관점에서 과거와 미래를 공간적 수준에서 상위와 하위 시스템, 기능 관점에서 입력과 출력 요소 문제의 원인과 결과 이상의 4가지 관점에서 바라보면 문제가 달리 보일 것이다.

그림 9-3 4가지 관점이 시스템 기능

### 「과거와 미래」 관점

현재 시스템이 과거에는 어떠했는지, 무엇이 바뀌었는지 파악해 보라. 미래에는 어떻게 바뀔 것인지, 시스템 진화의 결과로 미래에 나타날 문제를 상상해 보라. 어떤 시스템의 기능이 진화되었는가? 미래에는 어떻게 바뀔 것인가, 어떤 새로운 기능이 미래에 수행 될 것인가. 현재 해결하려는 문제가 언제 그리고 왜 발생했는지, 해로운 결과는 무엇인가. 미래에 이 문제가 발생하지 않도록 막을 수 있는지, 아니면 해로운 결과를 막을 수 있는지에 대해 질문하라.

그림 9-3 (a)과거-미래 관점 시스템

### 「상위 시스템과 하위 시스템」 관점

시스템에 포함된 여러 가지 하위 시스템에 대해서 생각해 보자. 하나 혹은 그 이상의 하위 시스템을 바꾸거나 그들 간의 관계를 바꿈으로써 문제가 해결될 수 있는가? 상위 시스템에 대해서 생각해 보자. 상위 시스템에 인접한 다른 시스템이 무엇인지. 이들을 바꾸거나 이들의 관계를 바꿈으로써 문제가 해결될 수 있는지에 대해 질문해 보자.

그림 9-3 (b)상위-하위 관점 시스템

### 「입력과 출력」 관점

입력이란 시스템에 들어가 있는 모든 것을 의미한다. 물질, 부품, 에너지, 정보 등이다. 입력은 시스템에 유용한 기능을 제공 할 수 있거나 유해한 기능을 줄 수도 있다. 출력이란 시스템 기능의 결과로 시스템에 남아있는 모든 것을 의미한다. 물질, 부품, 에너지, 정보 등이다. 출력은 시스템의 목적에 꼭 맞게 유용할 수도 있지만 다른 시스템 또는 환경에 해로운 영향을 줄 수도 있다. 예를 들면 배기가스, 쓰레기, 소음 등이다. 입력 혹은 출력을 바꾸어서 문제를 제거하거나 해결하는 것이 가능한지 생각해 보자.

그림 9-3 (c)입력-출력 관점 시스템

입력이 어떻게 출력으로 바뀌는지도 생각해 보자. 변화과정에 영향을 주어서 문제가 해결될 수 있는지에 대해 질문하자.

### 「원인과 결과」 관점

문제의 원인과 해로운 영향(결과)을 즉시 확인하라. 원인이 나쁜 영향(해로운 결과)으로 바뀌는 과정을 파악해 보라. 즉 문제발생 유형과 긴급성을 판단해 보자

그림 9-3 (D)원인-결과 관점 시스템

## 시스템 사고에서 보는 업의 개념

아마존은 자신의 비즈니스를 '고객 편의 제공 업'이라고 규정했다. 고객들이 상품 평을 등록할 때 제품에 불리한 나쁜 평가까지 모두 등록할 수 있게 했다. 출판사와 파트너 기업들이 불만을 터뜨렸다. 아마존은 "우리 사업은 상품을 팔아 돈을 버는 것이 아니라 고객의 구매 결정을 도와 돈을 버는 것" 이라는 논리로 항의를 잠재웠다. 고객 중시는 회의문화에서도 나타났다. 정기회의 때 테이블에 빈 의자 하나씩 두었다. 가상의 고객이 앉아있는 자리다. 제프 베조스도 이 고객을 염두에 두고 정중한 자세와 목소리로 회의에 참석한다.(출처: 네이버)

아마존의 비즈니스 정의는「업의 개념」과 같이 종합적 사고에서 얻어진다. (출처 : 초일류 기업으로 가는 길)

「업의 개념」은 삼성그룹 이건희 회장의 '제 2창업 정신' 선포에서 사용된 새로운 용어이다. 경영진은 회사나 사업 차원에서 업의 개념을 바로 정립하여 사업의 방향과 전략을 세워야 한다는 것이 핵심이다. 조직 구성원 개개인도 맡은 직책과 업무에 따라 업의 개념을 이해하고 이에 맞게 일의 완급과 대소를 가리고 관리 포인트를 정해 일을 해야 한다. 업의 개념을 세우는 방법은 첫째 사업의 기본정신과 목적 두 번째는 기술적인 특성, 사회제도 측면 등 다양한 관점에서 여러 요소를 결합하여 얻을 수 있다.

「업의 개념」은 사물을 바라보는 관점을 다양화 하고 여러 요소를 결합한 종합적 사고에서 얻어진다. 한 번에 확정되고 고정되는 것이 아니다. 업종이나 제품, 기술, 영업, 인력 등 경영의 여러 측면에서 보는 관점에 따라 달라 질 수 있다. 기술진보나 소비자의 요구에 따라서도 변하기도 한다. 경영진은 회사나 사업 차원에서 업의 개념을 바로 정립하여 이에 맞게 사업의 방향과 전략을 세워야 한다. 조직 구성원은 맡은 직책과 업무에 따라 업의 개념에 맞게 일의 완급대소를 가려 관리 포인트를 정해 일을 해야 한다. 업의 개념을 바로 세우기 위해서는 우선 사업을 영위하는 기본정신과 목적을 알아야 한다. 그리고 사업에 필요한 핵심기술, 제품 특성, 유통 구조상의 특성을 파악해야 한다. 관련법규, 제도, 기술개발, 소비자의 의식변화 등 외부여건 변화의 추세를 파악해야 한다.

제약 사업의 「업의 개념」은 사업의 목적 측면에서 인류의 건강과 생명을 지키는 사업이다. 기술 특성 측면에서는 기초과학과 첨단기술이 필요한 사업이다. 사회제도 측면에서 정부의 규제가 많은 사업이다. 시스템적으로 보면, 미생물학-정부규제-화학-유전자공학-인류의 건강과 생명-첨단기술이라는 요소들이 연결되어 유기적으로 상호작용하는 시스템이다. 현재의 시스템 관점에서는 제약사업의 과거와 현재를 바탕으로 미래의 사업변화를 바라보아야 한다. 상위 시스템 측면에서는 '제약' 보다 상위 개념 즉, 건강과 생명 행복한 삶의 높은 수준으로 이해할 필요가 있다. 건강보조식품이나 줄기세포 활용으로 건강한 생명체 유지 등을 생각할 수 있다. 하위 시스템 측면에서는 '제약'의 구성 요소 수준에서 다룰 미생물, 약품의 안전성에 대한 정부 인증절차 등 제약요소 해소에 관한 것 등이다.

반도체 사업은 "고지능 노동집약사업"이다. 박사에서 기능직까지 수백 명의 종업원이 수많은 공정에서 단 하나의 실수 없이 가족처럼 믿고 합심해서 일해야 한다. 또한 같은 반도체 사업은 메모리 제품의 대량 생산과 마이크로 제품의 소량 생산의 특성에 따라 다르다. 특히 과거에는 귀중품으로 생각해 왔던 시계 냉장고가 오늘날에는 색상과 디자인이 다양한 패션 제품화되는 사례와 같다.

항공기 제조업은 기술 특성에서 기술집약적 시스템 종합산업(System Integration Industry)이다. 21세기 첨단 산업을 선도하며 타(他) 산업에 대한 연관효과와 기술의 파급효과가 다른 어떤 산업보다도 크다.

항공기는 수십만 개(자동차는 수만 개) 이상의 부품으로 기종 당 수백~수천 대(자동차는 수만~수십만 대)를 만드는 노동집약적 고부가가치 제조 산업이다. 자동라인으로 조립할 수 없고 전량 고급 기술 인력이 조립, 제작해야 한다. 법규 인증측면에서 선진국들이 핵심(核心)기술 이전을 기피하고 철저한 성능과 안전을 보장할 수 있는 '인증(Certification)'요구로 진입 장벽이 높은 사업이다.

미국 보잉의 B777, 유럽 에어버스사의 A380 같은 민항기는 수백 명의 승객을 동시에 태운다. 사고 시 엄청난 인명 손실을 동반하기 때문에 공산품 중에서 가장 엄격한 인증 기준을 적용한다. 그런데 민수기의 경우 미국의 인증제도가 전 세계에서 생산하는 모든 민수기에 대한 '자격시험'으로 통한다. 모든 민항기는 미국 연방항공청 (Federal Aviation Administration)의 연방항공법 (FAR·Federal Aviation Regulation) 에 의한 인증 절차를 통과해야 한다. 그래야 전 세계 공항에서 이착륙 허가를 받을 수 있고 수출도 할 수 있다. 한 기종을 개발해서 미국 FAA의 인증을 받으려면 5~10년의 기간과 엄청난 비용을 지불해야 한다.

수익 측면에서는 항공 산업을 제대로만 일으켜 놓으면 수익은 확실히 보장받을 수 있다. 항공기는 보통 구입 후 30년 이상 사용하는데, 사용기간 동안 들어가는 총 수명주기비용 (LCC·Life Cycle Cost)은 해당 항공기 판매가의 3~4배에 달한다. 즉 한번 항공기를 판매하면 거의 평생 수익이 보장되는 셈이다.

■ **실무활용 방안**

1. 모든 사람이 승리자가 되는 협력 시스템의 예를 제시해 보자.

    _____

    _____

2. 지역이나 조직의 이기적 경쟁에 의해 파괴되는 시스템의 예를 들어 제시해 보자.

    _____

    _____

3. 현재 자신이 속한 비즈니스의 업의 개념이 무엇인지 종합적 사고로 바라보자.

    사업의 목적 측면 : _____

    기술특성 측면 : _____

    사회제도 측면 : _____

    시스템 측면(과거와 미래, 상위 시스템) : _____

## 📋 요약정리

- 시스템은 모든 사람이 승리자가 되는 협력이 실현되는 세상이다. 시스템의 특징은 5가지로 요약된다.

  1. 시스템의 각 부분들은 목적달성을 위해 특정한 방식으로 결합한다.
  2. 시스템은 더 큰 시스템 안에서 특정한 목적을 수행한다.
  3. 시스템은 서로 의존하며 상호작용 한다.
  4. 시스템은 안정을 추구한다.
  5. 시스템 내에서는 피드백이 이루어진다.

- 시스템은 목표 아래 상호작용한다. 데밍 박사는 시스템은「목표 달성을 위해 협력하는 상호 의존적인 구성요소들의 네트워크」로 정의했다. 따라서 시스템에는 반드시 목표가 있어야 하며, 목표가 없으면 시스템으로서 존재할 수 없다. 시스템이란 특정한 목표 아래서 각 부분들이 복잡하고 통일된 전체를 구성하기 위해 모여 있는 집합이다. 각 부분들은 상호작용하고 상호의존 한다.

SECTION 10
## 창의적인 문제해결은 발견에서 시작되고 해결 보다 우선한다.

 본 장에서는 일반적인 문제정의 개념과 문제발견 과정의 중요성에 대해서 알아본다. 문제의 발견은 창의적인 문제해결의 관문 역할을 한다. 문제해결 6단계와 4가지 문제유형 및 유형별 분석도구를 설명한다. 특정 문제는 기술모순 모델, 물리모순 모델, 물질−장 모델 및 기능설명 4종류의 모델로 정의한다.


## 문제의 정의는 비교에서 발생한다.

심리학에서 문제의 정의는 「현재 상태(AS IS)와 바람직한 상태(TO BE)의 차이(Gap)」로 규정한다. 문제는 비교에 의한 정의가 인식되면서 발생한다. 목표 소위 꿈, 기대, 소원 등이 없으면 문제 그 자체가 존재하지 않는다. 일단은 이루고자 하는 목표가 존재해야 비로소 문제로 인식된다. 문제의 인식능력은 다른 말로 하면 목표 의식이다. 문제없이 잘 진행되고 있다고 한다면, 그러한 인식은 자체가 문제이다.

목표를 높게 잡으면 큰 문제(Big Problem)가 되고 낮게 잡으면 작은 문제(Small Porblem)가 된다. 가급적 이상적인 목표를 세우고 창의적인 아이디어로 큰 문제를 해결하면 창의적인 산물을 얻을 수 있을 것이다. 기본적으로 문제는 비교에서 발생한다. 상대보다 더 많은 돈을 갖고 싶고, 더 많은 권한을 갖고 싶은 데에서 문제가 생겨난다. 회사와 고객,

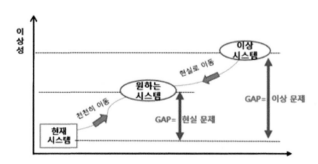

그림 10−1 문제의 정의 : 시스템의 이상성 수준

경쟁사들은 서비스 수준을 비교하는데 매우 익숙해져 있다. 트리즈의 문제 정의는 현재의 시스템과 원하는 시스템간의 이상성의 차이를 문제로 나타낸다.

## 문제의 정의는 상황적이며 상대적이다

문제의 해결이란 현재 상태를 목표하는 상태로 전환하는 작업이다. 혹은 그 차이를 최소화 하는 작업이다. 목표의 설정에 대해 좀 더 깊이 있게 생각해 보아야 한다. 현실의 정의는 무엇인가? 현실을 객관적으로 규정하는 것이 결코 쉽지 않다. 그 이유는 어떤 자료를 그리고 얼마나 많은 인자를 반영해야 현실이라고 규정할 수 있을지 어려운 일이다. 목표의 정의는 무엇인가? 우리는 회사의 이익률이나 시장 점유율 100%를 목표로 삼지 않는다. 그러면 얼마가 되어야 합리적인 목표가 되겠는가? 사실은 달성 가능한 수준을 목표로 잡는다. 목표를 설정하는 사람의 사고에 따라 다르다. 도전적인 목표를 가져가느냐 현실적인 목표로 가느냐 하는 것은 문제에 대한 도전정신에 달려있다.

문제의 정의는 차이에 대한 인식 내지 발견 능력에 따라 달라진다. 비교 차이에 의해 기준이 생기니 대상이 달라지면 기준까지 변한다는 의미이다. 예를 들면 1g(그램) 이라는 무게는 어린이에게는 무겁지만 어른에게는 가벼운 무게이다. 그러나 1g(그램) 자체는 무겁지도 가볍지도 않고 무거울 수도 가벼울 수도 있다. 그 논리 이면에는 사람의 인식을 포함해 세상의 모든 기준이 상황적이며 상대적이라는 뜻을 담고 있다. 대상과 인식은 변하는 속성을 가지고 있으니, 한 마디로 절대적인 것은 없다는 뜻이다. "문제발견" 과정이 얼마나 중요한지 보여주는 예시가 있다.

「한적한 어느 시골, 늦은 시간에 자동차가 주행 중에 타이어 펑크로 멈추어 섰다. 트렁크 안에는 차를 들어 올릴 잭이 없었다. 그들은 이 상황에서 "어디서 잭을 구하지?"하고 문제를 정의했다. 주변에는 사람이 살만한 곳은 보이지 않았고 비어 있는 창고만 있었다. 그들은 이미 지나온 몇 킬로미터 떨어진 휴게소까지 걸어가서 잭을 구해오기로 했다. 그들이 떠난 한참 후 반대쪽에서 오던 자동차도 타이어 펑크가 난다. 역시 트렁크 안에 잭이 없었다. 그들은 "어떻게 차를 들어 올릴 수 있을까?"하고 문제를 정의했다. 주변 마을에는 창고가 한 채 있고 안에 물건을 올릴 때 쓰던 도르래가 보였다. 차를 창고로 옮겨 도르래로 들어 올린 다음 타이어를 교체하고 출발했다.

## 질문을 통한 문제의 발견

"뭐든 되도록 폭넓게 생각하는 편"입니다. 일론 머스크의 말이다. 세라 블레에클리도 "문제가 보이면 일단 질문부터 던져요. 빈틈을 찾는 거죠!"라고 밝혔다. 문제를 해결하려면 우선 선입견이란 껍질을 벗겨야 한다. 한 걸음 떨어져서 문제를 바라보고 대안을 찾는 여유부터 가져야 한다. 기존의 가정을 해체하고 백지상태로 돌아가서 문제를 재구성하여 참신한 아이디어를 도출한다. 창의적인 사람의 특징 가운데 하나가 호기심이다. 아이들은 하루에도 백 번씩 질문을 던진다. 그러나 나이가 들수록 질문은 사라진다. 그러므로 의도적으로 질문을 하려고 노력해야 하고 기회를 읽는 눈이 한결 날카로워 져야 한다.

생각하는 일은 정신의 근육을 단련하는 것과 같다. 기회를 포착하는 능력은 반복된 연습으로 향상된다. 그 능력의 출발점은 예민하게 깨어서 질문하는 것이다. 훌륭한 문제해결 자가 되려면 지금 당장 해야 할 일은 바로 스쳐 지나가는 많은 것들에 질문하는 것이다. 그 질문의 답을 찾기 위해 생각하기 위해 노력 하자. 이전과는 달리 생각하지 못한 해결책이 보일 것이다.

## 관찰을 통한 문제의 발견

문제해결에서 문제발견이 중요하다. 문제의 발견 단계에서 필요한 능력은 관찰력이다. 관찰은 눈으로 보는 것만이 아니다. 다음 그림에서 가장 눈에 띄는 모양이 무엇인가? 직접 관찰해 보자.

모든 문제해결 절차는 문제에 대한 정보의 입력과 처리과정 그리고 문제해결의 산출물인 출력이 있다. 평범한 문제해결과 창의적인 문제해결의 차이는 무엇인가? 주어진 문제상황에 대한 비슷하거나 동일한 입력을 받아도 창의적인 문제해결의 결과는 놀라운 성과를 '출력'한다. 그것도 아주 쉽고 창의적인 방법으로 어떻게 이런 일이 가능할까?

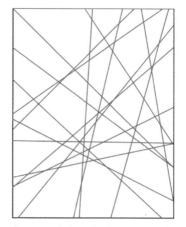

그림 10-2 가장 눈에 띄는 모양 발견하기

그 비밀은 바로 '입력과 출력'사이에 있는 '처리 과정'에 있다. 문제를 해결하는 사람들이 똑같은 것을 봐도 생각하는 바가 제 각각 다르다. 즉 입력이 똑같아도 처리 과정이 다양하다. 똑같은 자극을 입력받아도 평범한 생각을 하면 평범한 결과를 내고 평범한 능력을 갖춘 사람으로 평가받는다. 하지만 창의적인 사람은 남들이 부러워하는 업적을 만들어 내며 자유롭고 활기찬 생활을 즐긴다. 결국 '처리 과정'이 중요하다.

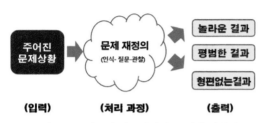

그림 10-3 창조적 사고과정과 문제의 재발견

평범한 생각에서 조금만 벗어나면 창의적일 수 있다. 위에서 제시한 그림을 똑같이 입력 받아도 창의적인 사람과 그렇지 않은 사람은 처리 과정이 확연히 다르다.

창의적인 사람은 그림을 볼 때 의미 있는 패턴을 잘 뽑아낸다. 아주 단순한 것에서도 유의미한 의미를 잘 찾는다. 관찰을 통한 '발견'의 힘이다. 같은 것을 보고도 다른 것을 발견하는 것이 바로 창의성의 기본이다. 그런 점에서 '관찰'은 '입력'을 창의적으로 바꾸는 가장 기본적인 처리 과정이라고 할 수 있다. 창의적인 관찰이 없으면 창의적인 생각도 없다. 창의적인 관찰은 그저 눈에 들어오는 것을 그대로 보는 수동적이 아니라 빠르고 새롭게 의미 있는 형태로 자료를 재구성하는 능동적인 과정이다. 창의적인 사람이 쉽게 통찰을 발휘하는 것도 이런 의미를 찾는 능동적인 관찰력이 매우 뛰어나기 때문이다. 위의 그림을 다시보자, 이제 별모양이 훨씬 뚜렷하게 보일 것이다. 뒤 늦게 별을 본 것은 관찰에 의해서가 아니라 기억에 의해서 본 것뿐이다. 창의적인 문제해결에 요구되는 능동적 관찰이란 불필요한 것은 제거하고 중요한 것, 필요한 것만 보는 능력이다. 트리즈에서 기

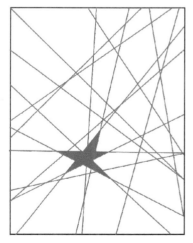

그림 10-4 가장 눈에 띄는 모양 발견하기

술문제를 다룰 때 트리밍(Trimming) 기법을 활용한다.

## 「문제 재정의」를 통한 문제의 재발견

다음 계산 문제의 답을 몇 분 안에 구할 수 있는지 시작해 보자.(아래 내용을 읽기 전에 충분한 시간을 가지고 답을 구해보시오)

$$「1+ +2+3+5+6+ \cdots\cdots +94+95+96+97+ 98+99+100 = ?$$

혹시 무작정 덧셈을 하지 않았는지요. 대부분은 그렇게 한다. 시간이 오래 걸려서 많은 인내심이 필요로 하고 답답함을 느낄 것이다. 진짜 문제는 이제부터 시작된다. 100이 아니라 1,000이나 10,000까지 더하라면 어찌 할 것인가. 같은 문제도 다르게 관찰해서 다른 방법을 생각하는 것이 바로 창의적인 문제해결의 시작이다. 단순한 계산 문제에 무슨 창의성이 필요하냐고 할 수도 있겠으나 창의성은 특별한 순간에 몇 번만 쓰는 것이 아니라 일상적으로 사용하는 능력이다. 창의적인 사람은 고정관념과 항상 싸운다. 그런 점에서 그들은 관찰하는 것부터가 다르다. 수학자 칼 프리드리 가우스는 이 문제의 구조를 먼저 살폈다. 그가 발견한 사실은 처음과 끝의 숫자를 하나씩 가져다 더하면 일정하게 똑같다는 것이다. 문제에 숨어있던 의미있는 패턴(Pattern)을 발견해서 능동적으로 재구성한 것이다.

흔히 사람들은 문제를 접하면 그 문제가 하나만 묻고 있다고 생각하고 그 이외의 가능성은 모두 닫고 만다. 창의적인 사람들은 다르다. 문 없는 벽은 없다고 생각한다. 따라서 어떤 문제건 자신이 찾는 문을 열어 새롭게 해석한다. 심리학자와 교육학자들은 이를 '문제 재정의'라고 한다. 창의성은 주어진 문제를 재정의해서 새로운 해결방식을 발견하는 것이다. 가우스는 1부터 100까지 순차적으로 더해야 한다는 고정관념을 버리고 문제 구조를 관찰한 후 자기 생각에 맞게 문제의 구조를 바꾸어 문제를 다시 정의했다. 덧셈의 합이 101이 되는 개수를 세면 원하는 답 (100x101÷2=5050)을 구할 수 있다. 이것을 일반화 시킨 공식이 가우스의 '등차수열 공식'이다.

흔히 공식은 처음부터 있던 것으로 생각하기 쉽다. 하지만 그 어떤 공식도 문제를 새롭게 재정의 하고 창의적으로 해결하는 과정에서 얻어진 것이다. 가우스의 창의적인 문제해결

방법을 익혔다 해서 고민 없이 사용하면 일반적인 문제해결 방법에 지나지 않는다. 최선을 다해 문제를 분석하고 구조를 발견하려고 노력할 때만 창의성이 발전한다. 관찰을 통해 그 것을 재구성해 머리를 새롭게 창의성으로 채워야 한다. 레오나르도 다빈치, 르네상스 시대를 대표하는 천재 과학자이며 미술가인 다빈치는 관찰을 통한 많은 아이디어를 얻었다. 그는 자연의 아주 세심한 부분까지 관찰한 후 그것을 바탕으로 원리를 발견하고, 상상력을 발휘해서 독특한 발명품을 다수 만들었다. 퍼덕이는 새의 날개와 곤충을 연구한 끝에 내놓은 기계 날개와 프로펠러가 그 대표적인 예이다.

문제발견은 목표를 발견하는 것이고, 목표는 결과를 예측할 수 있는 기대감이다. 문제해결 과정은 문제발견으로부터 시작된다. 목표가 없으면 해결책을 찾아 나서려는 동기가 유발되지 않는다. 창의성을 발휘할 수 있는 대상이 있어야 한다. 문제발견을 인식하고 발견하는 일이므로 문제해결 과정에서 일차적 선결 조건이며 핵심 요소이다.

> 〈아인슈타인의 어록〉
> "문제발견은 종종 문제해결보다 더 본질적이다. 문제해결은 대부분 수학적이고 실험적인 기능이지만 문제발견은 새로운 질문을 던지고 새로운 가능성을 제기하고, 새로운 관점에서 이전의 문제를 고려하는 것이며 창의적인 상상력을 필요로 한다. 문제발견은 '거대한 무엇'을 찾아내는 것이라고 생각하지만 사실 그것과는 거리가 멀다. 주변의 일이며 일상사의 일부이다."

## 인식 전환에 의한 문제 재정의 일화

동일한 조건과 환경에서 주어진 상황에 대해 창의적인 사람은 평범한 생각에서 벗어나 문제를 재정의 하여 다른 관점에서 해결책을 찾는다. 널리 알려져 있는 벤자민 플랭크린의 양초가격 문제로부터 알렉산더 대왕의 고르디안 매듭 풀기, 콜럼버스의 달걀 세우기 수많은 일화 속에서 확인이 가능하다. 일화에서 얻는 교훈은 사고의 방법을 배우고 훈련하면 누구나 창의적인 인재가 될 수 있다는 점이다.

표 10-1 창의적 인물들의 인식 전환과 문제 재정의

| 번호 | 인물 | 입력<br>(주어진 상황) | 처리 과정<br>(문제 재정의) | 결과<br>(산출물) |
|---|---|---|---|---|
| 1 | 벤자민 프랭클린 | 양초의 가격 문제 | 시간의 문제 | Summer Time 도입 |
| 2 | 알렉산더 대왕 | 고르디안 매듭풀기 | 사물을 해체하기 문제 | 짧은 시간에 해결 |
| 3 | 콜롬버스 | 달걀 세우기 | 둥근 물체 세우기 | 상동 |
| 4 | 사마광 | 어른의 도움이 필요 | 물을 빼내기 문제 | 돌로 장독 깨어 목숨<br>살리기 |
| 5 | 정주영 | 빠른 물 막기 | 자원 활용의 문제 | 유조선 활용, 공사마무리 |
| 6 | 아돌프 키에더 | 반환점 돌기 훈련 | 방식의 변화(플립) | 수영 올림픽 신기록 |
| 7 | 딕 포스베리 | 높이뛰기 훈련 | 방식의 변화<br>(배면 뛰기) | 높이뛰기 올림픽 신기록 |
| 8 | 피망 씨 빼기 | 피망 꼭지 따내기 | 사물의 파괴 문제 | 압력용기 개발 |
| 9 | 제퍼슨 기념관 | 대리석 부식분제 | 점등 시간의 문제 | No cost로 해결 |
| 10 | 학생 | 낮은 점수 | 나의 노력문제<br>타인의 문제 | 성적 향상<br>변화 없음 |

## 문제 인식이 기업의 성패를 가른다.

문제 인식이 기업의 생존과 어떠한 연계성이 있는지 사례를 통해서 살펴본다. 코닥은 1888년 설립된 이후 100년 이상 필름 시장에서 1위 자리를 차지했다. 전성기였던 1976년 코닥의 미국 시장점유율은 필름 분야 90%, 카메라 분야 85%에 달했다. 전 세계 필름 시장을 벼랑 끝으로 몰아넣은 디지털 카메라도 사실 코닥에서 나왔다. 코닥은 1975년 필름 카메라를 대체할 디지털 카메라 기술을 개발했다. 1979년엔 '2010년 시장은 디지털 카메라로 전환 된다'는 보고서도 만들었다. 하지만 그 당시 디지털 카메라는 가격이 비싸 주로 전문가들에 의해 사용됐다.

2000년까지도 필름 수익이 상승 곡선을 그렸다. 이 당시 필름 업계는 디지털 카메라가 대중화될 것이라고 기술예측 인식을 갖지 못했다. 코닥의 운명은 여기서 갈렸다. 2000년 디지털 카메라가 보급되면서 필름 시장을 잠식해 들어갔을 때 코닥은 여전히 필름 시장에 대한 미련을 버리지 못했다. 후지필름이 구조조정과 업종 변경에 나선 반면, 코닥은 필름 인화 기술을 바탕으로 이미지 인쇄 사업에 진출하는 등 기존 수익원을 지키는 길을 택한 것이다. 이에 대해 코닥이 줄 곧 시장을 독점해 왔던 것이 시대 변화에 적응하지 못한 원인이라는 지적이 많다.

코닥이 전 세계 필름 시장 점유율 1위이다 보니 이를 강화하는 쪽으로 계속 투자하게 만들었다는 것이다. 업계 관계자는 '코닥은 디지털 카메라에는 없는 사진 인화 기능을 제공하기 위해 즉석 인화용 소형 프린터를 출시하기도 했다' 며 하지만 사진 인화는 필름이 사라지면 같이 사라질 시장이었다고 설명했다. 한때 카메라 필름 시장에선 '코닥 모멘트(Kodak Moment)'라는 말이 사용됐다. 사진을 찍고 싶을 때 코닥이 필요하다는 말로 그만큼 코닥의 위세가 컸다는 걸 방증하는 말이었다. 하지만 지금은 '코닥이 되다(Being Kodaked)'는 말이 많이 쓰인다. 변화에 대처하지 못하다 사라져 버린 기업이라는 의미다.

스위스는 전통적인 정밀세공의 역사가 깊은 나라다. 기계식 시계의 메카로 전 세계 시장을 장악했다. 1967년, 스위스의 한 연구소에서 수정(Quarts) 시계를 최초로 발명했다. 전자의 진동을 이용해 시간을 제어하는 수정시계이다. 기계식 시계의 시대를 마감하는 획기적인 발명품이었다. 그런데 스위스 시계 제조업자들은 기계식 시계의 전통과 현실에 안주하며 새로운 기술을 받아들이지 않았다. 일본의 세이코 사는 이 기술을 눈여겨보고 스위스를 따라잡아야 한다는 문제인식을 가졌다.

1983년 스위스 시계 산업은 저렴한 가격에 패션 코드를 담은 플라스틱 시계를 만들어 냈다. 스와치다. 세컨드 워치(두 번째 시계)라는 의미, 다시 말해 값비싼 예물시계 하나쯤 있어도 재미삼아, 또는 패션 아이템으로 하나 더 사는 시계라는 컨셉으로 소비자를 공략했다. 가격 경쟁력은 확실했다. 결과는 대 성공이었다. 스와치의 전 세계적인 빅히트로 스위스 시계 산업은 도산 위기에서 탈출했을 뿐만 아니라 다시 시계산업을 호령하는 강자로 화려하게 부활했다. 시계의 기능에 대한 새로운 문제인식(발견) 으로 시계산업을 부활시킨 것이다. (출처: 중앙일보] [커버스토리] 시계, 진화와 종말사이)

시계에 대한 새로운 문제인식은 이렇다. 시계를 시간 확인하는 도구에서 전혀 다른 상징을 지닌 물건으로 재해석하여 내놓은 거다. "시계란 내가 누구라는 걸 결정지어 주는 물건" 또는 "사회적 지위와 격식을 드러내는 도구", "당신의 가치를 나타내는 깃발" 그 사람이 어떤 가치를 믿는지 보여주는 표식"이러한 가치를 소비자에게 각인 시키는 것이다. 시계는 자기과시 기능, 사회적 지위를 표현하는 기능으로 바뀌었다.

## 문제발견을 지원하는 트리즈 도구

트리즈는 문제의 유형을 특정문제(Specific Problem)와 일반문제(General Problem)로 구분한다.

표 10-2 기술문제의 4가지 유형 설명

| 특정<br>문제 | 원인 미지 문제 | 수도 물을 공급하는 파이프에서 간헐적인 누수 문제 |
|---|---|---|
| | 원인 기지 문제 | 규격 이상의 가열로 열팽창에 의한 제품 손상 문제 |
| 일반<br>문제 | 일반 개선 문제 | 시장 우위 확보 전략의 개발, 신제품 개발 방법의 결정<br>생산성 및 품질 향상을 위한 방법의 결정 문제 |
| | 실패 예방 문제 | 냉장고 , TV, 가전제품의 고장 예방 문제 |

특정 문제는 원인을 모르는 문제, 원인을 알고 있는 문제로 나눈다. 일반문제는 기술 시스템이나 공정의 개선 문제와 기술 시스템의 미래 실패 예방의 문제로 나눈다. 표 10-1을 참고 바란다.

문제해결 6단계는 문제발견과 해결 두 단계로 압축될 수 있다. 1단계(문제 식별)에서 4단계(특정문제정의)까지가 문제발견 단계이다. 이후는 해결단계이다. 문제의 발견이 상대적으로 큰 비중을 차지한다. 문제 안에 답이 있다는 격언은 일상의 문제에서만 아니라 기술적 문제해결에도 적용된다. 1단계 문제 식별은 주어진 현재 문제 상황이 특정문제 혹은 일반문제 어디에 해당되는지를 식별하는 것이다. 2단계는 문제 유형을 식별한다. 3단계에서는 적절한 도구를 적용해야 한다.

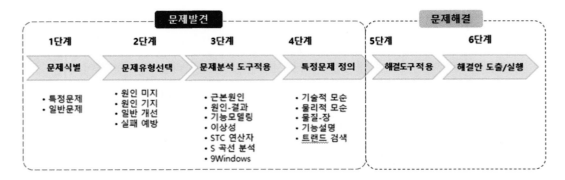

그림 10-5 트리즈의 문제해결 6단계

사용할 도구의 선택은 문제 유형에 따라서 결정된다. 분석이 끝나면 4단계에서 특정문제가 식별되고 기술적, 물리적 모순 물질-장 문제, 기능문제 등으로 정의된다. 문제모델은 해결모델로 전환이 되고 연상에 의한 창의적 아이디어를 도출한다. 단순한 문제에는 Trend와 기능모델을 사용한다. 혁신적인 문제에는 물질-장, 모순과 혹은 트리즈를 사용한다.

문제발견에 사용되는 도구는 근본 원인분석(RCA), 원인-결과 고리(Cause Effect Chain), 9 Windows, 크기-시간-비용 연산자와 이상성, 기술진화, S곡선, 기능모델링과 트리밍 등이다. 이들 도구들은 다음에 설명할 기회가 있을 것이다. 문제의 발견 마지막 단계에서 특정문제 정의는 4가지의 형식으로 문제를 모델링 한다. 문제의 모델은 문제발견이 마무리 되었다는 증거이다.

표 10-3 특정 문제 정의 문제 모델과 해결 모델

| 문제 모델 | 해결 모델 |
|---|---|
| 1. 기술적 모순 모델 | 1. 40 가지 발명원리 |
| 2. 물리적 모순 모델 | 2. 분리의 원리, 충족, 회피 |
| 3. 물질 – 장 모델 | 3. 76 가지 표준해 |
| 4. 기능모델 (기능검색) | 4. 과학적 효과 |
| * 트렌드 솔루션 검색 | * 기술 진화 경향 |

문제 모델에 대응하는 해결 모델은 트리즈 창시자인 알트슐러와 그의 동료들에 의해서 제공되어 졌다.

문제의 발견이 문제해결보다 우선하고 창의적인 문제해결은 문제의 발견에서 시작된다.

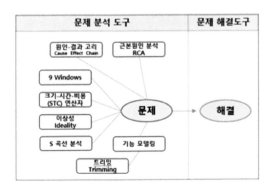

그림 10-6 문제분석 도구와 해결도구

표 10-4 문제 유형별 문제분석 도구

| 문제 4가지 유형 | 문제 분석 도구 |
|---|---|
| 원인 미지 문제 | 근본원인 분석(RCA), 원인-결과 고리(CEC) |
| 원인 기지 문제 | 이상성(Ideality), 원인-결과 고리(CEC)<br>기능 모델링(Functional Modeling)<br>9 Windows, 크기-시간비용(STC) 연산자 |
| 일반 개선 문제 | 원인-결과 고리, S 곡선 분석, 진화 경향 |
| 실패 예방 문제 | 원인-결과 고리 |

### ■ 실무활용 방안

실무에서 직면하는 현안 문제들은 현실적으로 세 가지 속성을 가지고 있다. 세 가지 요소는 요구조건과 정해진 일정 그리고 제한된 비용이다. 이것을 간략히 Q.C.D 라 표현한다. 문제가 발생 했다면 반드시 세 가지 요소가 항상 동시에 존재한다. 동전의 앞면과 뒷면 같이 문제 이면에 숨겨져 있다. 직무를 수행 하는 부서에 따라서 혹은 사람의 관점에 따라서 문제의 발견이 다양하게 나타난다. 대부분의 실무자에게는 시간과 일정의 문제로 보이게 된다. 개발자에게는 요구조건의 문제로 발견된다. 경영자에게는 거의 모든 것이 비용의 문제로 드러나게 된다. 경영자와 같이 동일한 문제를 대상으로 해결책을 논할 경우에는 대화의 언어를 먼저 통일해야 한다. 경영자와 소통하려면 비용의 언어로 시작하여 끝을 내야 한다. 문제를 대할 때 항상 3요소를 동시에 바라보자. 현재 상태와 목표 상태를 세 가지 요소에 대해 비교하면 최소한 해결해야 할 문제는 3가지가 된다.

1. 최근 직면해 본 문제상황에 대해서 문제의 3요소를 생각해 보자.

표 10-5 문제 종류별 현재 상태와 목표상태 비교

| 문제 3 요소 | 현재 상태(A) | 목표 상태(B) | 차이(B-A) |
|---|---|---|---|
| 요구사항의 문제(Q) | | | |
| 일정의 문제(D) | | | |
| 비용의 문제(C) | | | |

그림 10-7 문제의 3요소

2. 국내외 기업 중에서 기술의 변화에 따른 시장 변화에 적응하지 못하고 사라진 기업들의 사례를 찾아보고 어떠한 문제 인식이 결여되었는지 제시해 보시오.

## 📋 요약정리

- 문제는「현재 상태(AS IS)와 바람직한 상태(TO BE)의 차이(Gap)」로 규정한다. 문제를 인식하고 발견하는 능력은 다른 말로 목표 의식이다. 목표가 도전적일수록 문제는 크게 보인다. 반대로 목표를 보수적으로 낮게 잡으면 문제가 작아진다. 목표 의식이 문제발견을 좌우한다고 할 수 있다. 또한 문제의 정의는 상황적이며 상대적이다. 문제는 차이에 대한 인식으로 발견자의 능력에 따라 문제가 정의되기에 매우 상대적이라는 것이다.

- 문제를 발견하라. 문제는 해결을 목표로 한다. 하지만 문제가 보여야 해결을 할 수 있다. 먼저 문제를 발견하는 것이 중요하다. 뿐만 아니라 올바른 문제이어야 올바른 해답을 얻게 된다. 열심히 하는 것도 중요하지만 방향이 잘못되면 모든 것이 허탕이다. 문제를 발견하는 것은 방향을 제대로 잡는 것과 같다.

- 비즈니스 기업의 역사를 살펴보면 기술의 진화에 대한 문제 인식의 결여로 실패한 기업들이 많다. 문제 발견에 실패한 기업은 반드시 무대에서 내려갈 수밖에 없다. 교훈을 얻어야 한다.

- 트리즈의 문제해결 6 단계
  문제 인식에서 문제발견까지는 4단계의 체계적인 분석과정으로 이루어진다. 문제의 식별에서는 특정문제인가 일반문제인지 구분한다. 다음은 원인이 밝혀진 문제인지 여부와 개선, 실패 예방에 따라서 문제 형식을 규정한다. 문제의 형식에 따라서 분석 도구를 선택해야하기 때문이다. 도구를 이용하여 분석이 되면 그 결과에 준하여 특정 문제를 재정의 한다. 문제 모델링에는 4가지 모델 방식이 적용된다. 문제 분석 도구들은 개별적으로 연습을 통해 익혀야 한다. 의사가 수술실의 수술 도구를 능수 능란하게 다루는 것처럼 문제해결자는 문제 분석 도구를 잘 다룰 줄 알아야 한다.

## SECTION 11
# 트리즈는 기술문제를 시스템과 기능분석으로 해결한다.

본 장에서는 문제를 시스템으로 보고 체계적인 접근과 분석 방법에 대해서 설명한다. 시스템의 기능이 무엇인지 알려주고 기능 분석이 문제해결에서 어떤 역할을 하는지 제시한다. 시스템과 기능 분석은 문제해결 방법론을 배우기 전에 반드시 익혀야 하는 필수적인 요소이다.


## 기술적 시스템의 이해

트리즈에서 기술적 시스템이란 어떤 기능을 수행하는 것을 의미한다. 이 정의는 기술적 시스템이 문제를 진단하고 분석하게 하는 수단이라는 점에서 중요하다. 사람이 무언가 필요하게 되면, 그 필요를 충족시켜주는 제품을 찾게 된다. 예를 들어 지금 내가 춥다면 따뜻해지고 싶은 욕구가 있을 것이다. 이때는 몸을 따뜻하게 해주는 옷, 난로가 필요한 것이다. 사람은 제품(시스템)을 구입하지만 실제로는 그 기능을 구입하는 것이다. 즉, 우리는 난로를 사지만 실제로는 몸을  따뜻하게 하기 위해서 구입을 하는 것이다. 따라서 시스템(제품)은 우리의 필요를 충족시키기 위한 일종의 비용지불이라고 할 수 있다. 그러니까 어떠한 시스템도 그 존재가 목적이 아니라, 기능수행이 목적이 된다. 즉, 난로가 있는 것이 목적이 아니고 몸을 따뜻하게 해주는 것이 목적이 되는 것이다.

사양의 근대 과학에 근거한 시스템의 기능에 관한 사고는 노자 철학의 존재론과 맥을 같이하고 있다. 도올 김용옥 선생의 '노자와 21세기'에서 노자철학의 존재와 존재의 기능에 대해 상세하게 해설해 준다.

「모든 존재는 존재 그 자체로서 존재하는 것이 아니라, 오로지 그 존재가 지니는 기능(用)에 의해서 존재 한다'는 것이다. 보다 정확하게 말하면 모든 존재는 객관적으로 그 자체로서 존재하는 것이 아니라, 그 존재를 존재이게끔 하는 어떤 기능에 의하여 그 존재 가치가 결정된다고 보는 것이다.」....(중략)그런데 그 존재의 기능이란 무엇인가? 모든 존재를 존재 이게끔 하는 이 기능이란 무엇인가? 책상이란 존재의 기능은 무엇인가? 그것은 내가 그 앞에서 앉아서 글을 쓰게끔 하는 어떤 자세와 받침을 제공하는 기능일 것이다. 그런데 그 위에서 밥을 먹을 때는 그 기능은 바뀔 것이다. 그러나 사실 그때는 이미 책상이 아니라 밥상으로 그 성격이 바뀌어 있다. 책상이라는 고정된 실체는 없고 단지 내가 그것을 어떤 기능으로 규정하느냐에 따라 그 존재 자체의 규정이 바뀌게 되는 것이다.

## 집단과 시스템은 기능의 차이이다.

집단과 시스템의 차이점은 그 구성 요소들이 기능적으로 연결되어 있는가의 여부에 따른다. 집단은 구성요소들이 개별적으로 독립적이거나 연결이 느슨하다. 따라서 어떤 한 개의 요소에 일어난 변화가 다른 요소나 전체에 영향을 거의 미치지 못한다. 이 집단의 구성요소 간에 기능이 연결 되면서 진화가 시작되어 기술 시스템이 출현한다. 집단에서 시스템으로 이동은 기술진화의 주요 벡터중 하나이다. 개별 구성 요소가 전체(System)의 일부분이 되면서 효율성이 증가하고 진화는 가속화 한다. 기능들의 복잡한 연결이 시스템 발전을 가속화시킨다.

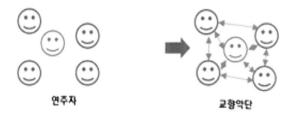

그림 11-1 개별 연주자는 집단, 교향악단은 시스템

예를 들어보자. 연주자들, 나무, 자동차, 핸드폰은 개별요소로 독립적으로 존재한다. 그러나 이것들이 기능적으로 연결되면 효과가 극대화 된다. 연주자는 교향악단이 된다. 나무는 산림이 된다. 자동차는 자동차 산업과 교통체계로 바뀐다. 핸드폰은 통신 산업이 된다. 시스템이란 결합을 한다는 것이다. 그러면 새로운 기능이 생기게 된다. 즉, 부엌에 전자레인지, 냉장고, 식기세척기는 독립적인 기능을 제공한다. 그러나 이것들이 컴퓨터 네트워크로 연결되면 새로운 기능이 생기게 된다. 예를 들어, 컴퓨터 네트워크로 연결되면 컴퓨터가 냉장고에 음식물 재고를 파악해서 부족한 식료품을 온라인으로 주문하는 것이다. 그뿐 아니라 TV, 전화기, 에어컨, 온수기 등이 소위 사물인터넷으로 연결되어 우리의 삶은 상상 이상으로 변화하게 될 것이다.

## 시스템의 상호 의존성과 종속성

이 세상은 원래가 시스템화 되어 있다. 자연은 그 어디에 가도 독립적으로 존재하는 것들은 없다. 기술이나 기술시스템도 마찬가지이다. 나는 우리 가족의 구성원이고, 우리 가족은 지역 공동체의 일부이다. 우리 지역은 한 국가의 한 부분이다. 국가는 지구의 한 부분이며 지구는 태양계의 일부분이다. 이렇듯이 무한히 시스템화 되어서 모든 시스템들이 상호간에 연결된다. 기술 시스템도 계층구조로 되어 있어 어떤 시스템이든 종속 하위 시스템을 가지고 있다. 또한 그 상위 시스템의 일부로서 기능하게 된다. 그림은 시스템의 계층구조를 보여준다.

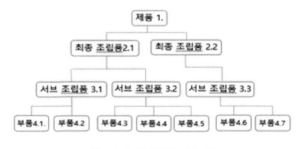

그림 11-2 시스템의 계층 구조

## 기술시스템의 완성과 기능수행

트리즈의 창시자 알트슐러는 기술시스템을 '기능을 수행하는 모든 것'으로 정의했다. 기능을 수행 하려면 시스템이 최소한 4개의 요소로 구성되어야 한다. 4개의 요소는 동력 발생기관(엔진)과 동력전달기관(트랜스미션), 작동기관(도구) 그리고 통제기관이다. 먼저 동력 발생기관은 작동기관이 일을 하도록 필요 동력을 만드는 곳이다. 이 동력은 전달기관을 통해서 작동기관에 전달된다. 작동기관은 외부의 어떤 물질을 상대로 그들의 속성을 변화, 유지시키는 일을 한다. 작동기관이 대상물의 속성을 변화, 유지 시키는 일을 기능이라고 부른다. 기술시스템이란 대상물의 속성을 변화시키는 행위를 위해 존재한다.

기술시스템의 기능이란 어떤 실체(물품 또는 서비스)를 대상으로 효용을 낳는 작용이다.

그래서 기능을 정의한다는 표현의 의미는 시스템의 존재 목적과 어떠한 활용 수단인지 정한다는 것이다. 시스템 기능의 3요소는 도구(Tool) 대상(Object)과 작용(Action)이다. 아래 그림에 기능모델(3요소)로 표시되었다. 도구는 대상에 작용을 가하는 가해자이고 대상은 작용을 받는 피해자이다. 작용은 대상의 속성을 변화 시키는 거동이다. 대상물 속성의 변화가 과하거나, 불충분하게 되면 원하지 않는 산출물이 되는 것이다.

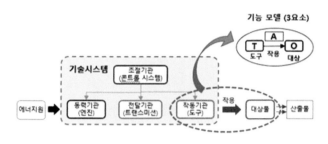

그림 11-3 기술시스템과 기능 모델

기능을 문장으로 표현할 때는 하나의 문장(주어+목적어+동사)으로 간단하게 기술한다. 동사는 능동적 작용으로 나타내야 한다. 즉 전달한다. 유지한다. 변경한다. 등의 명사는 측정 가능한 단어 중량, 전류, 에너지 등으로 표현한다. 작용은 동적 작용과 정적 작용으로 구분할 수 있다. 동적 작용은 대상을 변화 시켜 대상과 다른 산출물이 된다. 하지만 정적 작용은 산물을 변경시키지 않으므로 대상과 동일하다. 기능을 정의하는 주된 목적은 문제해결을 위한 정확한 기능분석을 위한 것이다. 따라서 기능 표현을 올바르게 하는 것이 문제해결의 실마리를 풀어가는 첫 단추라 할 수 있다.

기술시스템의 기능이란 어떤 실체(물품 또는 서비스)를 대상으로 효용을 낳는 작용이다. 그래서 기능을 정의한다는 표현의 의미는 시스템의 존재 목적과 어떠한 활용 수단인지 정한다는 것이다. 시스템 기능의 3요소는 도구(Tool), 대상(Object)과 작용(Action)이다. 그림에 기능모델(3요소)로 표시되었다.

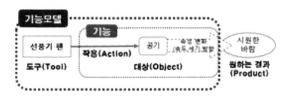

그림 11-4 기능 3요소와 기능모델의 정의

도구는 대상에 작용을 가하는 가해자이고 대상은 작용을 받는 피해자이다. 작용은 대상의 속성을 변화 시키는 거동이다. 대상물 속성의 변화가 과하거나, 불충분하게 되면 원하지 않는 산출물이 되는 것이다.

예를 들면, '비행기는 사람을 이동시킨다.' 라는 문장에서 비행기는 도구이다. 이 도구의 기능은 '사람을 이동시킨다.'이다. '안전모는 머리를 보호 한다' 는 표현은 올바르지 않다. 안전모는 (머리 위에서 내려오는) 물건의 이동방향을 바꾼다.' 라는 표현이 올바르다. 기능 표현이 정확해야 도구의 기능이 명확해진다. 기능을 따지는 이유는 문제를 분석하기 위한 것이다. 따라서 기능을 분석하면 문제해결 방향을 제대로 잡을 수 있다. 기능표현 예시를 통해서 일반적인 표현과 올바른 표현을 구분할 수 있다. 기능을 표현할 때 비 물리적인 용어 즉 생산성, 품질, 신뢰성, 접근성 등과 같은 단어는 피해야 한다.

표 11-1 기술시스템과 기능 모델

| 일반적인 기능 표현 | 올바른 기능 표현 |
|---|---|
| 뜨거운 공기가 머리를 건조한다.<br>선풍기가 몸을 냉각한다.<br>백열전구가 방을 밝혀준다.<br>피뢰침이 번개를 유인한다. | 뜨거운 공기가 물을 증발한다.<br>선풍기가 공기를 움직인다.<br>백열전구가 빛을 방출한다.<br>피뢰침이 전류를 전도한다. |

## 주 기능과 보조기능

기술적 시스템은 대개 한 개 이상의 주 기능(Primary Function)과 보조기능(Auxiliary Function)을 수행한다. 또한 한 개 이상의 보조기능이 주 기능의 성능을 개선하거나 올려주는 역할을 한다. 아래 표에서 망치로 못을 치는 경우를 가정하여 망치가 수행하는 기능을 나열한 것이다.

표 11-2 망치 시스템의 기능 표현

| 구분 | 기능 | 비고 |
|---|---|---|
| 도구-대상<br>주 기능<br>보조기능<br>보조도구 | 망치 머리 - 못<br>못 (위치)를 이동시킨다.<br>망치 머리를 움직이게 한다.<br>망치 손잡이 | |

　도구가 수행하는 작용에 대한 반응의 결과는 유용한(원하는) 효과와 해로운(원하지 않은) 효과를 비롯하여 다양한 결과들이 나타난다. 앞으로는 편의상 도표의 심벌을 사용한다. 기능 분석을 통해서 해결하고자 하는 문제들은 유용한 결과 이외에는 모두 문제로 다루어야 한다. 기술 시스템에 나타난 해로움은 물론 불충분함과 과도함 그리고 상호작용을 추가해야 한다.

■ 기술 시스템 작용의 효과

- 유용한 작용(향상으로 이득이 생긴다).
- 불충분한 작용(보충해야 한다)
- 상호작용이 없다(도입해야 한다)

- 해로운 작용(제거해야 한다)
- 과도한 작용(제어해야 한다)

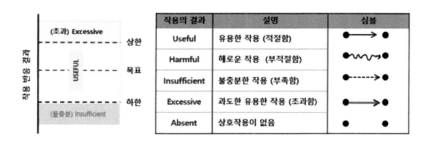

그림 11-5 작용에 대한 반응의 효과와 심벌

　기능을 문제해결에 적용해서 얻게 되는 장점은 특정 시스템에 대한 고정관념에서 벗어날 수 있다. 문제를 객관적인 사고로 파악할 수 있게 된다. 어떤 제품의 기능을 파악하는 순서와 기능분석의 이점을 사례를 통해서 알아본다. 기능분석의 순서는 다음 세 단계로 이루어진다.

1 단계 : 기술시스템을 통해서 얻고자 하는 기능이 무엇인지를 파악한다.

2 단계 : 능동적 동사와 정량적으로 측정 가능한 명사를 사용하여 기능을 정의한다.

3 단계 : 주요기능과 이차기능, 보조기능 등으로 구분한다.

1 단계 : 줄넘기 시스템을 통해서 얻고자 하는 기능이 무엇인가?

줄넘기의 줄은 '줄이 발에 걸리면 운동이 중단된다.' 또한 회전하던 줄이 몸에 닿으면 몸이 아프다. 이러한 현상들은 원하지 않는 기능들이다. 원하지 않는 역기능들을 없애고 좋은 기능을 얻게 되면 아주 이상적인 제품이 될 수 있다. 진정으로 우리가 원하는 것(기능)은 줄넘기 그 자체가 아니라 우리 몸을 점프(위로 뛰게 함) 하게 만드는 기능이다.

2 단계 : 기능문장에 구성요소를 대입하여 기능을 표현한다.

(줄넘기 줄)은 우리 몸을 점프하게 한다. (손잡이는)는 우리 몸을 점프하게 한다.

3 단계 : 기능을 주요, 이차, 보조 기능으로 구분한다.

점프하게 하는 것은 도구는 줄만이 아니다. 줄넘기의 구성요소는 손잡이와 줄이 있다. 줄넘기의 줄은 지금까지는 주 도구(기능)였고 손잡이는 보조 도구(기능)였다. 보조 도구인 손잡이에 줄의 주 기능을 대신하게 하면 어떨까? 그래서 "줄넘기 줄의 나쁜 기능을 없애기 위해 줄 자체를 제거하자" 줄이 없으면 그것은 줄넘기가 아니다. 줄 없이 어찌 줄넘기 운동을 할 수 있느냐? 이것이 보통 사람들의 생각이다. 일종의 고정관념이다. 줄의 역할(주 도구)을 다른 부품(보조 도구)이 하면 된다. 미국에서 줄 없는 줄넘기가 발명되었다.

그림 11-6 기존의 줄넘기와 새로운 줄 없는 줄넘기

■ 실무활용 방안

1. 다음 그림의 상황을 보고 이에 해당하는 기능 모델(Tool-Action-Object)을 완성 하시오.
   (힌트 : Water flow destory the rock, Sun lights up the surface, Light heats the surface, Magnet holds wire)

2. 다음 그림 상황을 보고 기술적 시스템의 구성요소들을 정의해 보자. 기술시스템에 대한 이해가 어느 정도 되어있는지 스스로를 평가해 볼 수 있다.

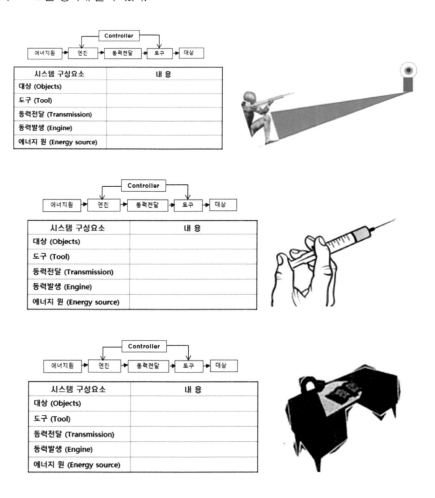

| 시스템 구성요소 | 내 용 |
|---|---|
| 대상 (Objects) | |
| 도구 (Tool) | |
| 동력전달 (Transmission) | |
| 동력발생 (Engine) | |
| 에너지 원 (Energy source) | |

| 시스템 구성요소 | 내 용 |
|---|---|
| 대상 (Objects) | |
| 도구 (Tool) | |
| 동력전달 (Transmission) | |
| 동력발생 (Engine) | |
| 에너지 원 (Energy source) | |

| 시스템 구성요소 | 내 용 |
|---|---|
| 대상 (Objects) | |
| 도구 (Tool) | |
| 동력전달 (Transmission) | |
| 동력발생 (Engine) | |
| 에너지 원 (Energy source) | |

3. 다음 상황에 대해 기능 3요소를 나타내고 기능 모델(Tool-Action-Object)을 완성해 보세요.

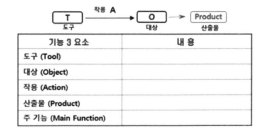

| 기능 3 요소 | 내 용 |
|---|---|
| 도구 (Tool) | |
| 대상 (Object) | |
| 작용 (Action) | |
| 산출물 (Product) | |
| 주 기능 (Main Function) | |

선풍기 시스템

## 요약정리

- 기술적 시스템의 정의

  기술적 시스템은 어떤 기능을 수행하는 것이다. 시스템은 필요 기능을 실현하기 위한 일종의 필요 경비와 같다. 집단과 시스템의 차이는 구성 요소간 기능이 연결되어 상호 의존성과 종속성이 있느냐에 따른다. 모든 시스템은 계층 구조를 가지고 있다.

- 기술시스템의 완성과 기능수행

  기술시스템이 존재하기 위해서는 동력 발생기관(엔진)과 동력 전달기관(트랜스미션), 작동기관(도구) 및 통제기관이라는 최소 4개의 구성 요소가 필요하다. 기술시스템의 기능은 어떤 실체(물품 또는 서비스)를 대상으로 효용을 낳는 작용을 말한다. 기능의 3요소는 도구(Tool)와 대상(Object), 작용(Action)이다.

- 기술 시스템의 주 기능과 보조기능

  기술적 시스템은 대개 한 개 이상의 주 기능(Primary Function)과 보조기능(Auxiliary Function)을 수행한다. 또한 한 개 이상의 보조기능이 주 기능의 성능을 개선하거나 올려주는 역할을 한다. 기능분석은 신제품 개발을 위한 필수 도구이다. 주 기능을 보조 기능에 위임했을 때 새로운 제품에 대한 아이디어가 고정관념을 극복하고 발산하게 된다.

- 기술 시스템 기능의 효과는 5가지로 구분한다.

  (1) 유용한 작용(더 많은 향상으로 이득이 생긴다).

  (2) 해로운 작용(제거가 필요하다)

  (3) 불충분한 작용(보충이 필요하다)

  (4) 과도한 작용(제어가 필요하다)

  (5) 상호작용이 없다(도입이 필요하다)

- 기능 개념을 문제해결에 적용해서 얻게 되는 장점은 특정 시스템에 대한 고정관념에 얽매이지 않고 객관적이고 자유로운 사고의 발상이 가능해 진다는 것이다.

## SECTION 12
## 문제의 결과와 싸우지 말고 근본원인과 싸워라.

 본 장은 문제의 근본원인을 규명하는 일은 문제해결 이전의 일로서 얼마나 중요한지 알려준다. 근본 원인 분석 (Root Cause Analysis : RCA) 도구는 여러 가지가 있다. 이들 중에서 5 Whys와 원인-결과 고리(Cause Effect Chain)에 대해서 자세히 설명한다.

　문제의 원인도 모른 채 문제를 해결했다고 할 수는 없다. 가끔 어려운 기술 문제에 직면하면 많은 시간을 투자하고도 원인을 밝히지 못하는 경우도 있다. 근본 원인을 모르는 문제는 제일먼저 해야 할 일은 원인을 찾는 것이다. 이후에 해결책을 구하는 것이 순서이다. 문제의 근본원인을 분석하는 도구 (Root Cause Analysis : RCA)에는 여러 가지가 있다. 이시 카와 차트(Fish Bone), 실험계획법, 5 Whys, 원인-결과 고리(Cause & Effect Chain : CEC), 통계 데이터 분석(Cpk, 파레토 챠트, ANOVA) 이 일반적으로 알려져 있는 도구들이다.

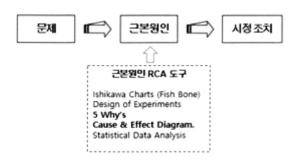

그림 12-1 근본원인 분석 도구

　「문제의 결과와 싸우지 말고 원인과 싸워라」는 격언이 있다. 병의 원인도 모르고 처방을 하지는 않는다. 원인을 아는 문제는 비로소 올바른 문제가 된다. 이제는 올바른 방향으로 해결해야 한다. 방향이 올바르지 않으면 아무리 열심히 해도 목적지에 도달하지 못한다. 문제를 발생시킨 근본원인을 분석하여 해당 요인을 제거해야 재발하지 않을 것이다. 품질의 대가 크로스비(Crosby)는 "처음부터 올바르게 하는 것이 항상 저렴하다.(It's always cheaper to do job right the first time)"라고 했다.

화재 발생 시 불을 끄기 위해 조치해야 할 일은 무엇인가? 먼저 문제상황에 대한 근본 원인을 조사해야 한다. 화재는 연소의 3요소인 산소, 발화 원(뜨거운 열)과 가연물이 동소(同所), 동시(冬時)에 존재해야 발생한다. 불을 끄기 위해서는 화재의 원인인 인화물질을 제거하거나, 열을 제거하거나 또는 산소를 차단해야 한다. 연소의 3요소 가운데 한 가지 요소만 제거해도 화재는 진압된다.

※ 화재 원인 요소(인화물질, 뜨거운 열, 산소), *소화조치(인화물질 제거, 물을 뿌림, 소화기 사용)

## 5 Whys 기법

5 Whys는 문제해결 기술이 아니라 문제의 근본원인을 분석하는 도구 (Root Cause Analysis : RCA) 이다. 근본원인 분석 도구 가운데 유용한 기법 중의 하나이다. 1970년대 도요타 자동차 생산 공장에서 수시로 각종 문제들이 발생하곤 했다. 사장 오노 다이니치는 문제해결을 위해 근본원인을 제대로 분석해야 하는 중요성을 깨닫고 이 도구를 정립하였다. 질문(왜)을 5번 이상 계속 반복하는 것이 5 Whys의 특징이다. 대략 5번 정도 Why 질문을 하면 근본 원인을 찾을 수 있다고 본다. 질문을 반복하는 취지가 원인을 광범위하게 검토하자는 것이다. 상황에 따라서 3번 혹은 5번 이상 질문을 할 수도 있다.

문제의 구조는 빙산의 모습과 비슷하다. 드러난 부분은 증상이고 원인은 물 밑에 있어서 보이지 않는다. 지표면에 있는 잎은 증상이고 뿌리는 원인이다. 여러 개의 원인들이 존재한다. 문제 증상과 원인 사이에는 여러 단계에 걸친 접근 방법이 존재한다. 증상 다음에는 가시적인 문제가 있고 그 다음에 초기 단계의 원인이 계속해서 더 근원적인 원인이 존재한다.

결국에는 근본원인에 도달하게 된다. 이렇듯이 근본적인 원인에 이르기까지는 원인분석 노력이 필요 하다. 5 Whys 는 근본원인에 이르도록 안내해 주는 길잡이의 역할을 한다.

그림 12-2 근본원인 비유 나무          그림 12-3 빙산의 일각

## 5 Why 분석 사례

쿠키 맛이 나지 않는다는 것이 문제일 경우, 연속하여 5번 왜 질문을 한다.

왜(Why) 맛이 나지 않는가? 원인은 익혀지지 않아서이다.

왜(Why) 익혀지지 않았는가? 재료가 잘못 되었다.

왜(Why) 재료가 잘못되었는가? 달걀 대신에 거위 알을 넣었다.

왜(Why) 거위 알을 넣었는가? 레시피에 특정하게 지정되어 있지 않다.

근본원인은 레시피에 어떤 알을 넣으라고 지정되어 있지 않은 것이다. 근본원이 드러나면 이에 대한 해결 조치가 명확하게 된다. 레시피를 수정한다면 문제발생이 반복되지 않는다.

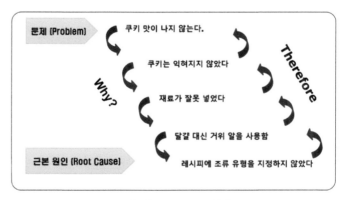

그림 12-4 5 Whys 사례

일화 소개: 워싱턴 포토맥 강변, 미국 3대 대통령 토마스제퍼슨 기념관에 어느 때부터인가 이 기념관 벽의 외관이 크게 훼손되는 일이 발생하기 시작했다. 시간이 지날수록 문제가 심각해지자 기념관장은 매니저를 불러서 그 원인이 무엇인지 알아보도록 지시했다. 기념관 외벽에 묻어 있는 비둘기 똥을 제거하기 위해 독성이 강한 세제를 사용하기 때문이라는 조사 결과가 며칠 후 보고됐다. 당장 비둘기가 날아드는 것을 막기 위해 관광객으로 하여금 모이주기를 못하게 했다. 그런데 예상과 달리 비둘기는 계속 날아들었다." 다시 원인 조사에 들어갔다. 얼마 후 기념관 천장에 서식하는 거미가 비둘기를 끌어 들이는 진짜 주범 이라는 사실을 밝혀냈다. 기념관 관계자들은 거미를 박멸하기 위한 작전에 돌입 했다. 그러나 좀처럼 효과가 나타나지 않았다. "밤마다 숲에서 떼를 지어 날아오는 나방이 거미의 왕성한 서식을 가능케 하고 있는 숙주임을 알아낸 것은 꽤 많은 시간이 흐른 뒤였다. 나방이 몰려 오는 한 그것을 먹이로 삼고 있는 거미는 사라지지 않을 것이고, 거미를 먹이로 삼고 있는 비둘기 또 한 사라지지 않을 것이 확실했다. 그렇다면 나방은 왜 날아오는 것일까. 기념관에서 발생하는 대낮처럼 밝은 빛이 그 원인이었다. 더욱이 기념관은 주변 건물보다 두 시간이나 먼저 조명을 켜고 있었다. 기념관 관계자들은 조명 점등 시간을 주변 건물보다 1시간 뒤로 미뤘다. 모든 문제는 말끔하게 해결됐다."

이 일화는 문제의 원인을 처음부터 정확하게 파악했다면 쓸데없는 시간과 비용의 낭비를 막을 수 있었을 것이라는 메시지를 우리에게 전하고 있다.

Why1. 기념관 벽이 부식되는 이유가 무엇입니까?

☞ 강한 세제를 사용하여 청소하기 때문이다.

Why2. 강한 세제로 기념관 벽을 자주 청소하는 이유는?

☞ 비둘기가 모여들어 배설물이 많기 때문이다.

Why3. 비둘기가 기념관에 물려드는 이유가 무엇인가요?

☞ 비둘기 먹이인 거미가 많기 때문이다.

Why4. 거미는 기념관 주변에 왜 많이 있는지요?

☞ 거미 먹이인 나방들이 많기 때문이다.

Why5. 그러면 나방은 왜 많이 나타나는 것입니까?

☞ 기념관 조명을 초저녁 일찍이 밝혀서 주면 나방들이 모여들기 때문이다.

　기념관 벽 부식의 근본원인은 조명 밝히는 시간으로 밝혀졌다. 따라서 근원적인 해결조치로 기념관 저녁 조명을 늦게 켜는 것이다. 실재도 한 시간 늦게 조명을 켜서 먹이 사슬에 변화가 생겼다고 한다. 이 일화의 시사점은 근본원인이 남아 있는 한 언제든지 같은 문제는 반복될 수 있다. 문제를 근원적으로 해결하려면 근본원인을 찾아서 제거해야 함을 잊지 말자.

### 5 Whys 분석 경로

　5 Why 도구는 좀 더 폭 넓게 적용하면 유용하다. 3가지 경로로 순차적으로 질문을 전개한다. 첫 번째 경로는 특정 문제 즉 결함 있는 제품을 만든 프로세스를 조사한다. 두 번째는 문제가 발견되기 전에 결함을 감지 할 수 없는 감지 시스템을 조사해야한다. 결함품의 감지부족은 자체가 문제이며 제품 문제와 독립적으로 처리해야 한다. 세 번째는 체계적인 원인을 찾는 것이다. 위의 3가지 경로는 문제의 근본원인을 찾아내고 재발방지를 위한 시정조치를 위한 것이다. 또한 전반적이고 종합적인 근본원인 탐구로 5 Whys 활용의 효과가 극대화 될 것이다.

그림 12-5 5 Whys 카드

## 5 Whys 사용법 요점

5 Whys 는 문제의 근본원인을 밝히고자 할 때 사용한다.

5 Whys 는 Cross Functional Team을 구성하여 사용하면 효과적이다.

5 Whys 진행 과정에서 결론으로 뛰어 들지 말아야 한다.

5 Whys 는 가능한 할 수 있을 때 까지 물어본다.

5 Whys 는 역방향으로 "그러므로" 테스트를 사용하여 검증한다.

5 Whys 는 고객의 눈으로 문제를 정의한다.

Specific 경로: 부적합 발생 이유에 대한 질문은 현장에 한다.

Detection 경로: 감지 실패 이유에 대한 질문은 품질에 한다.

Systemic 경로: 조직 시스템이 허용한 이유에 대한 질문은 관리 지원에 한다.

5 Whys 시작은 Specific 경로의 근본 원인부터 한다.

재발방지 대책 내용과 조치일자 및 수행 책임자를 기록한다.

기록을 남겨 교훈으로 사용한다.

## 인과관계 분석(Cause Effect Chain)

문제에는 원인이 있기 마련인데 원인이 하나가 아니고 다수의 원인이 존재하고 이 원인들이 어떻게 연결되어 결과를 만드는지 체계적으로 분석하는 것은 문제해결에 있어 중대한 절차이다.

문제상황을 결과로 하여 다수의 원인에 나열한다. 하나하나의 원인을 결과로 보고 다시 다수의 원인을 도출한다. 결과에 대한 원인 고리를 계속해서 반복한다. 그림은 CEC(Cause Effect Chain) 전개를 나타낸다.

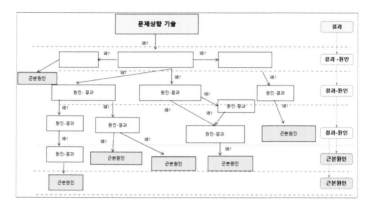

그림 12-6 원인-결과 고리

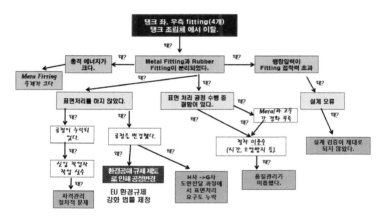

그림 12-7 근본원인 뿌리 찾기 전개도, 원인-결과 고리 적용사례

　　인과관계 분석 (Cause Effect Chain)을 통해서 드러난 다수의 원인을 대상으로 조치사항과 조치 우선순위를 결정한다. 항목별로 조치 완료일과 책임자를 지정하여 문제가 근원적으로 해결되도록 한다.

표 12–1 근본원인 제거 실행계획서

| No. | 잠재원인(가설) | 조치사항 | 우선순위 | 완료일 |
|---|---|---|---|---|
| 1 | Metal 과중량으로 충격 에너지가 크다. | Metal Fitting 중량경감 (비 기능부위) | A | '12.12.30 |
| 2 | 공정 작업자 자격관리 문제 | 자격인증 강화 및 재교육 실시 | C | '13.01.10 |
| 3 | 환경공해 규제 제도로 인해 공정 변경 | 공정변경 내용 조사 및 기술검토 | A | '13.01.10 |
| 4 | 도면전달 과정에서 표면처리 요구도 누락 | 도면 변경(H사의 협력업체 도면)시 사전 승인 | B | '12.12.30 |
| 5 | 표면처리 공정 품질관리가 미흡했다. | 공정 감사 및 품질관리 강화 제도개선 | B | '13.01.10 |
| 6 | 설계 검증이 제대로 되지 않았다. | 설계심사(DRB) 과정 조사 및 조치 | Z | '12.12.30 |

■ 실무활용 방안

1. 현안 문제 가운데 원인이 밝혀지지 않은 사례를 찾아서 5 Whys 도구를 적용하여 본다.

2. 복잡한 문제에는 다수의 원인이 존재할 수 있다. 다기능 팀을 구성하여 인과관계 분석 (Cause Effect Chain) 을 실시해 본다.

### 📋 요약정리

- 문제의 근본원인을 분석하는 도구(Root Cause Analysis : RCA)에는 여러 가지가 있다. 대표적인 도구는 이시카와 차트(Fish Bone), 실험계획법, 5 Whys, 원인-결과 체인(Cause & Effect Chain : CEC), 통계 데이터 분석(Cpk, 파레토 차트, ANOVA) 가 있다.

- 5 Whys의 특징은 질문(왜)을 5번 이상 계속 반복하는 것이다. 대략 5번 정도 Why 질문을 반복하는 이유는 원인을 광범위하게 검토한다는 것이다. 상황에 따라서 3번 혹은 5번 이상도 할 수 있다.

- 인과관계 분석 (Cause Effect Chain)은 문제의 다양한 원인들이 어떻게 연결되어 결과를 만드는지 체계적으로 분석하는 절차이다. 다수의 원인들이 드러나면 항목별로 조치사항과 우선순위를 결정하고 조치 완료일, 책임자를 지정한다. 문제가 근원적으로 해결될 때까지 지속적으로 관리한다.

# IV

## 트리즈는 모두 만족하는
## 해결책에 도전한다.

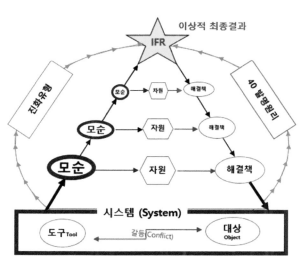

BK 트리즈 문제해결 모형-모순

- ✅ 13. 공존할 수 없는 두 가지 가치를 모두 만족시키는 모순에 대한 위대한 도전.
- ✅ 14. 창도 강하고 방패도 강한 2개 변수 갈등 시에는 발명원리를 활용하면 된다.
- ✅ 15. 모순행렬(발명원리)표는 두 개 변수 충돌문제해결에 사용한다.
- ✅ 16. 비행기 바퀴는 이착륙에 필요하지만 비행 중에 필요 없다. 시간분리가 답이다.
- ✅ 17. 한 잔의 커피가 따뜻하면서 차갑게 하는 방법은 공간분리가 답이다.
- ✅ 18. 당나라가 발해에 말을 요구하면 발해는 말을 키워서 주겠다고 한다.
   조건의 분리에 답이 있다.
- ✅ 19. 자전거 체인은 부분은 딱딱하지만 전체는 유연하다. 부분 분리가 답이다.

## SECTION 13
# 공존할 수 없는 두 가지 가치를 모두 만족시키는 모순에 대한 위대한 도전

본 장은 공존할 수 없는 두 가지 가치를 모두 만족시키는 방법론을 소개한다. 모순과 패러독스, 딜레마 그 의미와 용도 그리고 동양과 서구에서의 모순에 대한 인식 차이를 살펴본다. 기술시스템에서 발생하는 모순의 형태들과 해결의 원리를 간략히 소개한다.

### 모순, 패러독스와 딜레마의 차이

　모순(Contradiction)과 패러독스(Paradox)라는 두 단어의 의미가 비슷하다. 그래서 구별 없이 쓰고 있는데 사실은 그 의미와 용도에 차이가 있다. 모순(Contradiction)이라는 단어는 한비자의 고사에 나오는 "창(模)과 방패(盾)" 이야기에 근거한다. 창과 방패가 "동시에 존재 할 수 없다." 는 것이 핵심이다. 모순은 본래 "반대해서 말하다"라는 뜻의 라틴어 Contradicus 에서 나온 말이다. 일반적으로는 논리적인 비일관성이나 특정한 사실이나 사건들의 대립을 의미한다. 그러므로 다양한 형태의 서로 대립하는 요소를 모순이라고 불러도 무방할 것이다.

　패러독스는 우리말로 '역설(逆說)'이라고 번역한다. 보통 '상식에는 어긋나지만 사실상 옳은 명제'를 의미한다. 아울러 패러독스는 모순적인 성질을 지닌 사물이나 상호배타적인 요소가 동시에 존재하는 것을 의미한다. 패러독스의 본질적인 요소는 '두 개의 대립적인 요소가 서로 배타적'이라는 것이다. 동시에 '두 요소가 동시에 존재 한다는 것'이다. 종합하면 패러독스는 모순 보다 그 의미나 용도가 한정적이고 복잡한 개념이라는 것을 알 수 있다.

　용어들의 의미를 좀 더 깊이 있게 살펴보자. 그림 13-1의 도해를 참고 바란다. 차이와 대립 그리고 모순의 개념 이해가 필요하다. 첫째 '차이(difference)'이다. 넓은 개념에서 어떤 것들이 대립적이려면 우선 달라야 한다. 둘째 갈등(Conflict)이다. 두 요소가 차이가 나면서 서로 충돌하는 것이다. 셋째 적대(opposition)나 모순(contradiction)이 있다. 반대되고 대립 되는 요소(밤과 낮, 더위와 추위)를 말한다. 딜레마(Dilemma)는 상충적인 요소 중의 하나를 반드시 선택해야 하는 상황(선택 불가피성)이다.

그림 13-1 패러독스와 모순의 비교

　패러독스에서 선택을 하면 딜레마로 전환된다. 그래서 패러독스는 잠재적 딜레마가 된다. 선택하지 않거나 지연시키거나 혹은 절충을 할 수도 있다. 그래서 딜레마와 다르다. 다시 정리 요약하면 두 요소의 차이 중에서 상충되는 것이 갈등(Conflict)이다. 갈등 중에서도 적대적인 것이 모순이다. 모순되는 요소가 동시에 존재하는 것이 패러독스이다. 이중에서 선택된 패러독스는 딜레마가 된다.

## 동양과 서양의 모순에 대한 인식

　서구의 형식논리 체계에서는 A와 Not A가 동시에 존재하는 것은 있을 수가 없다. 서구철학에서 모순에 대한 인식이 2,500년간이나 묻혀 있었다. 논리학자 러셀(B. Russell)이 '크레타 섬의 거짓말쟁이' 이야기로 모순의 성격을 드러냈다. 헤겔의 변증 논리는 예외였다. '대립물의 통일'과 '부정의 부정'을 통해서 발전 한다는 것을 인정했다. 하지만 동양사상은 모순 개념에 매우 친숙하다. 오히려 그것에 기초하고 있다. 도가의 음양철학이다. 음이 없으면 양이 없고, 양이 없으면 음이 없다.

　태극은 모순이 완전하게 통합되어 있는 상태를 말한다. 따라서 동양의 논리에서 A와 Not A가 공존하는 것은 전혀 모순이 아니다. 대립적인 성질(사물)이 함께 있는 것을 자연스러운 상태로 받아들인다. 양자가 서로 의존하고 있음을 안다. 예를 들면 낮과 밤, 온기와 냉기, 하늘과 땅, 남자와 여자 등을 자연스럽게 여긴다.

## 일상에서 부딪치는 모순상황

어떤 것을 더 좋게 만들려고 노력하면 그 결과로 다른 것들이 악화된다는 것을 발견하게 된다. 여기에 모순이 있다. 더 많은 빛이 들어오도록 창문을 훨씬 크게 만들었다. 그 결과로 사생활 보호가 어렵고 더 시끄러워졌다. 겨울에 더 추워지고 여름에는 더 더워졌다. 두 개의 반대되는 해법 사이에서 선택을 해야 하는 경우에서 모순을 발견하게 된다. 날카로움과 무딤, 높은 신발 굽(매력적)과 낮은 굽(편함)은 서로 반대되는 동시에 양립할 수 없다. 이것이 생활 속에서 만나는 모순이다. 헤아릴 수 없이 많다. 단지 심각하게 받아들이지 않은 것뿐이다.

## 기술 시스템에서 발생하는 모순상황

**기술적 모순**

**공존의 모순 (분리 하라)**

모순은 어떤 기술시스템에서나 불가피하게 발생하는 현상이다. 트리즈는 모순을 이렇게 정의한다. 기술적 모순은 "시스템의 특성을 개선코자 할 때 그 시스템의 다른 특성이 악화하는 상황" 을 말한다. 트레이드오프(Trade-off)적 성격을 가진다. 예를 들면 자동차를 선택할 때 높은 연비와 고성능이라는 두 목표는 이율배반의 관계를 형성한다. 따라서 두 목표가 양립할 수 없다는 주장이 나온다. 이 경우에 어느 하나를 희생시키고 다른 하나를 선택하는 것을 트레이드오프(Trade-off)라 한다.

물리적 모순은 "시스템의 어느 한 속성이 높아야 함과 동시에 낮아야 한다. 또는 있어야 함과 동시에 없어야 하는 상황"으로 정의한다. 적대적(Opposite) 성격을 가진다. 예를 들면 면도기의 날은 "수염을 잘 깎기 위해서는 날카로워야 한다. 동시에 피부 손상을 방지하기 위해서는 무뎌야 한다." 비행기의 착륙 장치는 지상운행 시 이동을 위해서는 필요하다. 한편 비행 중에는 항력을 유발시킴으로 불필요하다. 두 가지 요소가 서로 적대적인 것이 물리적 모순이다.

## 기술적 모순에서 물리적 모순으로 전환

모든 기술적 모순은 적어도 하나의 물리적 모순을 포함한다. 기술적 모순을 물리적 모순으로 전환시키기 위해서는 기술적 모순의 조건을 통제하고 있는 특성이 무엇인지 알아야 한다. 기술적 모순에 대한 통제특성은 물리적 특성과 기하학적 특성 그리고 기능적 특성으로 나누어 설명할 수 있다.

표 13-1 기술적 모순에 대한 통제 특성

| 구분 | | 내 용 | |
|---|---|---|---|
| 물리적 특성 | 미시적 (MICRO) | 밀도, 전도도, 질량, 빛, 속도, 시간, 압력, 힘, 무게, 강도, 체적, 저항, 면적, 온도, 경도, 등 | |
| | 거시적 (MACRO) | 침투성이 있다. VS 침투성이 없다.<br>딱딱하다 VS 부드럽다.<br>뜨겁다 VS 차갑다.<br>매끄럽다 VS 거칠다.<br>무겁다 VS 가볍다. | 빠르다 VS 느리다.<br>강하다 VS 약하다.<br>어둡다 VS 밝다.<br>미끄럽다 VS 마찰이 있다. |
| 기하학적 특성 | | 크다. VS 작다.<br>길다 VS 짧다.<br>둥글다 VS 각지다.<br>날카롭다VS 무디다. | 넓다 VS 좁다.<br>두껍다 VS 얇다.<br>평형하다 VS 교차하다.<br>수직 VS 수평 |
| 기능적 특성 | | 당기다 VS 밀다.<br>관통하다 VS 막혀있다. | 잡다 VS 던지다.<br>보이다 VS 안보이다 |

## 모순 해결의 원리

기술 시스템에서 불가피하게 발생하는 문제 중에서 해결하기가 어려운 것이 모순 문제이다. 기술적 모순과 물리적 모순 문제는 모두 40가지 발명원리를 이용하면 해결할 수 있다. 기술적 모순을 해결하기 위한 40가지 발명원리는 모순행렬 표에서 보여준다. 모순 행렬 표는 위에서 설명한 물리적, 기학학적 그리고 기능적 특성 39가지를 가로축과 세로축에 나열하여 만든 매트릭스 표이다.

알트슐러는 발명특허 연구 초창기, 기술적 모순과 그 해결 방법을 정립했다. 이후 1970년대에 그는 모순의 정의를 기술적 모순 한 종류에서 고유모순 (물리적 모순)을 포함하여 두 가지로 확장했다. 기본적인 물리적 모순 해결이 직접적이며 혁신적인 사실을 인식했다.

1985년부터 문제를 물리적 모순으로 해결하기 시작했다.

물리적 모순을 해결하는 방법에는 세 가지 방법이 있다. 충족(satisfaction), 회피(bypass)와 분리(separation)이다. 충족 해법은 상충하는 요구를 동시에 만족하도록 하는 방법이다. 상반되는 특성을 제공하도록 '스마트 자재' 혹은 과학적 효과 (상변화 등)을 이용한다. 예를 들면 산이 표면 위의 입자를 용해한다면 동시에 표면이 용해된다. 이는 오직 입자만을 용해하는 '스마트 화학용액' 을 사용한다. 회피(bypass) 해법은 물리적 모순을 자체를 회피해서 전혀 다른 방법으로 물리적 모순을 해결한다.

예를 들어 컴퓨터를 인터넷과 연결하기 위해 컴퓨터 케이블은 반드시 모뎀과 컴퓨터를 연결해야 한다. 케이블을 통과시키기 위해서 벽에 손상을 주어야 한다. 이 경우에 정보전달을 위해서는 케이블이 필요 하고 벽에 손상을 주지 않으려면 케이블이 없어야 한다. 여기서 연결해야 할 케이블이 없다면 이 문제는 회피(Bypass) 할 수 있다. 해법은 무선으로 정보를 전달하는 것이다. 충족과 우회의 모순 해법은 중대한 시스템의 변화를 필요로 한다.

분리의 원리에는 시간에 따른 반대 특성의 분리, 공간에 따른 반대 특성의 분리, 조건에 따른 반대 특성의 분리, 전체와 부분 사이에 반대 특성의 분리와 같이 4가지 방법이 있다. Section 16~19에서 자세히 다루게 된다.

■ **실무활용 방안**

지금까지 설명한 내용을 숙지하여 주어진 상황에서 모순을 정의하고 해결 방안을 제시해 보시오.

1. 강의실과 어느 도시의 거리를 그림에서 보여준다. 해당 상황에서 모순을 찾아서 제시해 보라.

대학 강의실에서 찾은 모순들 : _____

도심 대도로에서 찾은 모순들 : _____

도시 버스에서 찾은 모순들 : _____

2. 2006년 9월 TV 신화창조에서 줄자를 만들어 수출하는 기업을 소개하는 방송이 있었다. 줄자의 두께는 약 0.15 미리 정도가 된다. 너무 얇아서 잘 휘어지는 것이 약점이었다. 강한 줄자를 만드는 것이 기술개발자의 고민이었다. 이 상황에서 모순이 무엇인지 정의하고 해결방안을 제시해 보자.

줄자의 모순이란? _____

모순을 극복하여 강한 줄자로 변신하는 방법 _____

단, 줄자의 길이는 동일하게 유지해야 한다. _____

📋 **요약정리**

- 우리의 文化도 모순을 거부감 없이 쉽게 수용할 수 있다고 볼 수 있다. 우리는 평생 학교에서 합리주의적 논리체계를 배워서 체질화되어 있다. 그런 연유로 우리의 인식체계가 모순을 쉽게 받아들이지 못하는 면이 분명히 있다. 사회의 모든 분야에서 일어나는 다양한 계층 간 갈등을 해소하기 위해서는 모순을 수용하고 활용해야 한다. 지금이 그런 시대이다. 창의적 문제해결은 합리적 관점에 기반한 선택만으로는 한계에 봉착했다. 대립적인 요소가 서로 연결되어 융. 복합되고 있다는 것을 이해하여야 한다.

- 아니 ! 이를 넘어선 초합리적 관점에서 세상을 보아야 한다. 모순을 이해하고 수용하는 자세와 사고의 전환이 필수적이다. 흑백론 양자택일적 사고를 버려야 한다. 그것이 모두가 승리하여 살길이다. 모순(절충과 고유모순)을 왜 공부해야 하는가? 문제의 종류에는 두 가지가 있다. 하나는 기존의 법칙과 지침을 활용하면 간단히 풀리는 문제이고 다른 하나는 모순을 포함한 문제다. 문제의 종류를 알지 못하면 우리는 좋은 해결책을 내어놓지 못할 수 있다. 시스템 내에 있는 모순을 해결하는 것이 시스템을 발전시키는 원동력이다. 서로 연결되어 상호작용하는 모든 것이 시스템이다. 우리는 시스템에서 살아간다.

## SECTION 14
## 창과 방패가 동시에 강한 두개 변수 갈등 시에 발명원리를 활용하면 된다.

본 장의 목적은 두 개 변수가 상충하는 모순을 해결하는 방법을 배운다. 모순해결에 이용되는 기술 특성, 모순 행렬 표, 40가지 발명원리를 소개한다. 기술모순 해결 절차는 다음 장에서 다룬다.

알트슐러는 1956년에 트리즈 논문을 처음으로 출판했다. 이 논문에서 주요 모순들을 정의하고 근본원인을 결정하는 것이 문제해결의 가장 중요한 단계라고 했다. 기술적 모순이란 시스템의 어느 한 특성을 개선하면 그 영향으로 다른 특성치가 악화되는 상황을 말한다. 예를 들면 자동차 선택 기준은 명확하다. 고성능을 원하면 큰 배기량의 대형차를 선택한다. 경제성을 원하면 배기량이 작은 소형차를 선택한다. 고성능과 경제성은 양립할 수 없는 가치로 여겨져 왔다.

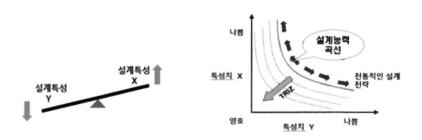

그림 14-1 전통적인 설계 개념과 트리즈

두 가지를 동시에 충족할 수 있다는 것은 말 그대로 모순이다. 요즈음 시장은 자동차의 성능과 경제성을 동시에 원한다. 기업에서도 양립할 수 없는 두 가지 가치를 동시에 만족시킬 기술 개발에 나섰다. 시소(Seesaw)의 예를 생각해 보자. 받침대를 기준으로 한쪽 끝이 올라가면 다른 쪽 끝은 반대로 내려간다. 이러한 현상은 시소의 일반적인 특성으로 문제 삼지 않는다. 하지만 양쪽 끝을 동시에 올라가게 해야 한다면 물리적으로 불가능하다. 만약에 원한다면 시소시스템에 중대한 변화를 주어야 한다.

## 시스템 절충의 출현

절충은 어떤 시스템에서나 불가피하게 발생한다. 시스템은 상호작용하는 도구와 대상으로 구성되어 있다. 시스템의 개선은 절충이 해결되면서 이루어진다. 도구와 대상은 유용한 작용을 할 수 있으며 다른 대상과는 해로운 적용을 할 수 있다. 예를 들면 트럭은 화물을 이동시키지만 동시에 도로를 마모시킨다. 절삭 공구의 날은 재료를 절단하지만 동시에 열을 발생시킨다. 갈등은 도구가 대상의 속성을 변화시키는 작용의 결과로 일어난다.

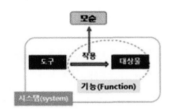

그림 14-2 절충은 시스템의 도구와 대상의 갈등

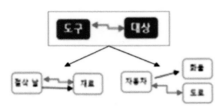

그림 14-3 도구와 대상물간의 갈등관계

## 시스템 기술특성

시스템의 절충은 특성과 작용 중에서 특성을 설명하는 것이 가장 간단한 방법이다. 대부분의 경우에 제품 개발은 특성의 개선을 이미 한다. 일반적으로 사용자는 제품 그 자체가 필요하지 않고 그 제품의 특성이 필요하다. 항공기의 성능 특성은 탑승인원, 최대이륙중량, 최대순항속도, 최대항속거리, 최대 체공시간, 최대인양으로 나타낸다.

■ 39가지 기술특성

1. 움직이는 물체의 무게
2. 고정된 물체의 무게
3. 움직이는 물체의 길이
4. 고정된 물체의 길이
5. 움직이는 물체의 면적
6. 고정된 물체의 면적
7. 움직이는 물체의 부피
8. 고정된 물체의 부피
9. 속도
10. 힘
11. 장력/압력
12. 형상
13. 물체의 안정성

14. 강도
15. 움직이는 물체의 내구력
16. 고정된 물체의 내구력
17. 온도
18. 밝기
19. 움직이는 물체가 소모한 에너지
20. 고정된 물체가 소모한 에너지
21. 동력
22. 에너지의 낭비
23. 물질의 낭비
24. 정보의 손실
25. 시간의 낭비
26. 물질의 양

27. 신뢰성
28. 측정의 정확성
29. 제조의 정확성
30. 물체에 작용하는 유해요소
31. 유해한 부작용
32. 제조의 용이성
33. 사용의 편의성
34. 수리 가능성
35. 적응성
36. 장치의 복잡성
37. 제어의 복잡성
38. 자동화 정도
39. 생산성

## 특성 사이의 절충 관계

　도구와 대상 사이의 절충은 문제가 어디에 있는지 보여준다. 절충은 두 특성 사이에 있는 갈등으로 나타내는 것이 효과적이다. 비행기를 튼튼하게 중량을 증가(개선)하면 항속거리는 짧아(악화)진다. 두 가지 유용한 특성치 사이에서 존재하는 갈등을 단순한 그림으로 나타낼 수 있다. 유용한 특성을 개선함에 따라 해로운 특성의 강화로 연결된다.

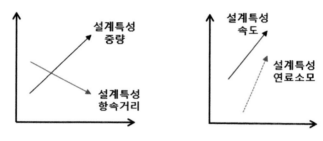

그림 14-4 설계 특성치 사이의 갈등 관계

　비행기의 속도를 증가시키면, 연료 소모역시 증가한다. 절충의 양면 분석은 필수적이다. 좋은 특성과 나쁜 특성 사이의 관련성을 표현하면 해결책의 특성치 들이 드러나기 시작한다. 해결책을 얻기 위해서 제거해야 하는 절충이 무엇인지 마침내 알 수 있다.

## 절충(기술적 모순) 표현

　기술적 모순(Technical Conflict)은 어떤 특성 A를 개선하면 다른 특성 B가 악화되고, 반대로 특성 X를 개선하면 다른 특성 Y가 악화되는 상황을 의미한다. 이때 조건 C에 따라서 상황이 달라진다. 기술적 모순의 개념과 사례를 그림을 통해서 알아보자. 사례는 포털 사이트에서 광고의 조건에 따른 수익의 증가 여부와 고객 만족도간의 모순 관계를 표현했다. 기술적 모순 정의는 조건에 따라 TC-1과 TC-2 두 가지 형태로 할 수 있다.

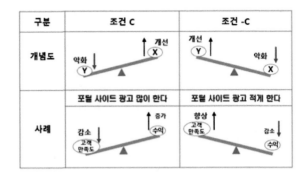

그림 14-5 조건에 따른 기술적 모순 상황

기술모순(TC 1) : 만약 C 조건이면, 특성 A가 개선되면 (유익), 특성 B가 악화한다. (유해)
기술모순(TC 2) : 만약 -C 조건이면, 특성 B가 개선되면 (유익), 특성 A가 악화한다. (유해)

## 모순 행렬 표

알트슐러는 1,200여개의 발명 특허에 사용한 모든 해법을 모순에 대응시켰다. 이를 분석하여 모순 행렬 표를 창안 하였다. 기술시스템에서 공통적으로 사용된 기술 특성 39개를 선정하였다. 어떠한 공학적 모순에 대해서도 39개의 특성으로 설명 가능하였다. 오늘날에도 마찬가지 이다. 알트슐러는 모순 행렬 표를 누구든지 사용할 수 있도록 허용했다. 모순 행렬 표의 구성과 특징 3가지를 설명한다.

1. 기술 특성치 39x39(가로39개, 세로39개)로 만든 비대칭 표이다.
2. 40개의 발명원리는 어느 것이 특정의 기술적 모순을 해결하는지 보여준다.
3. "X를 악화시키지 않고, 어떻게 Y를 개선할 수 있는가?"에 해법을 최대 4개의 원리까지 추천한다.

39개의 기술특성에 대해 자세히 살펴보고 의미를 명확하게 학습해야 한다. 모순표로 문제를 해결할 때 기술특성의 의미를 찾는데 시간을 낭비하지 않게 된다. 기술특성은 매우 일반적인 형태로 되어있다.

## 모 순 행 렬 표
### (전 세계 특허 분석기반의 39*39가지 기술특성의 비대칭 표)

| ↓ 개선특성 ＼ →→ 악화특성 | 1 움직이는 물체의 무게 | 2 정지한 물체의 무게 | 3 움직이는 물체의 길이 | 37 제어의 복잡성 | 38 자동화 수준 | 39 생산성 | 40가지 원리 | |
|---|---|---|---|---|---|---|---|---|
| 1 움직이는 물체의 무게 | 빈칸 | | 15, 8 29, 34 | 19, 35 16 | 28, 2 17 | 28, 35 34 | 분할 | 1 |
| 2 정지한 물체의 무게 | | 빈칸 | | 35, 3 15, 23 | 2 | 28, 10 29, 35 | 추출 | 2 |
| 3 움직이는 물체의 길이 | 8, 15 29, 34 | | 빈칸 | 35, 18 10, 13 | 35, 10 18 | 28, 35 10, 23 | 국소적 성질 | 3 |
| ~ | | | | | | | | |
| 37 제어의 복잡성 | 3, 4 16, 35 | 30, 28 40, 19 | 35, 36 37, 32 | 빈칸 | 34, 21 | 35, 18 | 열팽창 | 37 |
| 38 자동화 수준 | 28, 10 | 2, 35 | 13, 35 | 34, 27 25 | 빈칸 | 5, 12 35, 26 | 산화가속 | 38 |
| 39 생산성 | | 28, 15 10, 36 | 10, 37 14 | 35, 18 27, 2 | 5, 12 35, 26 | 빈칸 | 비활성 환경 | 39 |
| - | | | | | | | 복합재료 | 40 |

　기술특성은 매우 일반적인 형태이므로 '현실 문제'의 특성을 일반적 특성으로 구성된 모순 표에서 대응시키기 위해서는 상당한 양의 사고와 신중한 고려가 필요하다. 가장 중요한 이득이 무엇인지를 파악하는 것이 실제로 관련 해법을 찾는 강력한 출발점이 된다.

## 40가지 발명원리

　40가지 발명 원리는 기술적 모순을 극복하는 공통적인 해결 방법을 모아 놓은 것이다. 40가지 원리에 대한 세부 내용은 별도의 장에서 자세히 설명한다. 40가지는 일반적인 공통된 원리이므로 1 : 1로 바로 문제에 적용할 수 없다. 발명원리 하나씩 적용 가능성을 따져보아야 한다. 적용 가능성이 큰 원리에 대해서는 주어진 문제상황에 연관된 유추 작업으로 해결책을 만든다. ※ 모순 행렬 표

## ■ 40가지 발명문제해결 원리

| 40가지 원리 | 설명 |
| --- | --- |
| 1. 분할 | 쪼개어서 사용한다. |
| 2. 추출 | 필요한 부분만 뽑아낸다. |
| 3. 국소적 품질 | 전체를 똑같이 할 필요는 없다. |
| 4. 비대칭 | 대칭이라면 비대칭으로 해본다. |
| 5. 통합 | 한 번에 여러 작업을 동시에 한다. |
| 6. 다기능성 | 하나의 부품을 여러 용도로 사용한다. |
| 7. 포개기 | 안에 집어넣기 |
| 8. 무게보상 | 지구중력으로 부터 무게를 적극적으로 꾀한다. |
| 9. 선행 반대 조치 | 미리 반대방향으로 조치를 취한다. |
| 10. 선행 조치 | 미리 조치한다. |
| 11. 사전 보상 | 미리 예방 조치를 취한다. |
| 12. 높이 맞추기 | 들어서 옮길 필요가 없다. |
| 13. 다른 길로 돌아가기 | 반대로 해본다. |
| 14. 곡률증가 | 직선을 곡선으로 바꾸어 본다. |
| 15. 동적 부품 | 부분, 단계마다 자유롭게 움직인다. |
| 16. 과 부족 조치 | 지나치게 해버리거나 부족하게 한다. |
| 17. 차원 바꾸기 | X 혹은 Y 축 등으로 차원을 바꾼다. |
| 18. 기계적 진동 | 진동을 이용한다. |
| 19. 주기적 조치 | 연속적으로 하지 않고 주기적으로 한다. |
| 20. 유용한 작용의 지속 | 유용한 작용을 쉬지 않고 지속한다. |
| 21. 서두르기 | 유해하다면 빨리 진행해 버린다. |
| 22. 전화위복 | 유해한 것은 좋은 것으로 바꾼다. |
| 23. 피드백 | 피드백을 도입한다. |
| 24. 매개체 | 직접 하지 않고 중간 매개물을 이용한다. |
| 25. 셀프서비스 | 스스로 기능이 수행되게 한다. |
| 26. 복사 | 복잡하고 비싼 것 대신 간단한 것으로 복사한다. |
| 27. 일회용품 | 한번 쓰고 버린다. |
| 28. 기계적 상호작용의 대체 | 다른 기계적 원리를 수행하는 대상이나 시스템과 교환한다. |
| 29. 공기식 및 수압식 | 공기나 유압을 사용한다. |
| 30. 유연한 막/얇은 막 | 유연한 막과 얇은 필름을 사용한다. |

| 40가지 원리 | 설명 |
|---|---|
| 31. 다공질 재료 | 구멍이 숭숭 뚫린 물질을 사용한다. |
| 32. 광학특성 변경 | 색깔 변형 등 광학적 성질을 사용한다. |
| 33. 동질성 | 기왕이면 같은 재료를 사용한다. |
| 34. 폐기 및 재생 | 다 쓴 것은 버리거나 복구한다. |
| 35. 파라미터 변경 | 물질의 속성을 변화시킨다. |
| 36. 상전이 | 부피, 열의 방출 혹은 흡수등 상전이 동반하는 물리적 현상을 활용한다. |
| 37. 열팽창 | 원료의 열을 높이거나 줄인다. |
| 38. 강한 산화제 | 반응의 속도를 증가시킨다. |
| 39. 불활성 환경 | 비활성 가스를 활용한다. |
| 40. 복합 재료 | 단일한 재료대신 복합재료를 활용한다. |

## 요약정리

- 기술적 모순은 시스템의 어느 한 특성을 개선하면 그 영향으로 다른 특성치가 악화되는 상황을 말한다. 절충은 어떤 시스템에서나 도구와 대상의 작용에서 불가피하게 발생한다. 시스템의 개선은 절충이 해결되면서 이루어진다.

- 시스템의 절충은 특성으로 설명하는 것이 가장 간단한 방법이다.

- 기술모순은 조건에 따라 TC-1과 TC-2 두 가지 형태로 표현할 수 있다.

    ‣ 기술모순(TC 1) : 만약  C 조건이면, 특성 A가 개선되면 (유익), 특성 B가 악화한다. (유해)

    ‣ 기술모순(TC 2) : 만약 C 조건이면, 특성 B가 개선되면 (유익), 특성 A가 악화한다. (유해)

- 40가지 발명 원리는 기술적 모순을 극복하는 공통적인 해결 방법을 모아 놓은 것이다. 일반적인 공통 원리이므로 1 : 1로 바로 특정한 문제에 적용할 수 없다. 하나씩 적용 가능성을 따져 보아야 한다.

## SECTION 15
## 모순행렬(발명원리)표는 두 개 변수 충돌문제해결에 사용한다.

 본 장의 목적은 두 개 변수가 충돌하는 문제해결 방법을 배운다. 사례를 통해서 기술특성과 모순 행렬 표 및 40가지 발명원리를 어떻게 활용하는지 실용적인 시간이 될 것이다.

### 기술모순 문제해결 절차(기술 특성치−모순행렬표−발명원리)

일반적으로 사람들은 두 가지 방식으로 문제를 해결한다. 선택과 타협이다. 선택이란 한 가지 특성을 택하면 다른 한 가지 특성은 포기하는 것이다. 타협은 두 가지 특성을 적당히 만족시키는 중간 값을 정하는 최적화(optimization)라는 것이다. 최적화란 효율이 가장 높은 타협안을 찾는 것을 의미한다. 최적화 방식과는 대조적으로 트리즈 방식은 타협하지 않는다. 두 개의 이득을 모두 얻는 방법을 찾는다.

트리즈의 기본은 근본적으로 모순을 해결(제거)하는 것이다. 두 가지 특성 모두를 완벽하게 만족시키는 창의적 해결안을 찾는다. 트리즈의 기술모순 해결은 6단계로 진행된다. 복잡하고 비구조화된 특정 문제에 대해 우선 문제 분석을 한다. 그 분석 결과를 기반으로 추상화 작업을 통해 39가지의 기술 특성치의 개념 문제로 모델링한다.

그림 15−1 기술모순 해결 모형

■ 기술적 모순해결 절차

> (문제상황) → 기술모순 도출 → 모순선택(도구-대상) → 특성치 선택 → 발명원리 → 일반해 → 특정해

1단계 문제상황에서 기술모순 도출

2단계 기술모순 선택

3단계 공학변수 선택 (개선특성 및 악화특성)

4단계 발명원리 탐색 (40가지 중 추천 원리)

5단계 일반 해결안 도출

6단계 특정 해결안 도출

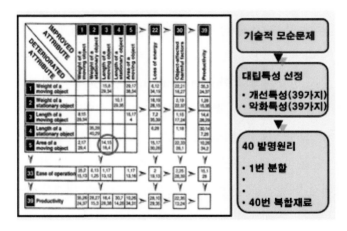

그림 15-2 모순행렬표 사용법

1단계, 기술모순 도출

기술 시스템의 구성 요소간의 기술 모순 상황을 두 가지 유형으로 기술한다.

- TC 1 (조건 C) :  개선특성X ↔ 악화특성Y
- TC 2 (조건-C) :  개선특성Y ↔ 악화특성X

2단계, 기술모순 선택

여러 쌍의 도구 대상 중에서 한 개의 쌍을 선택한다. 선택의 기준은 시스템의 주요 기능을 잘 수행할 수 있는 모순을 선택한다. 때로 모순이 불명확하면 모순을 강화한다.

3단계, 기술특성 선택

선정한 기술 모순에 포함된 개선과 악화 특성을 39가지 중에서 선택한다.

4단계, 발명원리 찾기

모순 행렬 표를 이용하여 추천된 원리(40개 가운데1~4개)를 탐색한다.

5단계, 일반 해결안 도출

추천된 발명원리의 아이디어를 활용하여 일반적인 해결방안을 도출한다.

6단계, 특정 해결안 도출

일반해로 부터 유추를 통해 아이디어를 구체화하고 특정 해를 만든다.

## 모순 행렬 표를 이용한 기술모순 해결 사례

1. 금속 펠릿을 유압으로 이송시키는 파이프의 설치 사례를 생각해 보자. 기존의 시스템은 처음에 플라스틱 펠릿을 이송시키기 위해 설계 되었다. 그러나 금속 펠릿으로 대체되면서 설계변경을 요구하고 있다. 금속 파이프로의 설계변경 이후에도 공기 흐름이 금속 펠릿을 이송하였다. 금속 펠릿은 빠르게 시스템의 구부러진 부분을 닳게 하여 수리에 필요한 장비의 휴지시간이 과도해졌다. 추가 요구 사항은 물체를 보다 빠르게 이송하는 것이다.

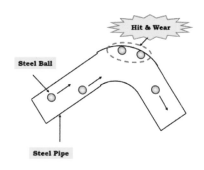

**그림 15-3** 공기압으로 펠릿을 이송하는 파이프

일반적으로 조치할 수 있는 해결책을 토론하여 찾아보자.

• 구부러진 부분을 보강한다.
• 구부러진 부분을 신속하게 교체한다.
• 구부러진 부분의 모양을 재설계한다.
• 구부러진 부분의 재질을 바꾼다.

■ 문제상황

원하는 개선사항은 펠릿을 신속하게 이송한다. 방향 전환 시 필요 에너지를 줄인다.

1 단계 : 모순 도출

한 가지 특성의 개선으로 악화되는 다른 특성은 무엇인가?

펠릿 속도가 증가할수록 파이프의 구부러진 부분의 손상이 커진다.

파이프 구부러진 부분의 손상을 적게 하려면 펠릿 속도를 감소시킨다.

2 단계 : 모순 선택

속도의 개선이 파이프의 손상을 크게 한다.

3 단계 : 특성 선택

개선 특성은 속도, 악화 특성은 신뢰성, 힘, 강도, 온도, 에너지, 물질의 낭비, 물질의 양, 해로운 부작용, 또 다른 개선 특성은 에너지의 개선, 악화 특성은 제조의 용이성, 시간의 낭비

4 단계 : 발명원리

모순 행렬 표를 이용하여 추천된 발명원리가 무엇인지 확인한다.

| 개선특성 | 악화특성 | | 사용 발명원리 |
|---|---|---|---|
| 속도개선 (9) | 신뢰성 | 27 | 11,35,27,28 |
| | 힘 | 10 | 13,28,15,19 |
| | 강도 | 14 | 8,3,26,14 |
| | 온도 | 17 | 28, 30, 36, 2 |
| | 에너지 | 19 | 8,15,35,36 |
| | 물질의 낭비 | 23 | 10,13,28,38 |
| | 물질의 양 | 26 | 18,19,29,38 |
| | 해로운 부작용 | 31 | 2,24,35,21 |
| 에너지 개선 (19) | 제조의 용이성 | 32 | 28,26,30 |
| | 시간의 낭비 | 25 | 35,38,19,18 |

5 단계 : 일반 해결안

추천 발명 원리별 실행 아이디어를 도출한다.

| 추진 발명원리 | 실행 아이디어 (안) |
|---|---|
| 28 기계시스템을 대체 | 5 (a) 음향, 광학, 후각<br>　(b) 자기, 전기 / (c) 장의 대체<br>　(d) 장을 강자성 입자와 연계 |
| 35 물체의 물리, 화학적 상태 변화 | 4 |
| 38 강한 산화제의 이용 | 4 |
| 19 주기적 작동 | 3 |

6 단계 : 특정 해결안 도출

에너지를 흡수하는 펠릿 층을 제공하기 위해 구부러진 부분에 자석 부착을 제안한다.

2. 여객기의 엔진은 비행기 날개 밑면에 부착한다. 엔진의 출력을 높이려면 공기의 흡입량을 늘려야 하는데 그러기 위해서는 입구의 단면적을 키워야 한다. 이것은 엔진과 땅과의 거리를 좁히는 역할을 해서 이/착륙 시 사고의 위험이 따른다. 즉, 엔진의 출력을 높이기 위하여 엔진의 단면적은 커져야 하는데, 지면과의 거리확보를 위해서는 단면적이 작을수록 좋다. 이 문제를 어떻게 해야 할까요?

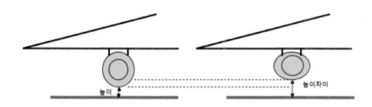

■ 문제상황

원하는 개선사항은 엔진의 출력을 높이는 것이다. 하나의 방법으로 큰 엔진을 장착한다.

1 단계 : 모순 도출

한 가지 특성의 개선으로 악화되는 다른 특성은 무엇인가?

• 엔진 직경이 커져 출력을 높이면 엔진 마운트와 지면과의 안전거리가 줄어든다.

• 엔진 마운트와 지면과의 안전거리가 커지면, 엔진 직경이 작아져 출력이 낮아진다.

2 단계 : 모순 선택

엔진의 직경이 커질수록, 지면에서 엔진까지의 안전거리가 줄어든다.

3 단계 : 특성 선택

개선 특성은 움직이는 물체의 면적, 악화 특성은 움직이는 물체의 길이

4 단계 : 원리 찾기

모순 행렬 표를 이용하여 추천된 발명원리가 무엇인지 확인한다.

| 개선특성 | 악화특성 | 사용발명 원리 |
|---|---|---|
| 움직이는 물체의 면적 (3) | 움직이는 물체의 길이 (7) | 14, 15, 18, 4 |

5 단계 : 일반 해결안 도출

추천 발명원리별로 실행 아이디어를 도출한다.

| 추진발명원리 | 발명원리내용 | 실행 아이디어(안) |
|---|---|---|
| 14 | 구형화 | |
| 15 | 역동성 | |
| 18 | 기계적 진동 | |
| 4 | 비대칭 | 원형의 엔진마운트를 타원형으로 설계 |

6 단계 : 특정 해결안 도출

원형으로 면적을 키우면 엔진과 지상과의 거리가 짧아지지만, 타원형으로 변환하면 면적을 키우면서도 엔진과 지상과의 거리를 원래 상태로 유지 가능하다.

3. 올림픽 경기에 도움 높이뛰기 종목이 있다. 높이뛰기 기술은 시대에 따라 바뀌어 왔다. 미국의 마이클 스위니는 1895년 '이스턴 컷오프(Eastern cut-off)'동작으로 기록을 1m 97 까지 끌어올렸다. 1912 년 미국의 조지 호라인은 롤오버(Roll over) 기술로 처음으로 2m를 돌파(2m01)했다. 이 방식은 바의 위치에서 비스듬한 방향으로 도움닫기를 하고 뛰어 올라 몸을 옆으로 굴리며 바를 넘는다. 1933년엔 한 발로만 도약해야 한다는 규칙이 정해졌다. 1968년 10월20일 멕시코 올림픽에 미국의 딕포스베리가 2m 24 의 올림픽 신기록을 세웠다.

그의 방식은 기존 방식과 거꾸로 배를 하늘로 향한 자세로 바를 넘었다. 체조나 다이빙의 공중회전 동작에 착안해 만들어진 배면뛰기였다. 배면뛰기는 선수가 수평으로 도움닫기 하는 속도를 수직으로 힘을 바꾸는 과정에서 에너지 손실이 줄어든다. "배면 뛰기는 신체의 무게중심을 낮게 유지할 수 있

어 지금까지 나온 기술  중에서 가장 효율적"이라고 말했다. 새로운 기술이 나오지 않으면서 '기록 정체' 현상도 길어지고 있다. 남자 세계기록은 쿠바의 하비에르 소토마요르가 1993년에 세운 2m 45이다. 2m 40이상을 넘은 선수는 2000년대 이후 한명 뿐이다. 역대를 통틀어도 7명에 불과하다. 배면뛰기 방식은 그 이름을 따서 포스베리 플롭(Fosbery Flop)으로 불러지고 있다

■ 문제상황

원하는 개선사항은? 장대높이뛰기의 기록을 갱신한다. 방법은 더 높이 뛰는 것이다.

1단계 : 모순 도출

한 가지 특성의 개선으로 악화되는 다른 특성은 무엇인가?

• 도움 뛰기의 속도를 늦추면 점프력이 향상되어 더 높이 뛸 수 있다.

• 도움 뛰기의 속도를 높이면 점프력이 약화되어 높이가 낮아진다.

2 단계 : 모순 선택

도움 뛰기의 속도를 늦추면 점프력이 향상되어 더 높이 뛸 수 있다.

3 단계 : 특성 선택

개선특성은 지면에서 장대까지 길이로 움직이는 물체의 길이, 악화특성은 속도

4 단계 : 원리 찾기

모순 행렬 표를 이용하여 추천된 발명원리가 무엇인지 확인한다.

| 개선특성 | 악화특성 | 추천 발명원리 |
|---|---|---|
| 움직이는 물체의 길이 (7) | 속도 (9) | 13, 4, 8 |

5 단계 : 일반 해결안 도출

사용 발명원리 및 실행 아이디어

| 추진발명원리 | 발명원리내용 | 실행 아이디어(안) |
|---|---|---|
| 13<br>4<br>8 | 반대로 하기<br>비대칭<br>평행추 | Western Roll과 반대로 한다. |

6 단계 : 특정 해결안 도출

Fosbury Flop이라는 새로운 높이뛰기 방식 (반대로 몸을 눕혀)으로 넘는다.

4. 타이타닉호 승무원 구출

　방금 전에 타이타닉은 빙산에 충돌했다. 엔진은 작동 중이나 언제 중지될지 모른다. 배는 2시간 내에 침몰할 것이고, 승무원들은 이 사실을 알고 있다. 가장 가까이 위치한 구조선은 4시간 떨어진 거리에 있다. 구명선의 정원은 1178명이나 승객과 승무원은 모두 2224명이 있다. 북 대서양의 물속에서 한 사람이 생존할 수 있는 시간은 대략 4분이다.

1 단계 : 모순 도출

원하는 개선사항은 2시간 내에 모든 승객과 승무원을 한명의 희생자 없이 모두 구출한다. 구조보트는 2224명을 태우면서도 가라앉지 않아야 한다.(정원 1178명)

2 단계 : 모순 선택

한 가지 특성의 개선으로 악화되는 다른 특성은 무엇인가?

- 2224명 전원이 승선하면 무게로 인해 구조보트는 본래 위치 보다 아래로 가라앉는다.
- 구명선 정원만 승선하면 무게 초과는 없다. 나머지 사람들을 구하지 못한다.

3 단계 : 특성 선택

개선 특성은 탑승 인원의 무게 , 악화 특성은 구명보트와 수면과의 거리

4 단계 : 원리 찾기

모순 행렬 표를 이용하여 추천된 발명원리가 무엇인지 확인한다.

| 개선특성 | 악화특성 | 발명원리 |
| --- | --- | --- |
| 움직이는 물체의 무게 (1) | 움직이는 물체의 길이 (3) | 15, 8, 29, 34 |

5 단계 : 일반 해결안 도출

사용 발명원리 및 실행 아이디어

| 추천발명원리 | 발명원리내용 | 실행 아이디어(안) |
| --- | --- | --- |
| 15<br>8<br>29<br>34 | 역동성<br>평행추<br>공기식, 수압식 구조물<br>폐기 및 재생 | 부양력을 이용한다. |

6단계 : 특정 해결안 도출

물질자원 중 선실이나 주방기구, 선반 등을 이용하여 구조보트에 부양력을 높일 수 있는 도구를 만들어서 구조보트에 장착하는 방법을 사용한다. 그릇들은 두 개를 뒤집어서 합치면 유용한 부력을 얻을 수 있다. 선실의 커튼들은 유용한 연결고리가 될 것이다. 나무들을 부수어서 뗏목 형태를 만들어서 구조보트에 연결함으로써 구조보트의 부양력을 키울 수 있다.

■ 실무활용 방안

1. 옷걸이로 이용하기 위해 자주 벽에 못을 친다. 벽에 친 못은 얼마 후에 회전 하게 되어 옷걸이로 사용하지 못하게 되었다. 해결방안 을 찾아보시오

2. 나무 책상의 서랍장을 열고 닫기가 부드럽지 못하고 매우 뻣뻣하다. 해결방안을 제안해 보세요?

3. 냉장고의 전력 소모를 절약하기 위해 문이 철저히 닫혀져 있는지를 알아야 한다. 냉장고 문의 실링이 제대로 되었는지를 측정 방안을 제안하시오.

4. 피자박스, 피자 배달시 수증기에 의해 박스가 눅눅해지면서 피자가 박스 윗면에 눌려 붙어 고객들의 불만이 제기된다. 고객 불만 해소를 위해 어떠한 개선책을 마련해야 할까?

※ 힌트

미국 뉴욕에 거주하던 46세 여성'발명가' 카멜라 비탈레가 1983년 이를 방지할 해결책을 고안했다. 1985년에 특허를 받았다. 그 내용은 피자 위에 얹혀 놓을 수 있는 삼발이 형태의 피자 세이버이다. 오늘 날까지 그녀 덕택으로 맛있는 피자를 먹을 수 있다. 유사 해결책은 CD 케이스 안을 보면 톱니 모양의 CD허브가 있다. 이 기능은 CD를 잘 빼낼 수 있게 해 준다. 피자 박스에 이 모양의 허브를 바닥 면에 부착하고 피자의 중앙 부위에 구멍을 내어서 구어 낸다. 피자의 모양을 바꾼다.

### 요약정리

- 기술모순 해결은 트리즈의 작동 원리에 따라 해결된다. (그림 15-1)

- 기술적 모순해결 절차

  (문제상황)→ 기술모순 도출→모순선택(도구-대상)→ 특성치 선택→ 발명원리→ 일반해→특정해

  1단계 : 문제상황에서 기술모순 도출

  2단계 : 기술모순 선택

  3단계 : 공학변수 선택 (개선특성 및 악화특성)

  4단계 : 발명원리 탐색 (40가지 중 추천 원리)

  5단계 : 일반 해결안 도출

  6단계 : 특정 해결안 도출

## SECTION 16
## 비행기 바퀴는 이착륙 시에는 필요하지만 비행할 때는 필요 없다. 시간분리가 답이다.

 본 장에서는 물리모순을 해결하는 시간분리 방법을 설명한다. 어떤 문제에서 시간 축을 중심으로 생각을 유연하게 하면 모순이 융합될 수 있다.

| 분리의 원리 | 내용 | 비고 |
|---|---|---|
| 시간에 따른 반대 특성의 분리 | 어느 시간에는 특성 A를 갖고, 다른 시간에는 반대 특성 −A를 갖는다. | ○ |
| 공간에 따른 반대 특성의 분리 | 어느 한 공간은 특성 A를 갖고, 다른 공간은 반대 특성 −A를 갖는다. | |
| 조건에 따른 반대 특성의 분리 | 어느 조건에는 특성 A를 갖고, 다른 조건에서는 반대 특성 −A를 갖는다. | |
| 전체와 부분 사이에 반대 특성의 분리 | 전체적으로는 특성 A를 갖고, 부분적으로 반대 특성 −A를 갖는다. | |

### 시간분리 개념

시간 분리의 개념은 특성 A에 대한 상반되는 요구를 시간의 분리로 양자를 만족시키는 방법이다.

> 특정 시간에서 A 값 요구를 만족시키고, 다른 시간에서는 −A 값 요구를 만족시킨다.

예를 들면 비행기가 이륙 시 양력을 많이 얻기 위해서 날개 면적을 크게 해야 한다. 하지만 일정한 순항 고도에서는 공기저항을 최대한 줄여야 해서 날개 면적을 작게 해야 한다. 즉 비행기 날개의 면적은 커지면서도 작아지게 하는 방법을 고안해야 모순 상황을 해결할 수 있다. 이때는 시간의 분리로 해결하는 것이 정답이다. 구체적인 아이디어는 40가지 원리에서 가져올 수 있다. 발명원리 7번 포개기에서 비행기 날개는 시간에 따라서 겹쳐지게 하거나 펼쳐지게 하는 아이디어를 얻게 된다.

Pharos 등대

　　고대 7대 불가사의 중 하나가 파로스(Pharos) 등대이다. 이 등대는 기원전 280년경 이집트 북부의 항구 도시인 알렉산드리아에 건축되었다. 높이는 약 135미터로 인류역사상 가장 아름다운 등대중 하나로 기억되고 있다. 현재는 파괴되어 등대에 관련된 여러 가지 미스테리만 남겨져 있다. 이 등대는 당시 황제 프톨레마이오스 2세의 명령으로 건축가인 소스트라투스가 설계 건축하였다. 당시 황제는 건축가에게 등대의 상단부에 자신의 이름을 조각하도록 지시하였다. 그러나 건축가는 후대에 이 건축물이 자신에 의해 설계되어 건축되었음을 알리고 싶었다.

　　자신의 이름이 건축물에 새겨진 것이 발각된다면 황제모독 죄로 처형되는 상황이었다. 후대의 사람들이 등대를 보고 소스트라투스가 건축하였음을 알게 하려면 어떻게 했어야 하는가? 이 일화에서 소스트라투스라는 황제의 명령에 따라서 파로스(Pharos) 등대를 건축했다. 한편으로 자신의 이름이 후대에 드러나게도 했다. 당시 외관 동판에 황제의 얼굴과 이름을 넣었다. 동판 밑에 있는 돌 위에는 자신의 이름을 새겨 넣었다. 후대에 동판은 부식되어 없어지고 남겨진 기록은 돌에 새겨진 건축가의 이름이다. 기나긴 시간의 축에서 멀리 내다보고 자신의 뜻을 이루었다.

## 시간분리에 의한 기술제품 진화

　　기술 제품의 진화 과정에서 시간의 분리 적용 사례를 찾을 수 있다. 컴퓨터 키보드의 진화는 유연한 구조로의 전이에 기초한다. 시스템이 유연해 질수록 물리적 모순 특성을 완벽하게 분리할 수 있다. 작은 부분으로 나누어 연결하고 유연한 재료와 전자기장의 사용은 모순을 시간적으로 분리한다. 기존의 키보드는 공간을 차지해서 가지고 다니기에 불편하다. 그래서 접이식이 등장했다. 여기에 좀 더 편리성을 높여주려고 돌돌 감을 수 있는 직물 소재의 키보드가 나왔다. 이번에는 키보드 자체가 평소에는 없다가 필요시에 나타나는 광학식 키보드의 출현이 놀랍다. 한 단계 더 진화하며 필요할 때 키보드가 나타나고 사라진다. 시간의 분리를 적용한 혁신 기술이다.

기존 키보드     접이식 키보드     직물 키보드     광학식 키보드

그림 16-1 키보드 기술진화 과정에서 드러난 시간의 분리

## 시간분리의 물리모순 해결절차

특정 문제상황에서 물리 모순을 확인한 후 시간의 분리 개념을 정립한다. 실행 아이디어를 40가지 원리에서 끌어내어 일반해를 구하고 유추작업을 통해서 최종 해결안을 만든다.

> 문제상황→ 물리모순 도출→ 분리원리(시간분리)선택→ 아이디어 찾기→ 일반해→ 특정해

그림 16-2 제약회사 앰플 제조 공정

1. 제약회사의 약품제조 공정에서 앰플에 약품을 담는 작업이 진행되고 있다. 약을 투입한 후에 유리 앰플의 상단 끝 부분에 램프로 가열하여 녹여서 밀봉시킨다. 그런데 과열이 되면 약품이 변질되어 폐기처분이 된다. 이러한 문제를 어떻게 해결 하는가?

- 모순도출 : 시스템의 기본 기능은 앰플의 꼭지 부분을 밀봉하는 것이다.

  구성 요소는 버너, 불꽃, 유리앰플, 약물, 벨트이다. 도구(불꽃, 과열된 앰플, 벨트) 대상(앰플, 약물)이다.

  도구(불꽃)가 대상(앰플)을 가열한다. 그 결과 정상 품과 불량품(과열)이 생산된다.

  정리하면, 앰플이 녹기 위해서는 온도가 높아야 하고, 앰플 과열 방지를 위해서는 온도가 낮아야 한다. (온도는 높아야 하면서 낮아야 한다)

작동영역과 작동시간

그림 16-3 앰플에 열을 가해지는 영역과 시간

- 시간분리 : 시간 분리와 공간 분리를 같이 고려해야 한다. 앰플 꼭지 부분에 적정 온도를 가열하는 동안에 약물 부분에 온도를 낮추게 하는 방안을 모색한다.
- 아이디어 : 40원리 중 37번 열팽창 원리에서 온도의 변화를 이용한다. 21번 고속처리에서 가열시간을 아주 짧게 한다. 24번 중간 매개물을 이용한다.
- 일반해답 : 우선 앰플 이동 속도를 높이고 앰플이 충분히 녹을 수 있도록 높은 온도로 짧은 시간 가열을 한다. 영역2의 온도를 낮게 유지한다.
- 특정해답 : 앰플 가열 시간동안 영역2 부분을 냉각수에 담기게 한다.

2. 페트병에 액체를 충분히 담으려면 적합한 용적이 요구된다. 하지만 마신 후에는 페트병의 부피가 부담스럽게 된다. 이 상황에서 물리모순을 정의하고 분리의 원리를 활용하여 해결안을 검토해 보자.
- 모순도출 : "액체를 담는다". 를 실현하기 위해서는 페트병이 체적을 갖지 않으면 안 된다. 한편으로는 "빈 페트병을 부담스럽다"를 위해서는 페트병의 체적은 없어야 한다. 즉 페트병은 있어야 하고 동시에 없어야 한다.
- 시간분리 : 페트병의 부피가 항상 일정해야 하는가? 특정 시간에만 부피를 가져도 되는가? 시간별로 페트병의 부피가 작아졌다(사라짐) 커졌다(나타남)하게 만든다.
- 아이디어 : 40원리 7번 포개기와 15번 역동성에서 아이디어를 가져온다.

- 일반해답 : 7번 포개기 원리를 적용한 비행기 날개를 겹쳐서 면적을 변화시키는 것에서 유추하여 페트병이 접히게 한다. 물의 양에 따라서 부피가 유연하게 변한다.
- 특정해답 : 자바라식의 형태의 페트병을 만든다.


3. 진공청소기는 먼지를 흡입하기 위해 고진공 상태를 유지해야 한다. 문제는 흡입력이 좋은 관계로 카펫이나 침구류가 청소기 헤드에 빨려 들어가서 문제가 발생하곤 한다, 때로는 흡입력이 낮아야 할 때도 있다.
- 모순 도출 : 먼지 제거를 위해서는 고진공이 요구된다. 한편으로 카펫트의 손상 방지를 위해서는 낮은 진공을 가져야 한다. 즉 고 진공과 저 진공이 동시에 필요하다.
- 시간 분리 : 진공청소기의 높은 흡입력이 지속적으로 필요한가? 아니면 특정한 시간에만 필요한가? 필요한 부분을 청소할 때만 일시적으로 고진공이고 나머지는 저 진공이면 어떨까?
- 아이디어 : 40원리 중 19번 주기작동(연속적인 작동보다 정지시간을 두며 작동하는 방식)에서 아이디어를 얻는다. 이 원리의 사례를 살펴보니, 연속적인 사이렌 소리를 진폭이나 주파수가 변하는 사이렌이 있다. 다른 예는 월풀 세탁기(맥동 펌프)가 있다.
- 일반해답 : 공기압을 조절하여서 고진공과 저진공 상태를 주기적으로 교대하는 청소기가 떠오른다.
- 특정해답 : 공기압 조절 장치가 장착된 새로운 청소기


## 40원리 가운데 시간의 분리원리

트리즈40가지 발명원리에 물리적인 모순을 극복하는 모든 방법은 있다. 어떤 하나의 특성이 특정한 시간에 존재하고 다른 시간에는 존재하지 않는다. 시간의 분리 개념을 가진 원리가 17개 있다.

| 40가지 원리 | 번호 | 1 | 2 | 3 | 4 | 5 | 6 | 7 | 8 | 9 | 10 |
|---|---|---|---|---|---|---|---|---|---|---|---|
| | 명칭 | 분할 | 추출 | 국소성질 | 비대칭 | 통합 | 범용성 | 포개기 | 평형추 | 선행반대 | 선행조치 |
| | 빈도순위 | 3 | 5 | 12 | 24 | 33 | 20 | 34 | 32 | 39 | 2 |
| 분리원리 | 시간분리 | √ | | | | | | √ | | √ | √ |

| 40가지 원리 | 번호 | 11 | 12 | 13 | 14 | 15 | 16 | 17 | 18 | 19 | 20 |
|---|---|---|---|---|---|---|---|---|---|---|---|
| | 명칭 | 사전예방 | 높이맞추기 | 반대로하기 | 구형화 | 역동성 | 과부족조치 | 자원바꾸기 | 기계진동 | 주기작동 | 유익한 작용지속 |
| | 빈도순위 | 29 | 37 | 10 | 21 | 6 | 16 | 19 | 8 | 7 | 40 |
| 분리원리 | 시간분리 | √ | | | | √ | √ | | √ | √ | √ |

| 40가지 원리 | 번호 | 21 | 22 | 23 | 24 | 25 | 26 | 27 | 28 | 29 | 30 |
|---|---|---|---|---|---|---|---|---|---|---|---|
| | 명칭 | 고속처리 | 전화위복 | 피드백 | 매개체 | 셀프서비스 | 복제활용 | 일회용품 | 기계시스템 대체 | 공기수압 활용 | 유연막 |
| | 빈도순위 | 35 | 22 | 36 | 18 | 28 | 11 | 13 | 4 | 14 | 25 |
| 분리원리 | 시간분리 | √ | | | √ | | √ | √ | | √ | |

| 40가지 원리 | 번호 | 31 | 32 | 33 | 34 | 35 | 36 | 37 | 38 | 39 | 40 |
|---|---|---|---|---|---|---|---|---|---|---|---|
| | 명칭 | 다공질물질 | 색상변경 | 동질성 | 폐기재생 | 속성변화 | 상전이 | 열팽창 | 산화가속 | 불활성기체 | 복합재료 |
| | 빈도순위 | 30 | 9 | 38 | 15 | 1 | 27 | 26 | 31 | 23 | 17 |
| 분리원리 | 시간분리 | | | | √ | | | √ | | | |

❖ 출처 : Ideation Methodology The Training Manual(4th ED) Ideation INTERNATINAL Inc., Southfield, MI. 1995

## 시간의 분리 관련 발명원리

1. 분할

작동 및 운영 시간을 나눈다.

예 도개교(부산 영도다리), 바늘구멍이 커지는 바늘(6번 역동성의 원리 적용), 광장의 분수대, 베니싱 스프레이, 바이크 버스, 조조할인, 근무시간, 패스트푸드 런치 메뉴, 코로나19 전염병 예방을 위해 사회적 거리두기 운동이 전개되고 있다. 식당의 식수 인원을 최소화하기 위해서 사무직과 생산직의 점심시간을 30분 차이를 둔다. 심야 전기 활인, 성수기 요금, 비수기 할인, PC방 심야 청소년 출입 금지, 조사모사(사자성어)

7. 포개기

공간은 물론 시간 자원을 효율적으로 사용하는 원리이다. 하나의 객체에 다른 객체 넣기. 즉, 효율성을 향상시키기 위해 각 객체들을 하나로 합치는 것이 핵심이다.

🔲 비행기 착륙장치는 이륙과 착륙, 운항시 그리고 비행기 날개 면적의 크기는 비행 조건에 따라서 변화된다.

9. 선행반대조치

어떠한 작용을 해야 하는 경우 미리 이에 대해 요구되는 반대 작용을 수행한다. 시간 자원의 활용과 시스템의 불균형 진화와 연관된다. 사전에 해로운 영향을 통제하기 위해서 미리 그에 필요한 반대 조치를 취해야 하는 것이다

🔲 콘크리트 타설에 원심력 등으로 압축응력을 가하면서 만든다.

페인트를 칠하지 않을 곳에 미리 테이프를 붙여 놓는다.

x-선에 노출되는 부분을 납으로 된 차폐 막으로 가려준다.

PH가 높은 물질로부터 해를 막기 위해 수용액을 이용한다.

10. 선행조치

시간 자원의 낭비를 줄이거나 편리성을 높이기 위한 것이다. 시스템의 불균형 진화와 연관된다. 효율성을 높이거나 소비자 또는 사용자들이 더 쉽게 사용할 수 있게 한다.

🔲 항공기에 의무 탑재되어 비상시 위치정보를 발신하는 신호기(Emergency Locator Transmitter), 바다에 추락시 사람이 탈출하는 시간동안 물 위에 뜨게 하는 비상부주 장치(Emergency Float) 기업의 경영 리스크에 대비한 시나리오 경영 등이다.

11. 사전보상

신뢰성이 낮은 시스템에 대해서 미리 비상수단을 준비해 둔다. 최악의 상황에 대처하고 상대적으로 정확성이 낮은 상황에 대응하기 위해서 만들어 둔다.

🔲 공사장 주변에 위험 및 접근 금지 표시판을 설치한다. 도로의 굴곡부에 사고 방지용 타이어를 설치한다. 예비 낙하산을 보유한다. 도난 방지를 위한 상품의 바코드를 부착한다. 생명보험, 화재보험 및 자동차 보험에 가입한다. 자동차 에어백, 안전벨트 등

15. 동적부품

작동 조건 최적화를 위해 시스템이나 외부 환경을 변하게 한다. 시스템 진화를 이룬다. 시간의 개념이 포함되어 있는 원리이다.

> 예 비행기 날개, 비행기 착륙장치, 선진 혁신기업인 3M의 15% Rule, 구글 20% Rule 등은 하루 일과 전체시간 가운데 자기개발을 위해 허용하는 시간의 비율이다.

16. 과부족조치

과함을 덜하고 부족함을 충족시키기 위한 조치이다.

> 예 불필요한 공정을 단축하는 리엔지니어링, 모든 설계에서 실제 사용량 이상으로 여유분을 두고 설계한다. 페인트 작업할 때 과도하게 뿌린 다음에 초과된 부분만 제거한다.

18. 기계적 진동

물리적 수단을 이용하는 원리로 종래의 힘을 대신하여 기계적 진동을 이용한다.

> 예 피로를 풀기 위한 진동 안마의자, 진동 면도기, 초음파 세척기, 초음파를 이용하여 물체를 가열한다. 초음파를 이용한 담석이나 신장 결석 파괴, 커피 숍 진동 벨, 전자레인지, 파도타기 놀이

19. 주기적 조치

연속적인 작동보다 정지시간을 두고 작동하는 방식이 더 효과적일 수 있다.

> 예 해머로 물체를 반복해서 두드린다. 교통신호등을 주기적으로 깜박인다.
> 모스 부호 대신에 주파수 변조를 이용하여 정보를 전달한다. 연속적인 사이렌 소리를 진폭이나 주파수가 변화는 사이렌으로 바꾼다. 월풀 세탁기(맥동 펌프)

20. 유익한 작동 지속

최대성능으로 중단 없는 작동으로 생산성을 높인다. 회전운동으로 바꿈

> 예 여닫이문을 회전문으로 만든다. 화물운반의 전국 네트워크화로 연속화물 수송체계를 만든다. 레미콘 통의 지속회전(차량 운행 중), 24시간 편의점

21. 서두르기

유해성을 최소화하기 위해 고속으로 처리한다. 일명 생략의 법칙(건너뛰기)

예 코로나19 전염병 진단을 위해 창안된 드라이브 스루 선별진료소 (감염병 확진 여부를 알기 위해 차에 탄 채로 안전하게 문진, 검진, 검체채취, 차량 소독을 할 수 있는 선별진료소)

24. 중간 매개물

제품이나 서비스에서 중간 매개물을 사용하면 시간 단축과 편리성과 용이성 향상

예 펀드를 이용한 간접투자

26. 복제품 활용

복제품을 활용함으로 시간 단축의 효과로 비용절감이 이루어진다.

예 은행이 항공사의 서비스 처리속도를 벤치마킹, 경영자의 조찬모임, 세미나 참석대신 오디오북 듣기, 희귀 고서나 고문서 원본 보관하고 복사본 전시, 맞선 상대자의 사진 미리보기, 허수아비, 공사현장 안전요원 인형, 음식물 모형, 시뮬레이터 활용

27. 일회용품

시간 단축과 비용 절감 효과를 얻기 위해 고가의 대상물을 저가의 물품으로 대체

예 일회용(주사기, 식기, 젓가락, 물수건, 면도기, 기저귀 등), 가상 계좌번호(OTP : ONE TIME PASSWORD)

29. 공압/수압

유체(공압, 유압)의 장점을 이용한다. 유연성이 뛰어나고 짧은 시간에 작동한다.

예 비행기 유압 착륙장치 (바퀴를 감속할 때 에너지를 저장하여 나중에 가속할 때 재사용한다) 비행기 비상탈출 미끄럼틀, 항공기용 비상부주장치, 구명조끼, 구명정, 전기광학카메라(EO-IR)장비, 내부 습기 유입 방지를 위한 질소가스 충전, 과자봉지 에어매트, 길거리 광고용 춤추는 하수아비

34. 폐기/재생

어떤 의도된 특정한 기능을 수행한 이후에는 필요가 없는 것을 스스로 사라지게 한다. 또는 재사용이나 회수가 용이하도록 한다.

- 캡슐의 주성분은 젤라틴이다. 캡슐은 몸 안에 들어가면 녹아서 없어진다. 캡슐에 담긴 약품은 몸에 흡수된다. 즉 캡슐은 약을 담는 용기로 기능을 다하고 폐기된다.
- 생분해성 고분자화합물인 폴리락타이드로는 수술용 실을 만들 수 있다. 일정 시간이 지나면 이 역시 몸속에서 녹아 없어진다.
- 녹말로 만든 이쑤시개는 사용 후 버려지면 자연에서 생분해되어 사라진다. 환경오염을 막는데 기여한다.

37. 열팽창

온도변화에 따른 팽창과 수축을 활용한 요소간 관계변화를 통해서 유용한 효과를 얻는다.

예 부품을 단단하게 조립하기 위해서 안에 들어갈 부분을 냉각시키고 밖에서 둘러싸는 부분은 열팽창 계수가 다른 여러 물질을 사용한다. 바이메탈(압력밥솥, 삐삐 주전자)

## 시간의 분리 원리 실무활용

1. 우천 시 우산의 크기가 중요하다. 비를 맞지 않으려면 충분히 커야 한다. 하지만 비가 멈춘 이후에 우산을 가지고 이동할 때 편리성을 생각하면 아담 사이즈로 작아야 한다. 시간의 분리 원리를 이용해 새로운 아이디어 우산을 제안해 보시오.

2. 부표는 바닷가재 잡이 망 위치를 나타내준다. 다른 사람이 이 부표를 발견하고 부표와 가재를 가져간다. 도난 방지를 위해서 경찰에 신고해도 근원적인 해결이 안 되었다. 다른 대책을 세워 보시오.

※ 힌트 : 아이디어는 사전에 예정된 시간에 플로가 풀어진다.

LOBSTER FISHING

## 결론

물리적 모순을 해결하는 시간의 분리는 특성 A에 대한 상반되는 요구를 시간의 분리를 적용하여 만족시키는 방법이다. 생활환경의 주변에서 시간개념의 문제의식으로 관찰하면 쉽게 찾아볼 수 있다.

기술 혁신의 제품 안에는 시간의 분리로 물리적 모순을 해결하는 원리가 내재되어 있다. 기술진화에 관한 구체적인 연구는 별도의 장에서 만나게 될 것이다.

시간의 분리를 이용한 물리모순 해결절차는 주어진 문제상황의 면밀한 분석에서 시작하여 특정한 해결안을 구하기까지 순서를 보여준다. 「문제상황 → 물리모순 도출 → 분리원리 선택(시간의 분리) → 아이디어 찾기 → 일반해→ 특정해」

트리즈40가지 발명원리에 물리적인 모순을 극복하는 모든 방법은 있다. 40가지 안에는 시간의 분리 개념원리가 무려 17개가 있다. 모순해결 과정에서 40원리를 이용하면 매우 유용하다.

## SECTION 17
# 한 잔의 커피가 따뜻하면서 차갑게 하는 방법은 공간분리가 답이다.

본 장에서는 물리모순을 해결하는 공간분리 방법을 설명한다. 어떤 문제에서 공간 축을 중심으로 생각을 유연하게 하면 모순이 융합될 수 있다.

| 분리의 원리 | 내용 | 비고 |
|---|---|---|
| 시간에 따른 반대 특성의 분리 | 어느 시간에는 특성 A를 갖고,<br>다른 시간에는 반대 특성 −A를 갖는다. | |
| **공간에 따른 반대 특성의 분리** | 어느 한 공간은 특성 A를 갖고,<br>다른 공간은 반대 특성 −A를 갖는다. | ○ |
| 조건에 따른 반대 특성의 분리 | 어느 조건에는 특성 A를 갖고,<br>다른 조건에서는 반대 특성 −A를 갖는다. | |
| 전체와 부분 사이에 반대 특성의 분리 | 전체적으로는 특성 A를 갖고,<br>부분적으로 반대 특성 −A를 갖는다. | |

## 공간분리 개념

공간의 분리 개념은 특성 A에 상반되는 요구가 존재할 때 공간의 분리를 적용하여 양자를 만족시키는 방법이다. 몇 가지 사례를 들어서 공간 분리의 개념을 설명하고자 한다.

커피의 맛을 좋게 하려면 뜨거워야 하면서 컵을 들고 있는 손을 데이지 않게 하려면 차가워야 한다. 커피의 온도가 높아야 하는 요구와 동시에 온도가 낮아야 하는 상반된 요구가 있다. 이 모순 문제해결에는 공간의 분리가 해답이다. 커피가 담긴 공간과 손이 닿는 공간은 분리하는 것이다. 공간을 분리 하는 아이디어는 40가지 원리에서 가져올 수 있다. 7번 포개기에서 컵을 겹치는 아이디어를 얻는다. 이중 컵을 만들어 컵 안쪽의 높은 온도가 바깥 부위에 전달되지 않도록 한다.

다른 한 가지는 4번 비대칭으로 손잡이를 한쪽에만 부착한다. 그 외에 30번 얇은 막 개념에서는 컵의 안과 바깥의 사이에 단열을 한 안전 커피 컵을 만든다.

> **특정 공간에서는 A 값 요구를 만족시키고, 다른 공간에서는 - A 값 요구를 만족시킨다.**

최근 코로나19 전염병 예방 차원에서 개인위생 수칙과 사회적 거리두기 운동이 대대적으로 전개되고 있다. 엘리베이터는 공간이 좁아서 불가피하게 여러 사람이 동승할 경우에 거리두기가 어렵다. 동시 탑승인원을 최대한 줄이고 일정한 거리유지 목적으로 공간 분리를 적용하고 있다. 발명 40가지 원리의 1번 분할은 하나의 공간을 여러 개의 공간으로 나누는 것이다. 사진은 하나의 승강기 내부 공간을 여섯 개로 나누어 경계를 표시했다.

**그림 17-1** 엘리베이터 바닥의 공간분리: 코로나 전염방지 위한 옆 사람과 거리두기활동

어느 빌딩에서 차량에 출입 라벨을 앞 유리 좌측 상단에 부착하도록 했다. 라벨의 색상은 주차구역을 표시한다. 주요 직책에 있는 사람에게는 적색라벨을 준다. 전 주차 지역에 주차할 수 있는 우선권을 부여된다. 한 대 이상의 차량 보유자는 수시로 차량을 바꾸어 타고 오기 때문에 한 개 이상의 주차 라벨을

**그림 17-2** 차량출입 라벨의 공간분리

원한다. 이런 상황에서 여러 대의 차량 보유자에게 주차 라벨을 주면 문제가 생긴다. 그들의 가족들이 적색라벨을 이용하여 주차하게 된다. 이에 대한 대책 회의가 열렸다. 회의에 참석한다면 어떠한 제언을 할 수 있는가?

다수의 차량을 보유한 사람에게 차량 댓수 만큼의 적색 라벨 반쪽을 나누어 준다. 라벨의 반쪽을 차량에 부착하도록 한다. 나머지 반쪽은 한 개만 소지하도록 한다. 운전자가 그날 운행하는 한 대의 차에 부착된 라벨 반쪽에 짝을 맞추면 완전한 주차 라벨이 만들어져 단 하나의 차량만을 주차하게 된다.

## 공간의 분리에 의한 기술제품 진화

기술 제품의 진화가 이루어지는 패턴은 알트슐러에 의해서 밝혀졌다. 최초의 단일 시스

템은 이중으로  다시 다중 시스템으로 점차 진화 한다는 것이다.  이것이 복잡성과 다기능성이 증가하는 방향으로 기술시스템의 진화를 설명한다, 진화 방향은 단일시스템에서 이중시스템, 삼중, 다중시스템으로 복잡성이 가진다. 사례는 면도기에서 볼 수 있다. 단일 날 면도기에서 이중 날 면도기 이후에 삼중 날 점차 진화하여 6중 날 면도기까지 출현하고 있다. 이러한 진화는 공간의 세분화와 연관되어 있다.

그림 17-3 면도날 개수의 진화는 공간분리의 예

반도체 칩 냉각기의 진화에서 공간분리 경향을 찾아볼 수 있다. 냉각기의 진화 방향은 이렇다. 고체 복사 → 히트 파이프 복사 → 다중 히트 파이프 복사 → 다공성 복사 → 상변화로의 순차적인 진화다. 고체 복사 냉각기에는 칩이 벽에 고정되어 있다. 벽을 통한 열의 제거는 반도체 칩의 열 손상 방지가 어렵다. 이후 출시된 히트 파이프 복사 냉각기는 칩 주변에 액체로 채워진 구멍이 있다. 이 구멍을 통해 작동 중 열을 증발시킨다. 다음 진화의 모습은 다중 히트 파이프 복사냉각기이다. 액체로 채워진 몇 개의 구멍이 있어 냉각효과가 증대되었다.

그 다음은 다공성 복사냉각기이다. 액체로 채워진 구멍들은 모세관과 연결되어 있다. 이 모세관은 더 많은 열을 제거하는 역할을 한다. 최신의 진화품은 상변화 복사냉각기이다. 상변화 재료로 만든 벽이 있다. 고온에서 벽은 다른 상으로 변화한다. 이 변화가 열을 흡수한다. 칩 작동으로 인한 열은 계속해서 효과적으로 흡수되고 칩은 과열되지 않는다.

전기다리미 진화는 공간분리 경향은 가지고 있다. 다리미 진화 방향은 이렇다. 고체 다리미 바닥 → 구멍을 가진 다리미 → 다공질의 다리미 이다. 다리미 바닥은 전기 코일에 의해 유도 가열된 평탄한 금속 표면이 옷감 위에 눌러진다. 물 스프레이로 옷에 물을 분사하여 촉촉한 상태로 옷을 다리미질 한다. 다음 세대는 구멍을 가진 다리미 바닥이다. 다리미의 구멍은 물을 옷에 전달한다.

물이 증발하고 증기가 옷을 적셔 촉촉한 옷을 다리미질 하면 효율이 향상된다. 그 다음은 다중 구멍을 가진 다리미 바닥이다. 여러 개의 구멍으로 더 많은 증기로 옷감 주름 제거가 수월하다. 다공질 다리미 바닥은 물이 옷으로 효과적으로 공급되어 짧은 시간에 질 높은 옷을 다리게 한다.

## 공간의 분리를 이용한 물리모순 해결절차

특정 문제상황에서 물리 모순을 확인한 후 공간의 분리 개념을 정립한다. 실행 아이디어를 40가지 원리에서 가져와 일반해를 구하고 유추작업을 통해 최종 해결안을 만든다.

> 문제상황 → 물리모순 도출 → 분리원리 선택(공간의 분리) → 아이디어 찾기 → 일반해 특정해

1. 중년의 나이에는 근시 안경과 돋보기도 필요하다. 두 개의 안경을 지니고 다니기에는 불편한 점이 많다. 수시로 바꾸어 착용해야 하고 항상 소지해야 하는 것과 때때로 잊고 없으면 잘 보지 못한다. 이러한 문제를 공간의 분리를 이용해서 해결할 수 있는가?

- 모순도출 : 평소에는 근시 안경이 필요하고 한편으로는 돋보기가 필요하다. 안경이 근시용이면서 돋보기가 되면 좋겠다.
- 공간분리 : 렌즈의 특정한 영역은 원시 초점이고, 나머지 다른 영역은 근시 초점이어야 한다.
- 아이디어 : 40원리 1번 분할 원리에서 영역을 분리하는 아이디어를 가져온다.
- 일반해답 : 렌즈의 전체 영역을 부분적으로 나눈다. 원거리, 중간거리, 근거리 주변용으로 영역을 분리하여 여러 가지 초점을 가지게 한다.
- 특정해답 : 다초점 렌즈

그림 17-4 렌즈의 공간분리의 예, 한 개의 렌즈로 다촛점 기능부여

2. 항공기 외부 형상은 기종에 따라서 각양각색
이다. 항공기 최종조립은 전용 작업대에서 이
루어진다. 형상이 다른 항공기는 전용 작업대
가 아니면 작업이 거의 불가하다. 하나의 작
업대로 다양한 기종을 조립할 수 있는 작업대

그림 17-5 항공기 작업대

가 있다면 작업장의 공간을 확충할 필요가 없고 제작비용도 절감된다. 방안을 세워봅
시다.

- 모순도출 : 항공기 상부 작업을 안전하게 하려면 형상이 고정되어야 한다. 한편으로 다
양한 형상에 맞추려면 변형되어야 한다. 즉 작업대 상부 면이 고정되어야 하면서 변형
되어야 한다.

- 공간분리 : 공간 분리 원리를 적용해서 문제를 해결하려는 목적이 명확하여야 한다. 다
양한 외형에 맞추는 것이 목적이다. 작업대 바닥 형상이 변하면서 작업동안에 고정되
도록 한다.

- 아이디어 : 40원리에서 1번 분할에서 공간 분할 아이디어를 가져온다. 하나의 형상으로
고정시키지 않는다. 공간을 작게 나누어 유연성과 조절력을 향상시킨다.

- 일반해답 : 작업대 바닥면을 여러 개의 면으로 분할한다. 분할 면이 개별적으로 움직이
게 한다.

- 특정해답 : 항공기 외형에 맞추어서 변형이 가능한 작업대로 기존 작업대를 개조하여 사
용한다.

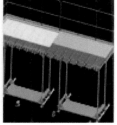

그림 17-6 항공기 작업대 상판의 공간분리의 예

3. 건물 꼭 대기층에서 오래된 벽을 부수고 새로운 벽을 세우고 있다. 여기에서 생긴 벽돌 파편들이 커다란 파이프를 통해 아래층으로 버려졌다. 파이프 아래에 큰 저장 통이 연결되어 있다. 저장 통이 차게 되면 트럭이 와서 건축 폐기물들을 실어 간다. 깨진 벽돌이 높은 곳에서 파이프를 통해 내려오면서 휘어진 파이프

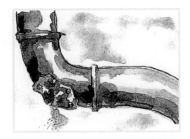

**그림 17-7** 파이프 국면의 손상

의 벽면과 충돌하여 구멍이 났다. 그 구멍으로부터 부서진 벽돌 조각들이 마구 쏟아져 나오고 있었다. 파이프의 휘어진 부분 파손을 최소화하는 방안을 찾아야 한다.

- 모순도출 : 벽돌 조각들이 파이프의 벽면에 마찰을 일으키지 않으려면, 파이프의 휘어진 부분에서 벽돌 조각이 정지해야 하고, 한편으로는 움직여야 한다.
- 공간분리 : 휘어진 부분에 벽돌이 정지해서 벽을 충격으로 부터 보호해 준다. 벽면에 닿게 되는 벽돌 조각들을 움직이지 못하게 한다.
- 아이디어 : 40원리에서 24번 매개체를 이용한다. 깨어진 벽돌이 휘어진 부분에 도달하면 멈추도록 매개체를 이용 정지공간을 만든다. 파이프에 직접적으로 충격을 주지 않는다.
- 일반해 : 깨어진 벽돌이 휘어진 파이프 부분에 쌓이도록 한다. 계속해서 내려오는 깨진 벽돌이 쌓여 있는 벽돌 위에 충격을 주어 파이프에 직접적인 충격은 감소한다.
- 특정해 : 파이프 안에 용접한 가로대를 장착하여 그 위에 조각들이 쌓여서 움직이지 않게 되고 그 위에 쏟아지는 벽돌 조각은 서로 충돌하여 내려간다.

**그림 17-8** 파이프 국면의 공간분리

## 40원리 가운데 분리의 원리

트리즈 40 발명원리에 물리적인 모순을 극복하는 모든 방법이 포함되어 있다. 어떤 하나의 특성이 하나의 공간에 존재하고 해야 하지만 다른 공간에는 존재하지 않음

| 40가지 원리 | 번호 | 1 | 2 | 3 | 4 | 5 | 6 | 7 | 8 | 9 | 10 |
|---|---|---|---|---|---|---|---|---|---|---|---|
| | 명칭 | 분할 | 추출 | 국소성질 | 비대칭 | 통합 | 범용성 | 포개기 | 평형추 | 선행반대 | 선행조치 |
| | 빈도순위 | 3 | 5 | 12 | 24 | 33 | 20 | 34 | 32 | 39 | 2 |
| 분리원리 | 공간분리 | √ | √ | √ | √ | | | √ | | | |

| 40가지 원리 | 번호 | 11 | 12 | 13 | 14 | 15 | 16 | 17 | 18 | 19 | 20 |
|---|---|---|---|---|---|---|---|---|---|---|---|
| | 명칭 | 사전예방 | 높이맞추기 | 반대로하기 | 구형화 | 역동성 | 과부족조치 | 차원바꾸기 | 기계진동 | 주기작동 | 유익한 작용지속 |
| | 빈도순위 | 29 | 37 | 10 | 21 | 6 | 16 | 19 | 8 | 7 | 40 |
| 분리원리 | 공간분리 | | | √ | √ | | | √ | | | |

| 40가지 원리 | 번호 | 21 | 22 | 23 | 24 | 25 | 26 | 27 | 28 | 29 | 30 |
|---|---|---|---|---|---|---|---|---|---|---|---|
| | 명칭 | 고속처리 | 전화위복 | 피드백 | 매개체 | 셀프서비스 | 복제활용 | 일회용품 | 기계시스템 대체 | 공기수압 활용 | 유연막 |
| | 빈도순위 | 35 | 22 | 36 | 18 | 28 | 11 | 13 | 4 | 14 | 25 |
| 분리원리 | 공간분리 | | | | √ | | √ | | | | √ |

| 40가지 원리 | 번호 | 31 | 32 | 33 | 34 | 35 | 36 | 37 | 38 | 39 | 40 |
|---|---|---|---|---|---|---|---|---|---|---|---|
| | 명칭 | 다공질물질 | 색상변경 | 동질성 | 폐기재생 | 속성변화 | 상전이 | 열팽창 | 산화가속 | 불활성기체 | 복합재료 |
| | 빈도순위 | 30 | 9 | 38 | 15 | 1 | 27 | 26 | 31 | 23 | 17 |
| 분리원리 | 공간분리 | | | | | | | | | | √ |

❖ 출처 : Ideation Methodology The Training Manual(4th ED) Ideation INTERNATINAL Inc., Southfield, MI. 1995

## 공간의 분리 관련 발명원리

1. 분할

시스템의 공간을 독립적인 여러 공간으로 나눈다. 공간의 구분을 세분화 한다.

예 방탄유리(앞 유리는 여러 개의 작은 조각을 붙여서 만듦 : 총알에 작은 부분만 손상 됨)

기업의 사내 식당에서는 사용하는 식판(1식 3찬, 밥, 국외에 3가지 반찬 담는 곳이 구분됨)

블라인드(여러 개의 작은 슬라이드가 회전하면서 빛의 각도와 양을 조절한다)

## 2. 추출

시스템에서 방해되거나, 필요한 공간(속성)을 구분하여 빼낸다.

예 전투기 조종석의 사출, 에어컨 발생 소음을 밖에 내보내기 위해 실외기를 창문밖에 둔다.

## 3. 국부적 성질

시스템의 공간 구조나 환경을 국부적으로 균질 상태에서 비균질 상태로 만든다.

예 손 모양의 공구 손잡이, 리벳 돌출 또는 샤크스킨(Shark Skin) : 공기 역학적 표면 마찰력 감소

재료의 표면처리/코팅 - 도금, 침식/부식 방지, 표면경호, 들러붙음 방지 등

음료 캔의 외형은 안정되게 쌓을 수 있음

## 4. 비대칭

시스템의 공간(형상)이나, 속성을 대칭에서 비대칭으로  바꾼다.

예 기타 연주에서 사용하는 컷어웨이는 고음 연주를 쉽게 한다.  에어포일 형상 (압력차이로 양력발생)

구성품의 가장자리에 각을 두거나 스카프 이음(Scarf joint)을 할 수 있는 기하학적 형상을 도입한다.

스카프 이음            컷 어웨이

### 7. 포개기

한 시스템의 공간이 다른 시스템의 공간 안에 위치한다. 공간 안에 더 작은 공간을 차례로 넣는다.

> 예　비행기 기체 안으로 집어넣을 수 있는 이·착륙장치는 공간의 효율적인 활용 사례 비행기 날개의 빈 공간, 기체 내부의 빈 공간을 연료 탱크로 사용하거나 각종 케이블의 통로가 된다.

### 13. 다른 길로 돌아가기

기존 공간의 역할을 정반대로 바꾸는 것이다. 고정된 공간을 움직이게, 움직이는 공간을 고정한다. 이는 상식 반대편의 생각을 유발한 역발상이다. 기존 생각을 버려야 새로운 세계가 태어난다.

> 예　실내 설치한 운동기구. 트레드 밀, 작은 수영장에서는 물이 흐르고 사람이 같은 자리에서 수영한다.

### 14. 곡률증가

공간 활용의 효율화 개념이다.

1. 직선을 곡선, 평평한 것을 곡선형, 큐브나 육면체를 구형으로 바꾼다.
2. 롤러, 공, 나선형을 이용한다.
3. 직선운동을 회전운동으로 전환 원심력을 이용한다.

> 예　직선 컨베이어 대신 회전형 컨베이어 이용, 회전문, 회전교차로, 원형 톱, 주차타워, 인터체인지, 나선형 계단, 백열등의 필라멘트, 다이슨 진공청소기, 가구 이동 시 공 모양의 바퀴

### 17. 차원 바꾸기

공간의 차원을 바꾼다. 위치나 이동을 1차원 → 2차원 → 3차원, 수평 → 수직으로 변경한다. 다층 구조를 활용한다.

> 예　레미콘 차량의 레미콘 혼합 통의 지속적인 회전, 절삭기계가공 (한축 → 2축 → 3축 → 5축)여러 장의 CD가 들어가는 CD 플레이어, 컴퓨터의 하드 디스크, 복합 마이크로 전자회로

24. 매개체

공간의 이용을 일시적으로 한다.

예 가루약이나 맛이 쓴 약을 감싼 캡슐

26. 복사

공간을 복제하여 활용한다.

예 기차에 실어진 나무를 직접 측정하지 않고 사진으로 행한다. 즉 사진의 크기를 측
정함으로써 물체의 크기를 알아낼 수 있다.

컴퓨터를 통한 가상현실(공간)

30. 유연한 막

유연한 막, 필름을 이용하여 공간을 확보한다. 외부 환경으로부터 차단한다.

예 비닐하우스, 에어커튼, 선팅필름, 음식포장 랩

40. 복합재료

한 공간에 이질적인 재료들을 조합하여 만든 새로운 물질이다. 단일 물질의 단점을
보완한다.

예 강화섬유(금속성분과 섬유성분 융합) 타이어코드(섬유+고무+직물+철사) 콘크리트
(시멘트+모래+자갈) 철근 콘크리트(콘크리트+철근) 제비집(진흙+지푸라기(섬유)+
침의 융합) 영화 토이스토리와 트랜스포머는 여러 분야 작가들이 참여하여 만든
시나리오, 위키 피디아 인터넷 백과사전은 네티즌들이 참여하여 각 분야의 전문
적인 내용을 조합하여 만든 백과사전

■ 실무활용 방안

일상의 생활이나 실무 속에서 공간분리의 원리가 적용된 사례를 찾아보자. 공간분리의 개념을 숙지하고 이 원리가 어떻게 적용 되었는지 활용 할 것인지 생각을 가지고 사물을 바라보면 흥미롭게도 새로운 발견을 하게 될 것이다.

1. 헬리콥터 창문에 국부적으로 환기 구멍을 내었다. 비행 중에는 창문을 개방을 할 수 없기에 창문의 일부분에 구멍을 내어서 외부 공기가 들어오도록 회전식 조절기를 추가하였다. 현재 국내외에서 운항중인 헬기의 일부분이다. 적용된 발명원리는 무엇인가?

EC 225 헬리콥터의 창문내 환기구멍

2. 비행기에서 조종사가 탈출할 수 있는 사출좌석, 사출좌석이란 사고가 났을 때 조종사를 비행기에서 비상 탈출시키기 위한 나의 안전장치이다. 비상상황이 발생할 경우 작동시키면 조종사가 앉은 좌석이 통째로 솟구쳐 항공기로부터 분리된다. 이후에 조종사는 낙하산을 이용해 땅에 착지한다. 적용된 발명원리는 무엇인가? 그림은 SU-35의 비상사출 사진.(러시아 영화 Mirror WAR 촬영 연출)

SU-35의 비상 탈출 사진(러시아 영화 Mirror War 촬영 연출)

📋 **요약정리**

- 물리적 모순 해결에 활용되는 귀중한 자원 가운데 하나가 바로 공간이다. 공간은 모든 기하학적 치수나 크기, 길이, 높이, 넓이, 지름, 반경, 면적 또는 깊이를 말한다. 시스템 속의 공간 특성인자와 관련된 모든 이용 가능한 변화를 문제해결에 사용하는 것이 본장의 목표이다. 예를 들면, 병의 운송과 저장과 관련해서 유의할 점은 둥근 병과 사각 병 사이의 점유 공간의 차이가 21.5%가 된다.

- 물리적 모순을 해결하는 공간의 분리는 특성 A에 대한 요구와 상반되는 요구(−A)를 동시 충족시키기 위해서는 공간의 분리를 적용하여 그 해답을 찾아야 한다.

- 기술 혁신의 제품에는 공간의 분리로 물리적 모순을 해결하는 원리가 내재되어 있다. 기술 진화 경향에 관한 연구는 별도의 장에서 만나게 될 것이다.

- 공간의 분리를 이용한 물리모순 해결 절차는 주어진 문제상황에서부터 최종해결안까지 과정을 보여준다. 「문제상황 → 물리모순 도출 → 분리원리 선택(공간의 분리) → 아이디어 찾기 → 일반해 → 특정해」

- 트리즈 40가지 발명원리에 물리적 모순을 해결하는 모든 방법이 들어있다. 40가지 안에는 공간의 분리 기념원리가 12개가 있다. 모순해결 과정에서 40원리를 이용하면 매우 유용하다.

**SECTION 18**
## 당나라가 발해에 말을 요구하면 발해는 말을 키워서 주겠다고 한다. 조건의 분리에 답이 있다.

본 장에서는 물리모순을 해결하는 조건 분리 방법을 설명한다. 어떤 문제에서 상황에 따라서 유연한 생각을 하면 모순이 융합될 수 있다.

| 분리의 원리 | 내용 | 비고 |
|---|---|---|
| 시간에 따른 반대 특성의 분리 | 어느 시간에는 특성 A를 갖고, 다른 시간에는 반대 특성 −A를 갖는다. | |
| 공간에 따른 반대 특성의 분리 | 어느 한 공간은 특성 A를 갖고, 다른 공간은 반대 특성 −A를 갖는다. | |
| **조건에 따른 반대 특성의 분리** | 어느 조건에는 특성 A를 갖고, 다른 조건에서는 반대 특성 −A를 갖는다. | ○ |
| 전체와 부분 사이에 반대 특성의 분리 | 전체적으로는 특성 A를 갖고, 부분적으로 반대 특성 −A를 갖는다. | |

## 조건의 분리 개념

조건의 분리 개념은 특성 A에 대한 상반되는 요구를 조건의 분리로 양자를 만족시키는 방법이다.

> 특정 조건에서 A 값 요구를 만족시키고, 다른 조건에서는 −A 값 요구를 만족시킨다.

이 해법은 일부 요소에 대해서는 작동하지만 다른 것에는 작동하지 않는 방식의 해법이다.(한 해법은 한 요소에, 반대 해법은 다른 요소에) 주방의 배수구는 물 자체는 통과되지만, 식품의 고형물은 통과되지 않는다. 도로변에 있는 하수구 구멍은 빗물은 통과하지만 모래, 쓰레기는 통과하지 않는다. 이와 유사한 사례는 무수히 많다. 세면대, 욕조, 음식 채반, 방충망, 싱크대, 하수구 뚜껑, 양파망, 티백, 히트 앤 미스 울타리는 바람은 통과하지만 밖에서 안을 보지 못한다. 집 뜰에 안전 지킴이로서 맹견은 실제로 없지만 외부 인이 들어오지 못하게 해준다.

**그림 18-1** Hit & Miss 울타리와 '개 조심'표지

북극의 곰은 보호색으로 흰색 털이 유용하다, 한편으로는 체온 유지를 위해서는 햇빛을 잘 흡수하기 위해서는 검은 털이 유리한다. 복극 곰은 흰색 털과 검은 색 털을 동시에 가져야 한다. 딜레마이자 모순상황이다. 북극곰이 모순상황을 어떻게 극복하였을까? 흰색으로 보이는 투명한 털 (햇빛의 산란으로 희게 보임) 털 아래 숨겨진 피부가 검은 색이어서 햇빛을 잘 흡수한다. 털은 보호색도 되고, 체온도 잘 유지한다. 보호색과 체온유지 중에서 선택이 아니라 보호색과 체온유지를 동시에 가짐으로써 모순을 극복했다. 자연의 힘이다.

## 조건의 분리를 이용한 물리모순 해결절차

특정 문제상황에서 물리 모순을 확인한 후 시간의 분리 개념을 정립한다. 실행 아이디어를 40가지 원리에서 끌어내어 일반해를 구하고 유추작업을 통해서 최종 해결안을 만든다.

---

문제상황 → 물리모순 도출 → 분리원리 선택(조건의 분리) → 아이디어 찾기 → 일반해 → 특정해

---

1. 북극의 곰은 보호색으로 흰색 털이 유용하다. 체온 유지를 위해서는 햇빛을 잘 흡수할 수 있는 검은 털이 유리한다. 복극 곰은 흰색 털과 검은 색 털을 동시에 가져야 한다. 어떻게 극복하였을까?
- 모순도출 : 자신을 보호하기 위해서 털이 흰색이어야 하고, 체온 유지를 위해 검은 색이어야 한다.
- 조건 분리 : <보호>가 되기 위한 요구 사항은 무엇입니까? 흰 색

  <체온 유지>를 위한 요구 사항은 무엇입니까? 검은 색

- 아이디어 : 40원리 중 35번 속성변화 (상태를 변화시킨다.)
- 일반해 : 35번 아이디어 유추, 털이 희면서 체온유지가 필요시 검은 색을 가진다.
- 특정해 : 곰의 피부 색 자체가 검어서 햇빛을 잘 흡수하여 체온이 유지된다. 한편 흡수된 햇빛은 곰의 투명한 털에서 산란하여 하얀 보호색이 된다. 보호색과 체온유지를 동시에 가짐으로써 자연의 힘이 모순을 극복하였다.

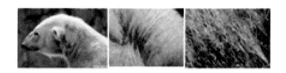

그림 18-2 북극곰의 털 색상

2. 감자를 솥 안의 채반 위에 올려놓고 잘 익혀서 꺼내어 냈다. 익힌 감자를 그릇에 담았다. 뜨거운 감자에서 올라오는 김이 응축되면서 그릇 바닥에 물이 고였다. 감자를 잠시 식힌 후에 먹으면 맛이 아주 좋은데 물로 인해 감자가 눅눅해졌다. 감자를 눅눅하지 않도록 할 수 있는 방안은 무엇인가?

- 모순도출 : 감자를 담으려면 고체이어야 하고 배수하려면 구멍이 있어야 한다.

  상반되는 요구 : 구멍이 없으면서 또한 있어야 한다.

- 조건 분리 : <배수>가 되기 위한 요구 사항은 무엇입니까? 구멍 있는 그릇

  　　　　　 <감자 담기>를 위한 요구 사항은 무엇입니까? 구멍 없는 그릇

- 아이디어 : 40원리 중, 31번 다공질 물질(구멍이 있음)
- 일반해 : 그릇 안에 작은 구멍을 낸다. 감자가 구멍으로 빠지지 않는다.
- 특정해 : 그림과 같이 그릇 바닥에 구멍을 낸다.

그림 18-3 미세 구멍 있는 그릇

3. 발해 건국 초창기에 발해를 도운 돌궐은 군사와 매년 말 500필을 보내라고 무리한 요구를 한다. 당시에 발해는 이 요구를 거절할 수도 없는 입장이었고 한편으로 건국 초기에 국력이 약하였기에 요구를 들어 줄 수가 없었다. 이는 2006년~2007년에 방영된 인기 드라마 대조영의 한 스토리이다. 발해는 돌궐의 요청에 어떻게 대응 할 것인가?

그림 18-4 대조영 드라마 화보

- 모순도출 : 군사를 보내야 하고 보내지 않아야 한다. 말은 보내야 하고 보내지 않아야 한다.
- 조건 분리 : <말을 보냄>가 되기 위한 요구 사항은 무엇입니까? 매년 말 500필 이상 가져야 한다.

  <말을 안 보냄>를 위한 요구 사항은 무엇입니까? 당분간 보유한 말이 없다.
- 아이디어 : 40원리 중 36번 상전이(시간의 경과에 따라 변화하는 현상을 이용하자)
- 일반해 : 지금 말이 없으니 새끼 말을 키워서 보낸다. 일정 시간이 필요하다 (요구에 응함)
- 특정해 : 돌궐 좋은 말(종마)을 보내 주면 풀이 좋은 이곳에서 키워서 보내겠다.

## 40발명 원리와 조건의 분리

트리즈40가지 발명원리에 물리적인 모순을 극복하는 모든 방법은 있다. 어떤 하나의 특성이 특정한 시간에 존재하고 다른 시간에는 존재하지 않는다. 조건의 분리 개념을 가진 원리가 8개 있다.

| 40가지 원리 | 번호 | 21 | 22 | 23 | 24 | 25 | 26 | 27 | 28 | 29 | 30 |
|---|---|---|---|---|---|---|---|---|---|---|---|
| | 명칭 | 고속처리 | 전화위복 | 피드백 | 매개체 | 셀프서비스 | 복제활용 | 일회용품 | 기계시스템 대체 | 공기/수압 활용 | 유연막 |
| | 빈도순위 | 35 | 22 | 36 | 18 | 28 | 11 | 13 | 4 | 14 | 25 |
| 분리원리 | 조건분리 | | | | | | | | √ | √ | |

| 40가지 원리 | 번호 | 31 | 32 | 33 | 34 | 35 | 36 | 37 | 38 | 39 | 40 |
|---|---|---|---|---|---|---|---|---|---|---|---|
| | 명칭 | 다공질물질 | 색상변경 | 동질성 | 폐기재생 | 속성변화 | 상전이 | 열팽창 | 산화가속 | 불활성기체 | 복합재료 |
| | 빈도순위 | 30 | 9 | 38 | 15 | 1 | 27 | 26 | 31 | 23 | 17 |
| 분리원리 | 조건분리 | √ | √ | | | √ | √ | | √ | √ | |

## 조건의 분리 관련 발명원리

28. 기계적인 상호 작용의 대체

　　기계적인 수단을 감각적인 수단(빛, 소리, 맛, 향기)으로 대체한다.

　　예 기계가공에서 마모가 작업자에게 해로운 영향을 줄 경우 강한 냄새로 작업자에게 알려준다.

29. 공압/수압

　　대상물의 고체 부분을 대신해 기체와 액체, 공기, 물, 에어, 하이드로제트를 이용한다.

　　예 공압 조절 팔

31. 다공질 재료

　　대상물을 다공성으로 만들거나, 삽입물, 코팅 등과 같이 추가 다공성 요소를 이용.

　　대상물이 이미 다공성이면 구멍을 다른 물질로 채운다. (가볍게 한다) (단순화 한다)

　　예 스펀지로 기계장치 내부의 팽창하는 완충액을 흡수한다.

32. 과학특성 변경

　　색상이나 투명도를 변화시킨다.

　　예 투명한 보호막

35. 파라미터 변경

시스템의 물리적 상태를 바꾼다. 농도나 밀도를 바꾼다. 유연성의 정도를 바꾼다. 온도나 부피를 바꾼다.

　📄 건조식품(건포도, 누룽지), 물비누, 아이스 홍시, 디지털 액자, e북

36. 상전이

상전이 동안 발생하는 현상(부피 변화, 열 흡수나 발산 등)을 이용하자

　📄 물의 온도(조건)에 따라서 세 가지의 물리적 상태에 있다.(고체, 액체, 기체)
　　냉동 액체를 이용한 냉각

38. 강한 산화제

산소를 촉매로 이용한다.

　📄 산화제 대기가 있는 곳에서의 용접(산소, 질소는 용접 품질 향상시킴)

39. 불활성기체

산소와 접촉을 피한다.

　📄 필터 청소(공기를 질소 같은 불활성 기체로 교체. 폭발위험 감소)
　　전구의 필라멘트 보호를 위해 알르곤 또는 질소 가스 주입

■ **실무활용 방안**

1. 건축 현장에서 거친 모래를 채에 부려서 입자가 작은 모래를 모으는 것을 보는 경우나, 방진 마스크도 외부 공기에 혼합되어 있는 나쁜 미세 먼지를 걸러주는 기능을 한다. 이렇듯 상반되는 요구들 조건이나 상황에 따라 분리하여 두 조건을 모두 충족시키게 한다. 물리적 모순을 해결하는 방법의 하나로 조건의 분리는 실증된 결과로부터 정립된 이론이다. 우리의 실생활과 직무 수행에도 이미 적용되어 있고 적용할 수 있는 상황이 주어진다.

2. 백화점이나 대형마트 계산대에 주말이면 많은 사람들이 기다란 줄을 서서 기다린다. 이 경우에 조건의 분리를 응용해 어떠한 처방을 내어 놓을 수 있을까?

3. 한 여름 외출 시 자외선으로부터 눈을 보호하기 위해 선글라스를 낀다. 실내로 들어오면 선글라스를 벗어야 하는 불편함이 생긴다. 보통 안경과 선글라스 두 개를 가지고 다니지 않는 방법은 없을까? 하나의 안경을 착용하면서 외부에 나가면 선글라스가 되고 실내에서는 안경이 되는 것을 찾아보자.

### 📋 요약정리

- 물리적 모순을 해결하는 조건의 분리는 특성 A 에 대한 상반되는 요구를 조건의 분리를 적용하여 만족시키는 방법이다.

- 기술 혁신의 제품 안에는 조건의 분리로 물리적 모순을 해결하는 원리가 내재되어 있다. 기술진화에 관한 구체적인 연구는 별도의 장에서 만나게 될 것이다.

- 조건의 분리를 이용한 물리모순 해결절차는 주어진 문제상황의 면밀한 분석에서 시작하여 특정한 해결안을 구하기까지 순서를 보여준다. 「문제상황 → 물리모순 도출 → 분리원리 선택(조건의 분리) → 아이디어 찾기 → 일반해 → 특정해」

- 트리즈40가지 발명원리에 물리적인 모순을 극복하는 모든 방법은 있다. 40가지 안에는 조건의 분리 개념원리가 <u>8개</u> 있다. 모순해결 과정에서 40원리를 이용하며 매우 유용하다.

**SECTION 19**
# 자전거 체인은 부분은 딱딱하지만 전체는 유연하다.
# 부분 분리에 답이 있다.

본 장에서는 물리모순을 해결하는 전체와 부분의 분리 방법을 설명한다. 어떤 문제에서 전체와 부분의 관점에서 생각을 유연하게 하면 모순이 융합될 수 있다.

| 분리의 원리 | 내용 | 비고 |
|---|---|---|
| 시간에 따른 반대 특성의 분리 | 어느 시간에는 특성 A를 갖고,<br>다른 시간에는 반대 특성 –A를 갖는다. | |
| 공간에 따른 반대 특성의 분리 | 어느 한 공간은 특성 A를 갖고,<br>다른 공간은 반대 특성 –A를 갖는다. | |
| 조건에 따른 반대 특성의 분리 | 어느 조건에는 특성 A를 갖고,<br>다른 조건에서는 반대 특성 –A를 갖는다. | |
| **전체와 부분 사이에 반대 특성의 분리** | 전체적으로는 특성 A를 갖고,<br>부분적으로 반대 특성 –A를 갖는다. | ○ |

## 전체와 부분 분리 개념

전체와 부분 분리의 개념은 특성 A에 대한 상반되는 요구를 전체와 부분으로 분리하여 양자를 만족시키는 방법이다.

> 전체적으로는 A라는 요구를 만족시키지만, 부분적으로는 –A라는 상반되는 요구를 만족시킨다.

전통적인 바이스는 직사각형의 부품을 잡기(고정)에 유용하다. 그런데 작업 대상물의 기하학적 형태가 직사각형이 아닌 다양한 형상을 가진 경우에 잡기(고정)가 용이하지 않다. 부품을 잡기(고정) 위해서는 바이스는 단단해야 한다. 한편 부품의 기하학적 형태에 순응하기 위해서 바이스

그림 19-1 전통적인 바이스와 만능 바이스

는 유연해야 한다. 즉 바이스는 전체적으로 단단하게 하고 부분적으로는 유연하게 해야 모순상황을 해결 할 수 있다. 전체와 부분의 분리에 답이 존재한다. 구체적인 아이디어는 40가지 원리에서 착안할 수 있다.

3번 국부적 성질에서 전제적으로 단단한 기존 형상을 유지하고 부분적으로 유연성을 지니도록 안에 볼을 넣어서 다양한 형상의 부품 표면에 볼이 밀착하여 고정 시킨다.

## 전체와 부분의 분리에 의한 기술제품 진화

하위 수준으로의 전이 유형은 시스템을 더 작은 부품들로 나눔으로써 개선되는 시스템을 말한다.

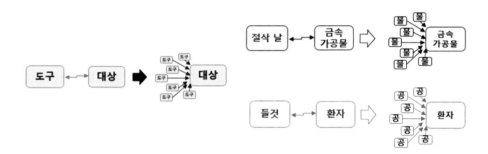

그림 19-2 도구-대상의 하위수준으로의 진화

절삭공구 날의 진화는 금속 날이 워터 제트로 대체한다. 하나의 고체 대상물 대신에 물분자가 전달한다. 환자 이송용 들것은 나무 혹은 천으로 만든 단단한 지지대(환자 고정 못함)를 사용하였다. 지금은 작은 플라스틱 공으로 채워진 공기 매트리스로 대체되었다. 환자 체형에 맞게 작은 공들이 움직여 환자의 몸 위치를 고정한다. 하나의 단단한 지지대가 수많은 작은 공으로 대체되었다. 침대의 진화에서 강철 스프링이 사용된 전통적인 침대가 물침대, 공기침대 또는 어떤 작은 셀(CELL)로 구성된 매트릭스로 대체되었다.

자동차 세차 기계의 진화, 초창기에 세차 방식은 브러시를 사용한다. 이 방식은 자동차 외관에 흠집을 낼 수 있다. 지금은 브러시 대신에 워터제트 방식을 이용한다.

세탁 역시 미시 수준으로 전이한 사례이다. 극세 섬유로 만든 옷은 세제 없이 세탁해도 무방할 만큼 효율적이다. 청바지를 색 바랜 유행 색상으로 만들기 위한 스톤워싱(stone washing)

공정이 있다. 최근에 이 방법은 돌을 사용하는 대신에 효소를 사용 방식으로 개선되었다.

상위 수준으로의 전이 유형은 어느 시스템이 상위 수준의 시스템으로 더욱 더 통합되는 것을 말한다.

가장 보편적인 유형이다. 거의 대부분의 시스템 개발에서 찾아볼 수 있다.

자전거는 19세기말쯤 개발의 한계에 도달했다. 인력을 사용하는 차량의 속도와 수송 능력을 많이 증가시킬 수 없었다. 내연기관과 통합하여 상위 수준 시스템으로 전이되었다. '모터가 장착된 자전거'가 '오토바이'이다. 이는 발전을 거듭하여 자동차 비행기가 개발되었다. 방안에 난로 → 벽난로 → 중앙난방 시스템 → 지역난방으로 전이되었다. 청소기는 개별 진공청소기 → 중앙 진공 청소시스템, 시계, 라디오, 텔레비전, 자동차, 컴퓨터, 휴대전화, 전자레인지 등의 다른 시스템과 통합되었다.

## 전체와 부분의 분리를 이용한 물리모순 해결절차

특정 문제상황에서 물리 모순을 확인한 후 시간의 분리 개념을 정립한다. 실행 아이디어를 40가지 원리에서 끌어내어 일반해를 구하고 유추작업을 통해서 최종 해결안을 만든다.

---

문제상황 → 물리모순 도출 → 분리원리 선택(전체와 부분 분리) → 아이디어 찾기 → 일반해 → 특정해

---

1. 자전거는 페달에서 동력을 발생시켜 뒷바퀴 축으로 보내야 뒷바퀴가 돌아간다. 동력을 전달하려면 단단한 매개체가 필요하다. 한편으로 바퀴를 돌리려면 회전력을 주어야 하는데 어떻게 하면 될까?

- 모순도출 : 동력을 전달하기 위해서는 부품이 단단해야 한다. 한편으로 페달과 바퀴 축 사이에서 회전 운동을 하려면 부품은 유연해야 한다. 즉 단단하면서도 유연해야 한다.
- 전체와 부분 분리 : 동력을 전달하는 것은 부분으로, 회전체는 전체로 한다.
- 아이디어 : 40원리, 1번분할(시스템을 전체적인 상태로 유지하면서 부분적으로 분해가 용이하도록 조립식으로 한다.)
- 일반해 : 단단한 동력전달 부품들 조립하여 유연한 체인을 만든다.
- 특정해 : 링크로 연결된 체인

2. 안정적이면서 빠른 새로운 배를 필요로 한다. 이러한 개념의 배를 설계할 수 있는가?

• 모순도출 : 배의 선체는 안정적이기 위해서 넓어야 하고 빠르기 위해 물의 마찰을 줄이려면 좁아야 한다. 즉 배의 선체는 넓고 한편으로 좁아야 한다.

• 전체와 부분 분리 : 한척의 배의 선체는 좁다. 복원성을 높이기 위해 배의 선체를 넓게 한다.

• 아이디어 : 40원리, 5번 통합(비슷하거나 동일한 부분들의 통합을 반복적으로 하면 전체적으로 더 큰 역할을 한다.)

• 일반해 : 한 대의 배(선체가 좁다)를 합쳐서 선체가 넓은 큰 배로 만든다.

• 특정해 : 쌍동선

## 40발명원리와 전체와 부분의 분리

트리즈40가지 발명원리에 물리적인 모순을 극복하는 모든 방법은 있다. 어떤 하나의 특성이 특정한 시간에 존재하고 다른 시간에는 존재하지 않는다. 전체와 부분의 분리 개념을 가진 원리가 11개 있다.

• 하위 시스템으로 전이 : 1.분할 3.국부적 성질 24.중간 매개물 27.일회용품 29.공압/수압

• 상위 시스템으로 전이 : 5. 통합 6. 범용성 8. 평행추 12. 높이 맞추기 22.전화위복, 40. 복합재

## 전체와 부분의 분리 관련 발명원리

| 40가지 원리 | 번호 | | 1 | 2 | 3 | 4 | 5 | 6 | 7 | 8 | 9 | 10 |
|---|---|---|---|---|---|---|---|---|---|---|---|---|
| | 명칭 | | 분할 | 추출 | 국소성질 | 비대칭 | 통합 | 범용성 | 포개기 | 평형추 | 선행반대 | 선행조치 |
| | 빈도순위 | | 3 | 5 | 12 | 24 | 33 | 20 | 34 | 32 | 39 | 2 |
| 분리원리 | 수준 분리 | 상위 시스템 | | | | | √ | √ | | √ | | |
| | | 하위 시스템 | √ | | √ | | | | | | | |

| 40가지 원리 | 번호 | | 11 | 12 | 13 | 14 | 15 | 16 | 17 | 18 | 19 | 20 |
|---|---|---|---|---|---|---|---|---|---|---|---|---|
| | 명칭 | | 사전예방 | 높이 맞추기 | 반대로 하기 | 구형화 | 역동성 | 과부족 조치 | 차원 바꾸기 | 기계진동 | 주기작동 | 유익한 작용지속 |
| | 빈도순위 | | 29 | 37 | 10 | 21 | 6 | 16 | 19 | 8 | 7 | 40 |
| 분리원리 | 수준 분리 | 상위 시스템 | | √ | | | | | | | | |
| | | 하위 시스템 | | | | | | | | | | |

| 40가지 원리 | 번호 | | 21 | 22 | 23 | 24 | 25 | 26 | 27 | 28 | 29 | 30 |
|---|---|---|---|---|---|---|---|---|---|---|---|---|
| | 명칭 | | 고속처리 | 전화위복 | 피드백 | 매개체 | 셀프서비스 | 복제활용 | 일회용품 | 기계 시스템 대체 | 공기/수압 활용 | 유연막 |
| | 빈도순위 | | 35 | 22 | 36 | 18 | 28 | 11 | 13 | 4 | 14 | 25 |
| 분리원리 | 수준 분리 | 상위 시스템 | | √ | | | | | | | | |
| | | 하위 시스템 | | | | √ | | | √ | | √ | |

| 40가지 원리 | 번호 | | 31 | 32 | 33 | 34 | 35 | 36 | 37 | 38 | 39 | 40 |
|---|---|---|---|---|---|---|---|---|---|---|---|---|
| | 명칭 | | 다공질 물질 | 색상변경 | 동질성 | 폐기재생 | 속성변화 | 상전이 | 열팽창 | 산화가속 | 불활성 기체 | 복합재료 |
| | 빈도순위 | | 30 | 9 | 38 | 15 | 1 | 27 | 26 | 31 | 23 | 17 |
| 분리원리 | 수준 분리 | 상위 시스템 | | | | | | | | | | √ |
| | | 하위 시스템 | | | | | | | | | | |

❖ 출처 : Ideation Methodology The Training Manual(4th ED) Ideation INTERNATINAL Inc., Southfield, MI. 1995

## 「하위 시스템으로 전이」 관련 발명원리

1. 분할

시스템을 전체적인 상태로 유지하면서 부분적으로 분해가 용이하도록 조립식으로 한다.

예 자전거 체인, 자전거 안장을 바퀴 잠금 장치화(신속한 장. 탈착)

임시 교량(장간 조립교)

### 3. 국부적 성질

시스템을 전체적으로 바꾸지 않고 부분적으로 바꾸기는 쉽다.

예 금속 표면층에 담금질 하거나 다른 재료로 도금, 고품질의 강철 쇠줄 가격인하 방법으로 표면층만 강철, 나머지는 값싼 철로 만듦. 다양한 특성의 음식(따뜻하고 차가운 고형 액상 등)을 담을 수 있는 도시락 통

다양한 특성의 음식(따뜻하고, 차가운, 고형, 액상 등)을 담을 수 있는 도시락 통

### 24. 중간 매개물

시스템의 부분을 쉽게 제거, 분해 될 수 있는 중간 매개물을 임시로 연결한다.

예 펀드를 이용한 간접투자, 이종 금속을 용접시 중간 부재를 사용한다. 구두주걱, 아이핀, 캡슐

### 27. 일회용품

일부 손해를 보면서 고가의 물건을 부분적으로 값싼 물건으로 대체한다.

예 일회용 수술 도구의 사용, 일회용 보호의류, 단기 프로젝트의 임시직 고용, 렌터카 서비스, 파일럿이나 프로토 타입

### 29. 공압/수압

시스템의 고체 부분을 대신해 기체와 액체, 공기 혹은 물로 채운 것

예 에어쿠션, 유체역학, 하이드로 제트, 공기 팽창 보트로 무거운 짐 옮기기. 기계적 잭 대신에 공기쿠션으로 부드러운 평면에서 항공기를 들어 올린다

## 「상위 시스템으로의 전이」 관련 발명원리

### 5. 통합

비슷하거나 동일한 부분들의 통합을 반복적으로 하면 전체적으로 더 큰 역할을 한다.

예 전화와 컴퓨터를 연결하면 망을 형성하여 새로운 기능이 가능하다.

하나의 유리판은 깨지기 쉬운데 여러 장 꾸러기로 모으면 무게증가 없이 강하게 된다. 여러 개의 정렬된 전파망원경은 한 개의 반사경 보다 큰 분해 능력을 갖는다.

6. 다기능성

하나의 시스템이 여러 기능을 수행하게 한다. 나머지 부분 요소를 제거할 수 있다.

🔲 호텔, 백화점의 컨시어즈(CONCIERGE, 콘세르쥬)는 모든 서비스를 묶어서 안내하는 역할을 함, 매트릭스 조직(라인과 기능, 프로젝트 기능 동시 수행). 그릴 기능이 있는 마이크로웨이브 오븐, 병따개 기능을 가진 포크

8. 무게보상

시스템의 무게를 상쇄하기 위해 상승력을 가진 다른 대상물과 결합시킨다.

🔲 잠수함 안의 공기탱크, 열기구, 헬륨 풍선 광고 표시

12. 높이 맞추기

위치 에너지에 맞서서 일해야 할 필요성을 제거

대상물을 올리거나 내릴 필요가 없도록 작업 조건을 바꾼다.

🔲 스프링 시스템 설치 (생산성 향상 및 허리부상 예방)

22. 전화위복

전체적으로 긍정적인 효과를 얻기 위해 해로운 인자(특히, 환경적으로)를 활용한다.

• 해로운 인자에 다시 다른 해로운 인자를 더해서 해로운 인자를 제거한다.

• 해로운 작용이 사라질 때 까지 해로운 인자를 증가시킨다.

🔲 아스팔트 밑에 배관을 깔아 여름에는 물은 순환시킨다(온수를 사용한다)

겨울에는 바이오 가스를 넣어 아스팔트 얼음을 녹인다.

전투기 비어있는 연료탱크에 배기가스(산소가 적음)를 넣어 폭발위험 혼합물 형성 방지

40. 복합재

재료를 합하여 새로운 구조로 만든다. 다른 부분들이 합쳐지면 새로운 전체가 된다.

🔲 방탄유리(유리에 고분자 폴리에틸렌 필름 추가),섬유강화 세라믹, 리트라콘(시멘트+광섬유 결합으로 빛을 통과시키는 콘크리트),퓨전 (한복, 음식)비빔밥, 진흙팩, 칵테일, 클 래드(스테인리스+알루미늄+니켈 등),유리섬유강화 플라스틱(Glass fiber reinfoced plastic),해설이 있는 오케스트라(금난새의 오케스트라)

## 전체와 부분의 분리 원리 실무활용

1. 우천 시 우산의 크기가 중요하다. 비를 맞지 않으려면 충분히 커야 한다. 하지만 비가 멈춘 이후에 우산을 가지고 이동할 때 편리성을 생각하면 아담 사이즈로 작아야 한다. 시간의 분리 원리를 이용해 새로운 아이디어 우산을 제안해 보시오.

2. 부표는 바닷가재 잡이 망 위치를 나타내준다. 다른 사람이 이 부표를 발견하고 부표와 가재를 가져간다. 도난 방지를 위해서 경찰에 신고해도 근원적인 해결이 안 되었다. 다른 대책을 세워 보시오.

   ※ 힌트 : 아이디어는 사전에 예정된 시간에 플로가 풀어진다)

---

### 📋 요약정리

- 물리적 모순을 해결하는 전체와 부분의 분리는 특성 A에 대한 상반되는 요구를 전체와 부분의 분리를 적용하여 만족시키는 방법이다. 생활환경의 주변에서 전체와 부분의 개념의 문제의식으로 관찰하면 쉽게 찾아볼 수 있다.

- 기술 혁신의 제품 안에는 전체와 부분의 분리로 물리적 모순을 해결하는 원리가 내재되어 있다. 기술진화에 관한 구체적인 연구는 별도의 장에서 만나게 될 것이다.

- 전체와 부분의 분리를 이용한 물리모순 해결절차는 주어진 문제상황의 면밀한 분석에서 시작하여 특정한 해결안을 구하기까지 순서를 보여준다. 「문제상황 → 물리모순 도출 → 분리원리 선택(전체와 부분의 분리) → 아이디어 찾기 → 일반해 → 특정해」

- 트리즈 40가지 발명원리에 물리적인 모순을 극복하는 모든 방법은 있다. 40가지 안에는 전체와 부분의 분리 개념원리가 11개가 있다. 모순해결 과정에서 40원리를 이용하면 매우 유용하다.

# V

## 트리즈는 문제해결의
## 경제원리 적용 공식이다.

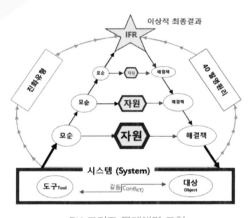

BK 트리즈 문제해결 모형

자원은 물질, 시간, 공간이다.
문제해결에 필수 불가결한 요소이다.
모순 제거와 최상의 목표 달성에 기여한다.
즉 모순과 이상적 최종결과를 연결하는
교량으로 시스템 주변에 존재한다.
공짜 자원이 필요하다. 자원은
진화 예측에 도움을 준다.

- ✅ 20. 돈 안 들이고 자원을 잘 활용하는 것이 문제해결의 핵심이다.
- ✅ 21. 공짜로 사용 가능한 자원을 잘 이용하면 문제가 쉽게 해결된다.
- ✅ 22. 자원과 기술이 합쳐진 창의적 산물이 저개발도상 국가를 돕는다.
- ✅ 23. 이상적인 목표를 세워 놓고 문제를 풀면 이상에 가장 근접한 해결책을 얻는다.

## SECTION 20
## 돈 안 들이고 자원을 잘 활용하는 것이 문제해결의 핵심이다.

 본 장에서는 돈 안들이고 문제를 해결하는 방법을 설명한다. 창의적인 문제해결이란 저렴하게 원하는 목표를 달성하는 것이다. 핵심 요소가 시스템 내. 외부에 있는 자원을 어떻게 활용하느냐에 달려있다. 자원 활용의 목적과 역할에 대해서 살펴본다.

맥가이버는 미국 ABC 방송에서 1985년부터 7년간 방영되어 대중의 사랑을 받은 드라마의 주인공이다. 초능력이나 특별한 도구를 사용하지 않고도 어떤 문제이든 창의적으로 해결하여 큰 인기를 끌었다. 그의 능력은 다름 아닌 유휴 자원을 활용하는 것이었다. 그에게는 일상의 모든 물건들이 도구가 되었다. 어려운 상황에 직면했을 때마다 주변의 자원들을 절묘하게 활용하여 문제를 해결하였다.

문제를 해결하기 위해서는 바로 그 시간에 현장에서 가장 적합한 자원을 찾아야 한다. 자원이란 것은 문제해결에 활용될 수 있는 모든 실질적인 도구를 말한다.

맥가이버의 이야기에서와 같이 문제해결에 사용되는 유형, 무형의 모든 것을 자원이라 말한다. 자원은 문제의 주변에 아주 풍부하게 펼쳐져 있다. 그런데 이 자원은 문제상황을 세밀히 관찰하지 않으면 눈에 잘 띄이지 않는다. 그 이유는 우리는 고정관념을 가지고 사물과 상황을 바라보는 습관이 있기 때문이다. 그 연유로 문제의 본질을 제대로 파악하지 못한다. 그래서 문제의 관찰은 현미경으로 하고 주변 자원의 탐색은 망원경으로 해야 한다. 문제상황 속에 있는 모순에 초점을 두고 관련 자원을 폭넓게 살펴서 다양한 해결방안을 찾아야 한다.

알트슐러(트리즈의 창시자)는 물리적이거나 품질과 효율에 관련된 특성 39가지를 물질자원의 속성으로 분류하였다. 이 특성들은 문제의 갈등이나 고유한 모순을 해결할 때 사용하는 모순행렬 표와 40가지 발명원리 그리고 분리의 원리에 포함하여 활용하고 있다.

## 문제해결에서 자원 활용의 목적과 역할

자원 활용의 주요한 목적은 시스템 모순을 제거하는 것이다. 동시에 이상적인 최종결과를 도출하는 것이다. 자원의 역할은 현재 시스템에서 원하는 시스템을 얻는 것이다. 여기에 활용되는 모든 유무형의 실질적인 도구 자원이다. 이상성을 어떻게 증가시킬 것인가? 에 대한 해답은 자원을 활용하는 것이다.

트리즈의 문제해결 철학은 돈 안 들이고 자원을 잘 활용하는 것이 핵심이다. 자원은 문제해결의 필수 불가결한 요소로서 적기 적소에서 최적의 자원을 확보해야 하는 요소이다.

그림 20-1 문제해결에서의 자원의 역할

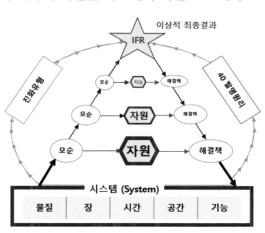

그림 20-2 BK 트리즈 문제해결 모형- 자원의 위치

## 자원 활용으로 모순을 제거한 사례

어느 식당 주인은 고객에게 더 나은 서비스를 더욱 빨리 제공한다는 자세로 식당을 운영하여 많은 매출을 올리고 있었다. 그런데 최근 불황으로 인하여 인건비를 줄이고자 종업원을 줄이려고 생각하고 있다. 그러나 종업원을 줄이면 서비스 질과 속도가 떨어질 것으로 예상이 되어 고민이다. 이 식당 주인은 어떤 결정을 하여야 하나?

문제상황은 식당을 시스템으로 보면 도구인 식당주인과 대상인 고객 사이에서 발생하는 갈등이다. 모순은 종업원을 두어야 하나 아니면 줄여야 하는가? 이다. 이러한 모순을 해결하는 필수 불가결한 요소가 자원이다. 식당과 주변 환경에는 식당 주인, 고객, 이웃, 행인과 같이 많은 자원들이 있지만 대상 자원인 고객을 종업원으로 활용하는 것을 생각해 보자. 만일 그렇게 된다면 서비스 질과 속도는 동일하게 유지하든지 아니면 더 개선될 수 있다. 결론은 내일부터 셀프 서비스 체계로 식당 운영 방식을 바꾸기로 하였다.

그림 20-3 자원 활용 모순제거 사례

### ■ 자원 활용으로 이상성을 향상시킨 사례

모든 기업이나 시스템이 추구하는 것은 최소한의 자원으로 목적과 기능을 달성하는 것이다. 별도의 추가 투입 없이 주어진 시스템 내에서 유해한 기능을 유익한 기능으로 바꿔서 목적을 달성하는 것이다.

자원은 그 자체가 비용이니까 자원 효율을 높이면 당연히 가격 경쟁력이 높아지게 된다. 예를 들어 설명하면 자동차 엔진 자체는 자동차를 움직이게 하는 유익한 기능이지만, 연비가 100%가 되지 않으니 불충분한 기능이다. 또한 엔진에서 나오는 열은 기계를 악화시키는 유해기능이다. 그리고 자동차 히터는 엔진에서 방출되는 유해한 열이다. 이 열을 유익한 열로 전환하여 난방에 이용하면 경제적이다.

원하는 결과를 주는 기능과 연관된 자원에 집중한다.

우리의 주된 관심은 모든 자원에 있지 않다. 오직 우리가 원하는 결과를 가져다주는 기능과 연관된 자원이다. 사용되지 않고 눈에 쉽게 보이지는 않으나 무상으로 얻을 수 있는 그런 자원이다. 예를 들어 한여름에 피부 화상 방지하기를 원한다 하자. 그러면 피부 손상을 막을 방법과 기능을 찾아야 한다.

자외선 차단 크림, 양산과 같이 자외선을 막아주는 의류나 물질을 사용해야 한다. 또는 인공 선탠을 하거나, 자외선에만 활성화되는 선크림 또는 자외선의 양을 알려주는 목걸이 같은 장치를 착용하는 것이다.

다른 예를 들어보자. 냄비에 물을 넣고 언제 끓는지 알려주면 편안하게 다른 일을 할 수 있다. 여러 가지 방법을 고려할 수 있다. 하나는 작은 금속 볼을 넣고 끓이면 달가닥 거리는 소리가 나서 물이 끓고 있음을 알 수 있게 된다. 혹은 냄비 자체가 스스로 끓고 있음을 알려주는 기능을 갖게 하는 것이다. 이는 유리의 특성인 투시기능을 활용하여 투명한 유리 냄비를 사용하는 것이다.

■ 자원을 정의하는 3 단계

문제가 있다는 것은 하나 이상의 특성 인자의 값을 바꿔야 한다는 의미이다. 문제의 해결안을 얻는다는 것은 하나 이상의 특성인자의 값을 바꾸는 방법을 찾는 것이다. 문제해결에 필요한 자원 정의와 활용방법 3단계를 추천한다.

단계 1 : 프로젝트 혹은 문제의 요구조건 상세 목록을 만든다.

단계 2 : 물질과 장의 목록을 만들고 그것들의 특성인자를 정의한다.

단계 3 : 어떤 자원의 특성인자를 변경해야 하는지 정한다.

■ Airfoil 사례

단계 1 : 엔진 블레이드의 회전력이 향상되도록 한다.

단계 2 : 내부자원: 날개(무게, 길이, 넓이, 표면적, 무게 중심 위치) 회전자(회전속도, 지면과의 거리)

　　　　　장자원: 날개 표면위의 압력, 구심력

　　　　　외부자원: 공기의 온도, 바람의 속도, 방향, 압력

　　　　　일반자원: 중력, 태양 에너지

단계 3 : '블레이드의 무게 중심 위치'를 변경 하는 것이 회전력을 향상 시키는데 선택함.

■ 자원 활용으로 이상적 최종결과(IFR) 구하기 5 단계

주 자원은 고유모순을 드러내는 자원이다. 고유 모순을 정의하면 주 자원을 찾기가 용이하다. 보조자원이 주 자원을 변화시켜 모순이 사라지는 경우도 있다. 적합한 보조 자원을 찾아내려면 얼마간의 생각이 필요하다. 보조 자원을 하나 이상 나열해 보자. 좋은 해결책을 찾기 위해서는 주 자원을 변화시킬 필요도 있다.

단계 1 : 고유 모순정의- 문제상황에서 고유 모순을 찾는다.

단계 2 : 주 자원선택- 고유 모순을 가지고 있는 가장 중요한  주 자원을 선택한다.

단계 3 : 보조자원 나열- 주 자원을 변화시키는 보조자원들을 열거 한다.

단계 4 : 주 자원변화- 보조 자원을사용하여 주 자원을 변화시켜 모순을 제거한다.

단계 5 : 이상적 최종결과(IFR)

1. 금주법이 발효된 시기에 밀수업자들은 재치 있게 그 당시 술을 배를 이용해 밀수하였다. 경찰이 배안을 검사하는 것으로는 밀수하는 술을 찾아내지 못했다. 바다를 통해서 밀수가 이루어지고 있다는 것을 알고는 있었다. 뇌물 때문이라고 설명할 수 없었다. 경찰은 정직하였다. 어찌 된 일이었을까? 밀수업자는 모순을 가지고 있었다. 술은 사업을 위해서는 배 안에 있어야 하지만, 경찰이 조사를 위해 갑판에 올라와 있는 동안에는 술은 배 안에서 없어져야 한다. 술통을 무거운 물체에 묶어서 수면 아래로 가라 앉히면 가능하다. 하지만 이것을 어떻게 다시 끌어 올릴 것인가?

단계 1 : 고유모순 정의

술통이 어떤 때에는 물보다 무거워서 물속에 잠겨 보이지 않아야 하고, 또 어떤 때에는 물보다 가벼워서 수면 위로 떠 올라야한다.

단계 2 : 주 자원 선택

(술통 고밀도-저밀도),밀수 문제에서 술통은 무겁기도 하고 가볍기도 해야 한다

단계 3 : 보조자원나열

물, 공기, 소금, 모래, 설탕, 시간, 중력, 부피

단계 4 : 주 자원변화(보조 자원 이용)

소금은 뛰어난 보조 자원이다. 보조 자원인 소금으로 주 자원인 술통을 변화시킨다. 즉 소금을 매달아서 술통을 무겁게 했다가 일정 시간 이후에 소금이 녹으면 가벼워져서 수면 위로 떠오른다.

단계 5 : 이상적인 최종결과

주 자원 변화의 아이디어를 구체화 한다.

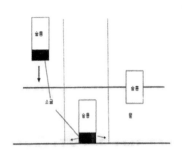

2. 빗장 장치가 있다. 열고 잠그고를 편리하게 하려면 헐거운
핀을 만들면 된다. 장치의 신뢰도가 떨어진다. 신뢰도를 높
이면 열고 잠그기가 어렵게 된다. 이 구조의 핀을 사용하면
때로 문의 변형으로 사고가 발생하기도 했다. 근본적인 대책
을 세워 보자.

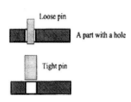

단계 1 : 고유모순 정의

핀과 부품 사이의 틈새는 없어야 하면서 한편 있어야 한다.(부품-핀)

고유 모순강화(넓은 틈새- 틈새 없음)

단계 2 : 주자원 선택

핀(넓은 틈새- 틈새 없음)

단계 3 : 보조자원 나열

핀의 기하학적 모양, 표면, 재질, 시간

단계 4 : 주자원 변화

핀의 기하학적 모양을 이용하여 주 자원인 핀을 변화 시킨다.(보조 자원이용)

즉, 모순을 제거하기 위해서는 핀 모양이 잠금 때는 틈새가 없어지고 열 때는 틈
새가 넓어진다.

단계 5 : 이상적인 최종결과

핀의 기하학적 모양을 이용하여 원하는 결과를 얻는다.

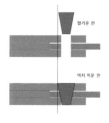

■ 실무활용 방안

1. 문제해결 시 자원을 활용해야 하는 이유가 무엇인가?

2. 자원을 활용하여 경제적으로 문제를 해결한 경험을 간략히 기술해 보자.

3. 그림과 같이 동상이 세워져 있는 언덕에서 돌이 깨져 나왔다. 동상 앞에서 행사가 임박하여 급하게 돌을 치워야 한다. 차량으로 이동시키기에는 너무 무거워서 어려운 상황이다. 어떻게 처리해야 하나?

4. 공공 도서관이 다른 건물로 이전하려고 한다. 문제는 도서관의 많은 책들을 비용을 들이지 않고 어떻게 옮길 것인가 하는 것이다.(예산이 책정되지 않았다.) 그러나 도서관장은 모든 책들을 한 푼도 들이지 않고 옮겼다. 어떻게 옮겼을까?

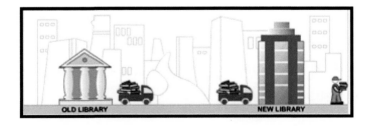

### 📋 요약정리

- 자원 분석은 많은 이점을 지닌 편리한 방법이다. 새로운 아이디어를 바로 얻을 수 있다.

- 자전거 점포에 가면 천장에 달아매는 것을 볼 수 있다. 이는 빈 공간을 활용하는 것이다. 피자 상자의 바닥판은 열손실의 주 원인이 된다. 표면을 주름지게 만들어서 해결하는 것은 기하학적 형태를 자원으로 활용하는 것이다. 물론 이 자원은 공짜이다. 셀프 서비스(자기교육, 자가진단)는 소비자와 사용자를 하나의 자원으로 인식한 것이다.

- 모순을 해결한다. 고유 모순을 정형화한 다음 자원을 이용할 수 있다. 시스템의 진화를 예측한다. 이용 가능한 자원을 알게 되면, 가까운 미래의 모습을 약간은 알 수 있다.

# SECTION 21
## 공짜로 사용 가능한 자원을 잘 이용하면 문제가 쉽게 해결된다.

 본 장에서는 창의적인 문제해결에 필요한 자원의 종류와 위치에 대해서 설명한다. 자원의 형태별로 상세 내용과 활용 사례를 공부한다.

## 자원의 위치와 종류

자원은 접근성과 활용성 및 형태에 따라서 분류한다. 먼저 접근성에 따라 환경 자원과 시스템 자원 (도구, 대상, 거시수준 시스템, 미시 수준 시스템), 활용성에 따라서는 즉시 사용 가능한 자원과 파생 자원으로 분류한다. 즉시사용 가능한 자원은 기존 상태로 사용될 수 있는 자원물질(장, 기능, 공간, 시간) 이다. 파생 자원은 어떤 형태로 변환 이후에 사용이 가능한 자원(원재료, 제품, 폐기물, 물, 공기)이다. 이러한 다양한 형태의 자원들을 활용하기 위해서는 먼저 자원의 종류와 그 내용에 대한 이해와 자원탐색 방법을 익혀야 한다. 자원의 형태에 따라서는 물질, 장, 공간, 시간, 기능 자원이 있다.

표 21-1 자원의 다양한 종류

| 형태 | 접근성 | 활용성 |
|---|---|---|
| • 물질 (Substance)<br>• 장 (Field)<br>• 공간 (Space)<br>• 시간 (Time)<br>• 기능 (Function)<br>• 지식, 정보 | • 도구 (Tool)<br>• 대상 (Object)<br>• 거시 수준 시스템<br>• 미시 수준 시스템<br>• 환경 | • 즉시 사용가능 자원<br>• 파생 자원 (즉시 사용 가능 자원에 장의 작용으로 파생되는 자원) |

표 21-2 자원 형태별 분류 및 설명

| 자원형태 | 내용 |
|---|---|
| 물질자원 | 원재료 폐기물, 부산물, 시스템 요소, 주위의 물질, 시스템의 유해물질과 변경된 물질 |
| 장 자원 | 시스템에너지, 환경에너지, 얻거나 낭비로부터 유도할 수 있는 에너지와 장 |
| 공간자원 | 빈공간, 다른 시스템간의 인터페이스에 있는 공간, 배열에 의해 생성된 공간 |
| 시간자원 | 작업 전 기간, 작업 후 기간, 병렬작업에 의해 생선 된 시간대, 효율적 스케줄에 의한 시간 |
| 지식자원 | 이용 가능한 물질, 에너지에 대한 지식, 과거의 지식, 다른 사람의 지식, 작동에 관한 지식 |
| 기능자원 | 이용되지 않거나 충분히 이용하지 않는 시스템의 주기능, 보조기능, 유해기능 |

환경 자원은 시스템을 구성하는 물건과 물질, 에너지와 장이다. 이들은 일상에서 자주 볼 수 있는 것으로 종종 무시되기도 한다. 태양에너지(태양전지 인공위성, 태양열 온수기, 태양전지 잔디깍기 등)

■ 환경 자원을 활용하여 자연에 적응한 사례

1. 호주 사막지역에서 강수량이 적어 물이 없는 데도 쥐가 살아간다. 어떻게 물이 없는 곳에서 쥐가 생존할까? 쥐는 씨앗과 열매를 모래 밑에 살짝 묻어 놓는다. 그리고 밤이 되면 일교차로 인하여 모래에 이슬이 맺힌다. 씨앗은 그 물을 흡수하고 쥐는 그 씨앗을 섭취함으로써 수분을 흡수하게 된다.

2. 철새들의 이동 모습은 참으로 신비롭게 보인다. 수백 또는 수천 킬로미터를 지치지도 않고 날아갈까? 철새들은 공기 저항을 줄이기 위해 V자 모양을 유지하여 날아간다. 또한 최근에 알려진 바로는 새가 고도 높이 올라가서 제트 기류를 타고 적은 에너지만으로 이동한다. 이동 과정에서 고도가 떨어지면 그때는 주위에 상승기류가 발생하는 지역을 찾아 들어간다. 자연속의 자원을 이용하여 다시 창공으로 떠오르며 계속해서 비행하는 것이다. 대양을 건널 때는 바위섬을 거쳐 날아가는데 그 이유는 바위가 태양열에 의해 달궈져서 바위섬 근처에서 상승기류가 발생하기 때문이다.

3. 사막 도마뱀이 알을 낳게 되면 일정한 온도를 유지해야 부화가 된다. 그런데 사막에서 온도를 일정하게 유지하기가 어렵다. 그래서 도마뱀은 알을 흰 개미집에 낳는다. 흰 개미집은 뛰어난 구조로 지어져서 사막에서도 일정하게 온도를 유지한다. 동물들은

자연 속에서 자원을 이용하는 뛰어난 본능을 가지고 있다.

- 거시수준 자원 : 가정의 청소기 노즐과 튜브가 시스템이라면 아파트의 중앙 진공청소 시스템은 거시시스템이다. 거시시스템은 비슷한 대상의 단순한 결합으로 마케팅 및 교육 분야에서 많이 활용된다.
- 미시수준 자원 : 시스템은 좀 더 작은 부분으로 분활 할 수 있다. 빈공간(세공, 모세관, 구멍 등)은 아무것도 없는 것을 의미하지 않는다. 구조물에서 미세 구멍을 활용해 문제를 해결한 사례가 많다.

고어텍스(Gore-Tex)는 땀은 투과하되 빗물은 투과하지 않는다. 거품 크림은 공기를 포획하여 새로운 제품을 얻기 위해 지방 분자의 화학을 이용한다. 찰스 디킨스의 소설 '피크윅 페이퍼'는 한 월간잡지에 20회에 걸쳐 연재되었다. 연재소설의 효시이다.

- 그 밖의 자원들 : 해로운 물질과 해로운 상호작용 역시 자원으로 보아야 한다. 재생될 수 있는 폐기물 즉 생 에너지도 자원이다. 다른 산업에서 이미 알려진 재료나 기술도 자원으로 활용된다. 전자레인지는 레이더 기술에서 나온 것이다. 물을 이용한 절삭작업, 고어텍스, 원격 심장계측기, 사업상 쓰던 네트워크 기법은 교육 분야에 보급되고 있다.
- 지식 및 정보 자원 : 최초의 전기 선풍기는 1882년 발명되었다. 날개를 이용한 선풍기는 발명이후 무려 127년간 종래 방식으로 지속 되었다. 영국의 혁신기업, 다이슨(Dyson)은 날개 없는 선풍기를 시장에 출시하였다. 선풍기가 바람을 일으키는 원리는 베르누이 정리에서 나온다. 날개가 없는 모습으로 변화는 되었지만 원리는 동일하다. 날개 없는 선풍기는 기존 과학원리를 자원으로 활용한 창의적 산물이다.

**그림 21-1** 날개 없는 선풍기 '에어 멀티플라이어(Air Multiplier)'

- 물질자원: 시스템과 상위시스템 그리고 하위시스템에 존재하는 모든 자원을 의미한다. 문제를 해결하고자 할 때는 외부에서 새로운 물질을 도입하기 이전에 먼저 내부에 있는 물질을 이용하는 법을 배워야 한다.
- 물질자원 활용 예: 물질의 다양한 특성은 문제를 해결할 때 사용되는 중요한 자원이다. 물질은 기체상태, 액체상태, 고체상태로 존재할 수 있다.이들 물질을 체계적으로 찾는 사례들이다.

1. 탄광에서 석탄먼지가 폭발할 가능성이 있다. 어느 석탄 채굴장에서는 석탄먼지 폭발을 예방하기 위해 채굴장 안에 눈을 불어 넣는다. 눈이 천천히 녹으면서 공기를 냉각시킨다.

2. 특성을 측정하기 위해 자연 자원을 사용하기, 불규칙한 모양과 좁은 목을 갖는 산업용 세라믹 용기의 제조 공정 중에 용기의 벽 두께를 측정해야 한다. 물이 이 측정에 사용될 수 있다. 자원을 활용한 해결책은 소금을 첨가해서 전도성을 증가시킨 물로 용기를 채운다. 전기 저항계(전기 저항을 측정하는 장치)의 전극 하나를 물속에 담그고, 다른 전극은 용기의 외부 표면에 접촉시킨다. 용기의 벽 두께에 비례하는 저항치가 얻어진다. 저항치의 차이로 두께를 확인할 수 있다.

3. 유용한 기능을 사용한 다음에 사물을 녹여라. 스키트 사격에서 발사되는 진흙접시를 클레이 피전이라고 한다. 땅 바닥은 진흙 조각으로 더럽혀진다. 얼음으로 만든 디스크는 비용이 적게 들고 땅에 떨어지는 조각들은 녹아 없어진다. 거름으로 만든 디스크는 들판을 비옥하게 하는 새로운 기능을 제공한다.

## 물질 자원을 활용하는 사례

1. 농촌에 가면 벼농사를 하는데 논에 벼를 키우는 동안에 논의 물은 공짜이다. 여기에 논 고동을 키운다. 부가적인 소득원이 될 수 있다. 또한 논 고동이 배출하는 폐기물은 벼의 영양분이 된다. 최근에 유행하는 오리농법도 공짜로 얻을 수 있는 지원을 활용한 예이다.

2. 1998년 온두라스에서 허리케인 미치가 지나간 후 많은 이재민 발생했다. 어떻게 물과 음식물을 많은 사람들에게 신속하고 효율적으로 전달할 수 있는지 검토했다. 사용된 자원은 홍수가 난 강의 상류에서 깨끗한 물과 음식물, 간단한 도구를 대형 플라스틱 통에 채우고 작은 깃발을 표시하여 다리와 도로가 파괴되어 고립된 사람들에게 닿도록 떠내려 보냈다.

3. 1984년 서산만 방조제 건설 당시 엄청난 건설비용으로 주변의 반대가 극심했었다. 그 해 서산 앞 바다의 조수간만의 차가 워낙 커서 20만 톤 이상의 돌로 매립해야 했다. 하지만 기존 물박이 공법으로는 폭 270m, 초당 8m 유속의 물을 막을 수 없었다. 건설 책임자와 전문가들도 같은 판단을 내렸다. 이후 공사는 진척이 없었다. 그때 고 정주영 회장은 버려진 유조선을 가져와 임시 제방으로 활용하였다. 유조선이 유속을 줄여 주는 사이에 돌을 채워서 방조제 건설이 본격적으로 시작되었다. 버려진 유조선은 쓸모없는 값싼 자원이다. 퇴역한 유조선이라는 자원은 건설비용을 줄이고 기간을 줄이는데 결정적으로 역할을 했다.

http://blog.naver.com/goguli

**그림 21-2** 서산만 방조제 공사

4. 대형 야외 주차장에서 빈자리 찾기가 쉽지 않다. 자동차의 매연 감소 및 고객 편의를 위해 값싼 재료를 이용하여 고객 편의와 자동차 주행거리를 단축한 모범적인 사례가 있다. 공기 풍선으로 빈자리를 알리는 표식을 만들어 세우고, 자동차가 주차하기 위해 들어오면 자동차의 후면이 풍선을 밑으로 내리게 하여 다른 차에 보이지 않게 한다. 차가 빠져 나가면 다시 풍선은 하늘 높이 솟아올라 빈자리가 있음을 알리는 역할을 한다. 값싼 자원을 이용해 문제를 해결한 우수한 사례가 된다.

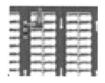

**그림 21-3** 대형 야외 주차장에서 빈자리 찾기, S-오일사의 Here Balloon 캠페인

- 파생자원 : 자원을 보존하기 위해 폐기물을 변경하기, 레스토랑, 바, 카페는 접시를 닦기 위해 다량의 비누를 사용한다. 비누를 절약하기 위해 세척 전에 먼저 중탄산나트륨에 담근다. 이후 접시에 묻은 소량의 지방 성분은 중탄산나트륨과 반응하여 지방산염, 즉 비누를 생산한다. 비누가 덜 필요하게 된다.

- 장(場, filed) 자원 : 장은 물리적 특성에 의해 특성화된 공간으로 정의된다. 중력, 전자기력, 유압 등은 특정 지역의 모든 점에서 특정 값을 갖는다.

1. 이스라엘 기업인 노와트네크(www, iimowattech.co.i1)는 철도와 고속도로 아래에 있는 발전기로부터 에너지를 추출하는 프로세스를 개발하였다. 이 발전기들은 압력을 전기 에너지로 전환할 수 있는 압전 재료를 사용했다. 고속도로 1km 구역에 설치된 압전식 발전기는 200kw/h의 전기를 생산해 낼 수 있다. 생성된 에너지의 가격은 킬로와트당 3~10센트 정도로 기대하고 있다. 기존의 전기 가격은 약 5센트였다. 개인 수준에서 압전 기술이 포함된 밑창이 달린 신발 한 켤레를 소유하고 있다고 가정하면 휴대전화에서 음악 플레이어, 손전등에 이르기까지 모든 모바일 장치에 모든 단계를 수행할 수 있다. 신발 밑창에 압전 발전기를 사용하면 착용 자는 운동 에너지를 모바일 장치 또는 GPS 수신기를 작동시키기에 충분한 전력으로 변환 할 수 있다.(출처:MEMS Journal)

2. 태양열 동력의 난로는 직사 태양광의 에너지를 이용하여 음식을 요리하고 오염된 물을 끓여서 소독하는데 사용하는 5달러짜리 골판지 상자로 만들어 졌다. 태양 에너지는 음식을 요리하기 위해 열을 생산한다.

(출처:http://news.cnet.com/8301-17938_105_1021963-1 .html)

자원은 문제를 그 뿌리에서 부터 곧바로 해결하게 한다. 문제 원인의 고리들은 문제해결에 중요하며 왜? 질문은 문제의 근본 원인으로 안내한다.

3. 암스테르담 스히폴 공항 비행기와 새의 충돌방지 조치 (출처 : Triz for Engineers), 공항에서 비행기와 새의 충돌은 2003년에 항공편 10,000건당 3건에서 2004년에 5건으로 증가했다. KLM사의 보잉 737이 이륙할 때 새가 엔진을 쳐서 활주로를 미끄러졌다. 공항은 개를 풀어 순찰하고 경고용 권총과 큰 소음을 내는 테이프를 사용했다. 누군가 질문했다. 왜 새들이 저곳에 있지요? 조사한 결과 활주로 근처 잔디에서 새들이 쥐를 먹고 있는 것을 알게 되었다. 말똥가리새와 왜가리는 쥐들을 유인했다. 일단 먹이사슬이 확립되자 해결해야 할 문제는 쥐를 제거하는 것이 되었다. 다음 질문은 암스테르담에서 사용할 수 있는 자원이 무엇인가? 이었다. 이때 필요한 자원은 쥐에 관한 지식이다. 쥐는 튤립냄새를 싫어한다고 알려져 있다. 쥐를 제거하기 위해 암스테르담 스키폴 공항에 수십만 송이의 꽃을 심어 달라고 네덜란드 튤립 재배 자들에게 요청했다. 그 결과로 튤립의 아름다운 모습이 나타났고 냄새가 쥐를 몰아냈고, 쥐가 없어져서 새들도 거의 자취를 감추었다.

4. 옛날 도정기는 원통 안에 쌀을 넣고 회전시켜 표면 마찰력에 의해 도정되는 원리였다. 이 방법의 문제는 쌀이 어느 정도 도정이 되었는지 볼 수 없는 점이었다. 그래서 원통 외부에 창을 내어서 원통 회전을 중지시키고 그 안을 들여다보았다. 그런데 이런 생각이 들었다. 원통을 세우지 않고 도정 정도를 판단할 수 있는 방법이 없을까? 여기서 시스템 내부 자원을 이용한 도정 정도를 파악할 수 있는 방안이 생겼다. 원통이 회전하면서 쌀이 부딪혀 정미 되면서 내는 소리를 이 소리의 특성 즉 주파수가 정미된 상태에 따라서 변화한다. 따라서 이 소리를 분석하면 쌀의 정미 정도를 알 수 있다. 주파수 측정기를 이용한 도정기가 등장했다.

- 공간자원 : 모든 기하학적 수치(길이, 높이, 크기, 넓이, 지름면적 및 반경 등) 또는 물체의 특성인자로 만들어진 값의 변화 등이 공간자원이다. 공간자원은 시스템 자체 혹은 상위시스템 그리고 하위시스템에 존재하는 모든 공간에 해당된다. 문제를 해결하고자 할 때는 그 공간 자원을 잘 이용해야 한다.

1. 석유시추 플랜트 설계시 문제해결사례이다. 해저에 관정을 뚫고 유정관에 파이프를 박아 원유 채굴이 시작되면 유정관 파이프를 잠글 수가 없다. 잠그면 유정관이 막히기

때문이다. 유조선이 없을 때 채굴한 원유를 어디에 보관하느냐가 문제로 대두된다. 원유 보관용 저장탱크를 만들어야 했다.

트리즈의 문제해결 원칙은 자원을 최소한으로 해서 문제를 해결하는 것이다. 시추한 원유를 어디에 저장할까? 빈 공간 자원을 찾아야 한다. 석유시추 플랜트를 구성하고 있는 기둥의 내부 공간을 활용하는 것이다. 설계할 때 기둥을 크게 만들고 원유를 채굴하여 그 기둥에 넣어뒀다가 유조선이 왔을 때 옮겨 싣도록 했다.

2. 병의 운송, 저장과 관련해 고려할 점은 둥근 병 과 사각 병 사이의 점유 공간의 차이가 21.5% 라는 것이다.

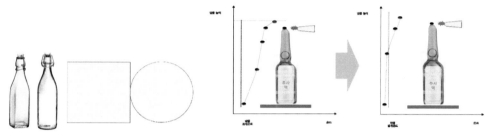

**그림 21-4** 사각병과 둥근 병의 부피차이          **그림 21-5** 앰플 높이와 온도 관계도

앰플의 높이를 공간의 특성인자로 선택할 수 있다. 앰플을 봉합하는 불꽃에 의한 열로 인해 약품의 손상을 방지하려는 해결책으로 앰플 길이를 조정(공간적인 분리)함으로써 앰플 속의 약으로의 열전도 정도를 낮춘다. 약품의 특성은 보존되고 손상도 막을 수 있다. 앰플을 봉합하기 위해서 앰플 목 부분에 높은 온도를 필요로 하고, 약품의 손상을 막기 위해서 앰플의 하단 부분에는 낮은 온도를 필요로 한다. 앰플의 목 부분과 약품의 공간 사이에 열전도의 접근을 막기 위해 공기나물의 흐름과 같은 몇 개의 물질을 도입할 수 있다.

3. 자동차 안테나가 사라짐, 몇 년 전만해도 자동차의 라디오 안테나가 차량 외부에 장착되어 있었다. 일정한 길이의 막대 형태 안테나에서 접이식 안테나로 진화 하였다. 그런데 현재는 그 안테나가 사라졌다. 전자기파를 수신하는 안테나 기능을 차량 후면 유리창에 설치된 열선이나 윈도브러시가 대신하고 있다. 안테나는 본래의 기능을 다른 부품에 전가하고 사라졌다. 결국 부품수를 줄이고 원가를 절감시킬 수 있다.

4. 위대한 발명가들의 이야기에서 이상적인 시스템을 상상함으로써 자원을 현명하게 동원했다는 이야기들이 포함되어 있다. 현존하는 가장 위대한 발명가 중 한 명인 제임스 다이슨이 소유하고 있는 테니스장은 통상적인 사각형 모양이 아닌 육각형의 테니스 코트에 울타리를 갖고 있다. 테니스공을 모으기에 약간 신경질 나게 하는 구석진 모서리 코너 자체를 없앤 것이다.

## 자원은 시스템 진화의 예측에 도움을 준다.

공간 분리는 공간 자원을 시스템의 효율 향상을 위해 이용할 수 있도록 하는 시스템 발전 개념의 하나이다. 단순한 사각형 덩어리의 사용이 공간 분리에 의해 활용성이 얼마나 확장되는지 지켜보자. 출발은 단순 사각형이라는 단일 시스템이다. 다음은 하나의 구멍을 가진 시스템이고, 이어서 여러 개의 구멍을 지닌 시스템, 그 다음은 모세 또는 다공의 시스템이다. 다음은 활성 모세관을 가진 시스템이다.

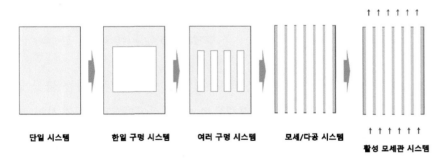

**단일 시스템    한일 구멍 시스템    여러 구멍 시스템    모세/다공 시스템    활성 모세관 시스템**

그림 21-6 공간 자원의 진화 개념도

1. 반도체 칩 냉각기 진화

고체 복사 냉각기가 히트 파이프 복사 냉각기로 다시 다중 히트 파이프 복사 냉각기로 다공성 복사 냉각기로 진화 최근은 상변화 복사 냉각기로 진화했다.

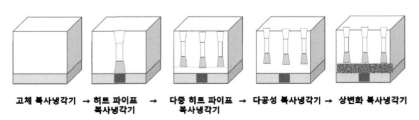

**고체 복사냉각기  →  히트 파이프  →  다중 히트 파이프  →  다공성 복사냉각기  →  상변화 복사냉각기
복사냉각기          복사냉각기**

그림 21-7 복사 냉각기의 공간 자원의 진화도

## 2. 다리미의 진화

고체 다리미 바닥에서 시작하여 구멍을 가진 다리미 바닥으로 변화되고 다시 다중 구멍을 가진 다미리 바닥으로 최근에는 다공질 다미리 바닥으로 진화했다.

**고체 다리미 바닥 → 구멍을 가진 다리미 바닥 → 다중 구멍 다미리 바닥 → 다공질 다미리 바닥**

그림 21-8 다리미 바닥 기능의 진화

고체 다미리 바닥은 전기 코일에 의해 유도 가열된 평탄한 금속 표면이 옷감 위에 눌러 진다. 물 스프레이로 옷에 물을 분사하여 촉촉한 상태로 옷을 다리미질을 한다.

구멍을 가진 다리미 바닥은 물을 옷에 전달한다. 물이 증발하고 증기가 옷을 적셔 촉촉한 옷을 다리미질 하면 효율이 향상된다.

다중 구멍을 가진 다리미 바닥은 여러 개의 구멍으로 더 많은 증기로 옷감 주름 제거가 수월하다. 다공질 다리미 바닥은 물이 옷으로 효과적으로 공급되고, 짧은 시간에 질 높은 옷을 다린다.

• 시간자원 : 모든 장소에, 모든 사람에게 그리고 모든 것에 존재하는 보편 자원이다. 기술 시스템의 문제를 다룰 때도 시간은 중요한 자원이다. 어떤 프로세스가 진행될 때 그 프로세스의 시작 전, 종료 후, 그리고 진행 중간에 있는 부분적으로 또는 전혀 사용되지 않는 시간간격 등이 어떤 과정이 있는지 살펴야 한다. 어떤 시간을 활용할 수 있는지, 언제 필요한 작용을 시행하는지 주의 깊게 관찰하고 그에 맞게 시간을 활용해야 한다.

1. 레미콘은 건축 현장까지 이동하는 시간에 레미콘에 물과 돌을 넣고 이동 간에 혼합한다.

> 문제해결에서는 시간 자원을 작동시간으로 인지한다.
> 작동시간은 시간의 이용 가능한 총 시간이다. 작동시간은 세분화 될 수 있다.

2. 액체 상태의 약을 보관하는 유리 앰플이 있다. 앰플 목 부분을 불꽃으로 가열하여 봉

합한다. 불꽃 온도는 유리를 녹일 정도로 높아야 한다. 높은 용점온도는 앰플 약에 영향을 주어 문제를 야기한다. 시간과 관련된 시스템의 특성으로'용접시간'을 선택할 수 있다. 만일 목 부분에서 약물까지의 열전도 시간 보다 짧게 가열시간을 줄이면 약의 손상을 막을 수 있다. 하지만 단축된 가열시간은 목 부분 유리를 녹이기에 충분한 열 에너지를 주지 못 한다.

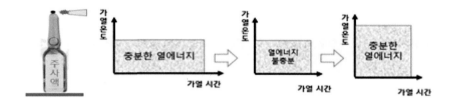

그림 21-9 가열 시간과 가열 온도, 오른쪽은 가열 시간을 단축하여 열 에너지지가 충분하지 않다.

이 부족한 열에너지를 보충하는 방법으로 문제를 해결할 수 있다. 그 방법은 짧은 가열 시간에 온도를 더 높여준다. 고품질의 완전한 봉합이 이루어진다. 단축된 시간은 열전도가 목 부분에서 약물까지 전달되기 전이기 때문이다.

• 작동시간(OT : Operational Time) : OT1(모순 발생이전 시간), OT2(모순 발생시간) OT1의 시간 자원을 OT2(순간)동안에 모순을 막는데 이용할 수 있다.

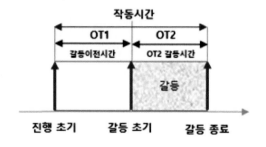

그림 21-10 작동 시간 개념도

번개 방전을 작동시간으로 정의하면, OT1번개방출 이전 시간, OT2번개 방출시간 이다. 천둥소리가 들리면 OT1 이다. OT2 이전에 회피하여야 한다.

3. 아프리카 저개발지역의 수질오염 문제해결 사례는 어린아이들의 놀이를 자원으로 활용하였다. 아프리카 같이 저개발지역은 수질오염으로 인한 문제가 매우 심각하다. 이들에게 매일 깨끗한 물을 조달하는 것은 아주 중요한 일이 되고 있다. 이들 저개발지역에서는 강이나 개울에서 오염된 물을 통에 담아서 나르는 전통적인 방법을 사용하고 있다. 비교적 깨끗한 물인 지하수를 개발하려고 해도 전기가 없어서 불가능하다. 전 세계적으로 10억 명 이상의 인구가 오염된 물을 마시고 있고, 80%이상의 질병이 오염된 물 때문이라고 한다. 이로 인해 매일 6천명 이상이 사망한다고 한다. 아이들이 놀면서 Merry-go-round를 돌리면 이것이 펌프 역할을 해서 시간당 1400리터의 지하수를 끌어 올렸다.

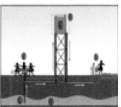

그림 21-11  플레이 펌프(play Pump)

■ 실무활용 방안

1. 문제해결하기 위해 도구 자원을 사용된 예를 3개 적어라.

_____

_____

_____

2. 문제해결하기 위해 대상 자원을 사용한 예를 3개 적어라.

_____

_____

_____

3. 문제해결하기 위해 환경 자원을 사용한 예를 적어라.

_____

_____

_____

## 📋 요약정리

- 자원은 접근성과 활용성 및 형태에 따라서 분류한다.

- 접근성에 따라 환경 자원과 시스템 자원(도구, 대상, 거시수준 시스템, 미시 수준 시스템) 활용성에 따라서는 즉시 사용 가능한 자원과 파생 자원으로 구분된다.

- 즉시 사용 가능한 자원에는 기존 상태로 사용될 수 있는 자원인 물질, 장, 기능, 공간, 시간이 있다. 파생 자원에는 어떤 형태로 변환 이후에 사용이 가능한 자원(원재료, 제품, 폐기물, 물, 공기)이 있다.

- 자원의 형태에 따라서는 물질, 장, 공간, 시간, 기능 자원이 있다.

- 공간자원, 모든 기하학적 수치(길이, 높이, 크기, 넓이, 지름면적 및 반경 등) 또는 물체의 특성인자로 만들어진 값의 변화 등이 공간 자원이다. 공간 자원은 시스템 자체 혹은 상위 시스템 그리고 하위 시스템에 존재하는 모든 공간에 해당된다.

- 시간자원, 모든 장소에, 모든 사람에게 그리고 모든 것에 존재하는 보편 자원이다. 기술 시스템의 문제를 다룰 때도 시간은 중요한 자원이다. 어떤 프로세스의 시작 전, 종료 후, 그리고 진행 중에 있는 부분적으로 또는 전혀 사용되지 않는 시간 간격도 자원이다. 어떤 시간을 활용할 수 있는지, 언제 필요한 작용을 시행하는지 주의 깊게 관찰하고 그에 맞게 시간을 활용해야 한다.

- 작동시간(OT : Operational Time은 OT1(모순 발생이전 시간), OT2(모순 발생시간) OT1의 시간 자원을 OT2(순간)동안에 모순을 막는데 이용할 수 있다.

## SECTION 22
## 자원과 기술이 합쳐진 창의적 산물이 저개발도상 국가를 돕는다.

 본 장에서는 적정기술과 주변 자원을 이용하여 만들어진 발명품들을 소개한다. 이 발명품들은 저개발도상 국가를 돕는데 매우 유용하게 활용되고 있다. 적정기술(Appropriate Technology)은 주로 개발도상국의 지역적 특성들을 고려하여, 물 부족, 질병, 빈곤, 문맹 등의 문제해결에 기여하는 기술이다. 또한 선진국 의 소외 계층이 직면한 사회적 문제해결에 유용한 기술이기도 하다.

## 1. 초음파 모기 퇴치제 (Sound Spray)

여름철에 우리를 괴롭히는 골칫거리 하나가 바로 모기이다. 우리는 모기에 물려도 단지 피만 조금 뺏기고 가려운 걸로 끝나는데 개발도상국 사람들은 말라리아에 감염되어 생명까지 잃을 확률이 높다. 이 문제를 해결하기 위해 KAIST 산업디자인학과 배상민 교수팀이 개발한 제품이 사운드 스프레이 (Sound Spray)이다. 사운드 스프레이는 보기엔 일반 살충제와 비슷하지만 모기가 싫어하는 주파수 대역의 초음파를 이용하여 모기를 쫓아낸다. 이 스프레이의 가장 큰 장점은 자가발전 장치가 내장되어 있어 배터리 없이 흔들기만 하면 반영구적사용이 가능하다는 점이다.

### 2. 옥수수 까는 기계 (BonusCorn Sheller)

개발도상국에서 일상생활과 가치에 대해 이해하
지 못하면 그들이 발명품을 어떻게 사용할지 혹은
발명품이 그들의 필요를 채워줄 수 있을지를 판단
하지 못한다. 좋은 예로, 어떤 발명가가 과테말라
에 방문했을 때 여성들이 옥수수를 손으로 까는 것
을 보고 노동 집약적임을 알게 되었다. 그는 이 문
제를 해결하려고 나무 조각 가운데 구멍을 뚫어서
옥수수 까는 기계를 만들어 냈다. 여성들이 옥수수를 그 구멍으로 밀어 넣어 옥수수 알을
'훨씬' 빨리 얻어낼 수 있었다. 그런데 몇 달 후에 발명가가 다시 돌아왔을 때 여성들은 아
직도 손으로 옥수수를 까고 있었다. 한 여성이 그들에게 말해 주었다. '옥수수 까는 기계 감
사해요, 훨씬 쉽더군요. 하지만 우리는 옥수수 까는 시간 동안 남자, 학교, 아이들  이야기
를 하죠. 그 기계는 얘기를 나누기엔 일을 너무 빨리 끝나게 했어요.'

### 3. 라이프 스토로우(Life straw)

2009년에는 매일 약 5천명의 사람들이 오염된 식
수로 사망했다. 2007년의 6천명 보다 줄어든 수치이
다. 라이프 스토로우(Lifestraw)가 사망자 감소에 일
조했다. 라이프 스토로우는 값싼 1인용 정수기이며
개당 약 700리터를 정수할 수 있는데 이는 한 사람이
1년 동안 소비하는 물의 양이다. 다른 정수기와 달
리, 라이프스토로우는 사용법이 직관적이고, 목에 걸
고 다닐 수 있으며, 조작하는데 특별한 훈련이나 전기나 별도의 도구를 필요로 하지 않는
다. 빨대로 물을 빨아들이면 필터를 통해 약 99.999%의 박테리아 98.7%의 바이러스를 거를
수 있다.

### 4. 로켓 스토브 (Rocket Stove)

로켓 스토브는 개발도상국들 안에 바이오매스 연료에 대한 수요들을 줄이기 위해 발명한 초에너지 절약형 히터이다. 로켓 스토브는 연소실 끝에 있는 구멍 안에 공기 흡입구와 연료 투입구가 결합되어 있다. 연소실은 굴뚝과 열교환기에 차례대로 연결되어 있다. 로켓 스토브는 오늘날 우간다, 모잠비크, 탄자니아, 잠비아 등 개발도상 국가에서 흔히 사용되고 있다. 스토브들은 그 지역에서 찾을 수 있는 재료들로 쉽게 만들 수 있다. 나무의 가지와 잔가지들처럼 지름이 작은 연료들도 사용할 수 있다. 그로 생긴 열은 매우 작은 면적으로 보내진다. 물을 끓이고 요리하기에 필요한 나무연료의 양을 크게 줄여 준다.

### 5. 기하학 자원을 이용한 사례,
###    히포 롤러워터 프로젝트(Hippo Roller Water Project)

어떤 아프리카의 마을에서 식수를 옮겨 오는 일이 하루의 대부분을 보낸다. 그리고 이 일은 보통 여자들이나 아이들의 몫이다. 히포 롤러는 멀리 떨어진 식수 원부터 집까지 물을 운반하는 간단한 도구다. 이전에 는 5갤론 물통을 머리에 얹어 가져왔다. 이 히포 롤러는 90리터의 물을 운반할 수 있다. 물통과 비슷하며 롤러같이 앞에서 미는 핸들이 달려있다. 생산성 면에서 거의 5배 증가한 것이다. 지난 15년 동안 30,000개 이상의 롤러를 보급했으며 200,000명 이상의 사람들이 직접 혜택을 얻었다.

## 6. 기존 자원을 이용한 사례,
### 공짜 휠체어 사업 (Free Wheelchair Mission)

휠체어는 전 세계적으로 2천만 명의 사람들에게 휠체어가 필요하다. 그런데 값이 비싼 것이 문제였다. 엠아이티의 대학원생인 돈 쉔더르퍼와 그의 부인 로리는 휠체어의 가격을 낮추는 것이 휠체어 보급에 중요 요소라고 생각했다. 가능한 비용을 가장 낮출 수 있는 휠체어를 개발했다. 그 결과로 나온 이 휠체어는 이미 있는 부분들을 이용하고 또 이미 대량생산을 통해 가게에서 손쉽게 구할 수 있는 부품들을 사용하였다. 이 방식으로 미화 59.20불이라는 엄청나게 낮은 제작 단가를 이루어 냈다. 중국에서 최대한 경제적으로 제작되어 해상으로 해당국에 배달된다. 현재 481,655개의 휠체어를 77개국에 배달했다.

## 7. 자전거 동력을 이용한 이동식 급수 펌프(Bike Powered Water Pump)

영국의 공학생인 John Leary는 과테말라의 물 공급을 위해 자전거 동력을 이용한 급수 펌프를 만들었다. 이 제품은 일반 자전거의 뒷바퀴를 전기펌프의 마찰 장치에 꽂으면 작동한다. 타이어와 모터의 전극이 접촉한 상태에서 뒷바퀴를 다리 근육의 힘으로 움직인다. 이 기계는 우물물을 분당 40리터씩 끌어올릴 수 있으며, 지역 사람들은 옮기기 쉽기 때문에 이 디자인을 좋아 한다 (물을 퍼 올린 다음에는 펌프를 접어서 뒷바퀴 위에 얹은 후에 다음 우물로 이동하면 된다) 이 기계는 현재 과테말라에서 정식으로 생산되고 있다.

### 8. 증발 냉각을 이용한 사례, 항아리 속 항아리냉장고(Pot-In-Pot Refrigerator)

항아리 속 항아리 냉장고는 전기가 없는 시골에서 음식을 저장할 수 있는 간단한 냉각 시스템이다. 해법은 증발 냉각개념을 이용한 것이다. 이 시스템은 큰 항아리 속에 작은 항아리를 넣고, 그 사이를 계속 젖은 모래를 넣어서 항아리를 분리하는 것이다. 모래의 수분증발은 안에 있는 항아리에 냉각효과가 발생한다. 27일 동안이나 신선하게 유지된다고 알려졌으며 이는 그냥 밖에 두었을 때 보다 9배나 긴 기간이다. 토마토와 피망은 21일까지 유지된다.

### 9. 공압 이용사례, 콘크리트 캔버스 쉼터(Concrete Canvas Shelters)

난민에게 제공되는 "임시" 텐트는 자연환경으로부터 난민들을 제대로 보호할 수 없는 문제가 있었다. 영국 기업 Concrete Canvas는 해당 지역에서 자제를 구입하여 만든 제품으로 물과 공기만으로 쉼터를 만들었다. 공기주머니에 공기를 불어넣어 임시 가림 막을 세우고, Concrete Canvas로 공기주머니를 덮은 후 캔버스 위에 담수나 바닷물을 붓는다. 24시간 동안 건조시킨 후 공기 주머니를 제거하면 최대 10년까지 버틸 수 있는 튼튼한 쉼터(24~54m')가 만들어진다.

### 10. 햇빛 이용사례, 태양전지 전구(Solar Powered Light bulb)

태양전지 전구(Nokero의 N100)는 일용품이 부족한 인도의 시골, 아프리카, 그리고 대부분의 제3세계에서 풍족하게 얻을 수 있는 햇빛을 이용해 충전한다. 개발도상국을 위해 특별히 디자인된 이 LED 전구는 완충된 상태에서 최대 4시간 동안 빛을 밝힐 수 있다. 내충격성 플라스틱 케이스에 4개의 태양전지 패널, 5개의 LED와 2년 동안 쓸 수 있는 니켈망간 전지를 포함하고 있다. 이 전구로 빛을 밝히는 동안에는 더 이상 나무를 태우지 않아도 된다.

## SECTION 23
# 이상적인 목표를 세우고 문제를 풀면 이상에 가장 근접한 해결책을 얻는다.

 본 장은 트리즈 문제해결의 목표인 이상적인 최종결과(Ideal Final Result : IFR)를 공부한다. IFR 이란 자원을 사용하여 타협 없이 모순을 해결한 결과이다. IFR 설정 후 문제를 해결하는 방법에 대해 사례를 통해 과정을 자세히 파악한다. IFR 활용으로 얻게 되는 이득과 부수적인 효과를 알아본다.

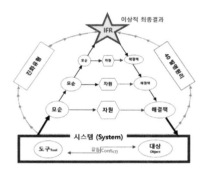

그림 23-1 BK트리즈 문제해결 모형—이상적 최종결과

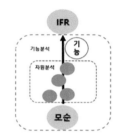

그림 23-2 모순과 이상적 최종결과

IFR은 이론적으로 추가적인 비용과 유해함 없이 오직 원하는 이득만이 있는 상태를 말한다. 그러한 의미에서 IFR은 문제해결방향을 가리키는 나침판이며 동시에 최종 목적지이다. 문제를 풀지도 않고 미리 해결안을 가지고 시작한다는 것은 비현실적일 수 있다. 그렇지만 문제해결의 방향이 뚜렷해지고 달성 목표가 명확하다는 점이 매우 유용하다. 방향과 목표가 올바르면 문제는 거의 해결된 것과 같다.

IFR은 큰 목표를 달성하고자 하는 열망의 표현이라 할 수 있다. 인간의 뇌는 잠재의식 속에서 실제와 상상을 구분하지 못 한다는 연구(사이코 사이버네틱스)는 말하고 있다. 이에 따르면 성공을 상상하면 성공할 수 있게 된다. 이러한 방식으로 문제해결 목표를 이상적으로 설정한 것이 IFR이다. 압축하여 말하면, 생각이 행동을 낳고 행동은 결과를 낳는 법이다.

IFR의 두 가지 핵심 개념이 '유휴 자원'과 '셀프(Self, 스스로)'이다. 유도나 씨름에서 상대방이 자신의 힘에 의해 스스로 넘어지게 하는 것이 IFR이다. 이는 상대방의 힘을 자원으로 이용하여 이기는 목표를 달성하는 것이다. 전투에서 적군이 전의를 상실하고 스스로 물러나게 하는 것도 마찬가지이다. 손자병법의 최상 책은 싸우지 않고 적을 굴복시키는 것이라

했다. 이는 전투에 비용을 투입하지 않고 원하는 바를 얻는 이상성이 높은 IFR이다. 문제해결에서 원하는 것이 저절로 이루어지도록 하려면 유휴 자원을 적극 활용해야 한다.

IFR이 구현된 실체를 주변에서 쉽게 찾아볼 수 있다. '셀프 오프닝 캔'은 오프너 없이도 캔을 쉽게 열 수 있다. 클레이 사격장의 표적이 진흙으로 만들어져 사격 이후에 인력을 투입해 조각들을 수거했다. 지금은 얼음 표적을 이용해서 사격이 끝나면 저절로 녹아 사라진다. 공원에서 연못의 물고기에게 먹이를 주는 것은 관리직원의 일이었다. 현재는 직원 대신에 관람객들에게 물고기 먹이를 직접 주도록 한다. 먹이를 판매하여 관람객들에게 색다른 재미를 제공하면서 인건비를 절약한다.

발열 음식은 등산객이나 캠핑 족에게 인기가 많다. 별도의 조리기구 없이 음식을 수시로 뜨겁게 할 수 있는 IFR이다. 2006년 미국에서 줄 없는 줄넘기가 특허를 받았다. 샤프펜슬은 칼을 필요로 하지 않고 저절로 길이가 짧아진다. 어린이에게는 무서움의 상징인 침이 사라진 무침 주사기가 있다. 전기 없이도 사람 몸무게로 자동으로 열리는 자동문이 출현했다. 일반상식에서 보면 IFR은 믿기 어려운 놀라움이다.

구약성경 열왕기에 '솔로몬왕의 재판' 이야기가 나온다. 즉, 한 지붕 아래 두 여인이 산다. 3일차로 자식을 각각 낳았다. 그런데 한 여인이 잠을 자다가 실수로 자식을 죽이고 만다. 그리고 남몰래 아기를 바꿔친다. 결국 두 여인은 죽은 아기가 상대방 자식이고 살아 있는 아기가 자기 자식이라고 서로 우긴다. 솔로몬은 아이를 반으로 갈라 두 여인에게 나눠주라는 판결을 내린다.

한 여인은 "차라리 누구도 갖지 못하게 그리하자"고 한다. 또 한 여인은 "아이를 저 여자에게 주어도 좋으니 제발 죽이지만은 말라"고 울부짖는다. 그러자 솔로몬은 말한다. "산 아이를 죽이지 말라는 여자에게 내주어라. 그녀가 진정한 어머니다." 이 이야기에서 솔로몬왕은 모성을 자원으로 활용하여 친모가 스스로 드러나도록 하여 판결을 내렸다.

이와 유사한 이야기가 중국 원나라의 포청천 판결 이야기이다. 중국 원나라 희곡 '회란기'에 송나라 때의 명판관 포청천이 나온다. 그 역시 지혜로운 판결을 한다. 마 씨 집안의 첩(妾)이 아들을 낳았다. 이를 질투한 정실부인이 남편을 독살한다. 또 남편의 재산을 몽땅 차지하기 위해 첩의 아이가 자신의 아이라고 주장한다. 첩이 억울함을 호소하자 포청천은 땅바닥에 석회로 동그라미를 하나 그린다. 첩과 정실부인에게 원 안의 아이를 밖으로 끌어내는 쪽을 친모로 인정할 것이라고 선언한다. 정실부인은 사력을 다해 아이의 한 팔을 잡아

당긴다. 첩은 아이가 아파하는 것을 보고 잡았던 팔을 놓아 버린다. 포청천은 첩이 참 어머니라는 판결을 내린다.

공공 도서관이 다른 건물로 이전하려고 한다. 문제는 도서관의 많은 책들을 비용을 들이지 않고 어떻게 이전시키는가 하는 것이다. 도서관 예산에 이전 비용이 책정되어 있지 않았다. 놀랍게도 도서관장은 모든 책을 한 푼도 들이지 않고 옮겼다. 어떻게 도서관장은 비용을 들이지 않고 모든 책을 옮겼는가? 이 문제의 IFR은 대출자를 유휴 자원으로 활용하여 얻은 결과이다. 기존 도서관의 책들을 모두 대출하고 반납을 이전된 도서관에서 받는 정책을 펼쳐서 모두 옮기게 되었다

도시가스가 공급되지 않는 주택에는 가정용 프로판 가스가 공급되었다. 금속성 가스통으로 주기적으로 각 가정에 배달해주었다. 건물 외부에 가져다 놓고 가정마다 고무파이프를 연결하여 가스를 사용하였다. 가스통이 불투명한 금속 통이라 사용 중 잔류 가스양을 알 수가 없었다. 흔들어 보거나 가스가 나오지 않으면 그때마다 전화해서 배달시키곤 하였다. 이러한 불편을 없애기 위해 이 문제를 해결할 필요가 있었다. 그러면 내부가 보이지 않는 가스통 안에 마지막 10% 정도 남았을 때 알 수 있도록 가스통을 설계 하시오?

가스통이라고 하면 전통적인 방법으로 가스의 압력을 측정하든지 아니면 가스통 무게를 잰다. 가장 이상적인 해결 방법은 가스통이 말하면 된다. 가스통이 스스로 알아서 남아있는 양을 알려주게 하는 것이 IFR이다. 잔 여량이10% 이상에서는 똑바로 서 있다가 10% 정도가 되면 무게 중심이 오른 쪽으로 기울어진다.

그림 23-3 말하는 가스통　　　　그림 23-4 말하는 화분

말하는 가스통과 같이 '물 주세요. 말하는 화분'이 있다. 오뚝이를 닮은 '롤리폴리 팟 (Rolly- polly pot)'은 '식물을 의인화한 화분'이다. 원리는 간단하다. 화분 오른 쪽에 추가 있어 물을 주면 균형이 잡히고 마르면 한쪽으로 쓰러지는 것이다. 화분마다 흙의 무게도 다르고 무게와 높이도 각각 다르다. 물론 식물마다 물을 주어야 하는 주기도 다르다. 롤리폴리 팟은 각 식물의 조건에 맞춰 사용자가 설정 할 수 있는 다이얼이 부착되어있다. 처음 한 번만 맞춰 놓으면 이후에는 별다른 조작이 필요하지 않다. 롤리폴리 팟은 레드닷 디자인 어워드에서 대상을 받았다. 주인공은 KAIST 배상민 교수다. (출처: 나는 3D다)

사람들이 문 앞에 서면 스스로 열리고 닫히는 문, 다가오면 켜지고 지나가면 꺼지는 전등, 자동차 도로 표지판도 차가 야간에 다가오면 스스로 빛을 내어 표지판 정보를 알게 해주고, 지나가면 원 상태로 돌아가는 시스템을 생각해 본다. 초기의 도로 표지만은 야간에도 잘 보이도록 전구를 달고 전기를 끌어 와서 설치했다. 이상적인 도로 표지판의 기술 시스템은 어떻게 해야 하는가? 스스로 빛을 내야 한다. 그래서 형광 재료를 이용하여 도로 표지판을 만들었다. 자동차의 헤드라이트 빛을 받아 발광하는 것이다. 시스템이 매우 단순해 졌다.

아파트 싱크대가 고장이 나서 수도관을 고쳐야 한다. 수리를 하는 30분 동안 물이 들어오는 밸브를 닫아야 했다. 그런데 이 밸브가 꽉 닫히지 않는 문제가 생겼다. 수리 시간에 물이 흘러 들어가는 것이다. 30분간 물이 흐르지 않도록 하려면 어떻게 해야 하나? 이 문제의 IFR를 먼저 생각해 보아야 한다. 유휴 자원과 시스템이 스스로 무엇인가를 하도록 원하는 바를 설정한다.

시스템 내의 자원은 흐르는 물이다. 원하는 바는 '흐르지 않는 물'이다. 물이 저절로 멈추어야 한다. 물의 특성은 온도 조건에 따른 상태 변화이다. 액체가 고체로 변화하도록 하는 것이 문제의 해결이다.

물이 액체에서 고체로 변하도록 하려면 제3의 물질이 필요하다. 비교적 저렴한 '드라이아이스'를 투입하여 30분 정도 액체인 물을 고체로 변화시켜 수리를 마무리 하면 된다.

## IFR 설정 문제해결 5단계

이상적인 최종결과는 시스템의 자원을 분석하고 활용하여 모순을 제거하여 얻는 결과이다. IFR 설정으로 해결안을 도출하는 순서는 5단계로 진행된다.

그림 23-5 이상적 최종결과 설정 문제해결 5단계

1단계 : 모순분석 및 정의

문제상황에서모순을 찾아내어 정의하고 분석기법을 이용하여 분석한다.

2단계 : 자원분석 및 선정

시스템 내외의 모든 자원을 나열하고 해당 기능을 식별한다.

3 단계 : IFR 설정

물리 모순을 분리의 원리를 이용하여 유해한 효과가 제거된 상태를 기술한다.

4단계 : 일반해결안

자원을 이용한 모순제거에 분리의 원리를 활용한다.

5단계 : 특정해결안

일반해결안의 아이디어를 빌려와서 상황에 맞는 구체적인 해결안을 만든다.

■ 사례 1, 문제상황

물이 맑은 작은 연못 하나가 집 근처에 있다. 동내 아이들이 연못에서 물놀이를 아주 좋아했다. 여름에 수영도 하고, 겨울에는 썰매를 탔다. 연못 속에는 많은 잉어가 살고 있었다. 연못에 잉어들이 몇 마리나 살고 있는지 궁금했다? 잉어 숫자를 세어보려고 여러 번 시도해 보았으나 한곳에 멈추어 있지 않았다. 이리 저리 움직이는 바람에 제대로 잉어들의 숫자를 세는 것은 거의 불가능했다. 연못 안에 잉어가 몇 마리인지 어떻게 알 수 있는가?

1단계 : 모순분석 및 정의

• 물리적 모순 : 물고기가 먹이를 찾으려면 움직여야 한다. 물고기를 세어 보려면 움직이지 않아야 한다.

• 시간 분리 : 항상 물고기가 정지해 있어야 하나? 아니면 특정 시간에만 정지해 있어야 되나?

• 공간 분리 : 연못 전체에서 물고기가 정지해야 하나? 아니면 특정 공간에서만 정지해 있으면 되나?

- 조건 분리 : 모든 조건에서 물고기가 정지해 있어야 하나? 아니면 특정 조건에만 정지해 있도록 하나?
- 전체와 부분 분리 : 전체적으로는 움직이지 않으면서 부분적으로 움직여도 되나?

2단계 : 자원분석 및 선정

| 자원 요소 | 기능 |
|---|---|
| 물고기<br>물<br>수초<br>물고기 먹이 | 먹이를 찾아 움직인다.<br>물고기에게 산소를 공급한다.<br>고기에게 먹이와 산소 제공한다.<br>물고기를 모이게 한다. |

3단계 : IFR 설정

잉어가 한 곳에 모여 움직이지  않는 동안에 몇 마리인지 카운트한다.

4단계 : 일반해결안

「잉어 먹이를 뿌려서(조건)잉어를 특정 한 곳에(공간)모이게 하고, 움직이지 않는 동안(시간분리)숫자를 센다.

5단계 : 특정해결안

잉어가 먹이에 모였을 때 사진으로 순간 포착하여 잉어가 몇 마리인지 확인한다.

■ 사례 2, 문제상황

건물 꼭 대기층에서 오래된 벽을 부수고 새로운 벽을 세우고 있다. 여기에서 생긴 벽돌 파편들이 커다란 파이프를 통해 아래층으로 버려졌다. 파이프 아래에 큰 저장 통이 연결되어 있었는데, 저장 통이 차게 되면 트럭이 와서 건축 폐기물들을 싣고 간다. 깨진 벽돌이 높은 곳에서 파이프를 통해 내려오면서 휘어진 파이프의 벽면과 충돌하여 구멍이 났다. 그 구멍으로부터 부서진 벽돌 조각들이 마구 쏟아져 나오고 있었다. 파이프의 휘어진 부분 파손을 최소화하는 방안을 찾아야 한다.

1단계 : 모순분석 및 정의

벽돌 조각들이 파이프의 벽면에 마찰을 일으키지 않으려면, 파이프의 휘어진 부분에서 벽돌 조각은 정지하고, 한편으로는 움직여야 한다.

2단계 : 자원분석 및 선정

| 자원 요소 | 기능 |
|---|---|
| 벽돌조각 | 벽면에 충격을 준다. |
| 파이프 벽 | 벽돌과 충돌 |
| 곡면 | 벽돌의 진행 방향을 바꾼다. |
| 중력/속도 | 벽돌을 낙하 시킨다. |

3단계 : IFR 설정

깨어진 벽돌이 휘어진 부분에 도달하면 멈춘다. 파이프에 충격을 주지 않는다.

4단계 : 일반해결안

깨어진 벽돌이 휘어진 파이프 부분에 쌓이도록 한다. 계속해서 내려오는 깨진 벽돌은 쌓여있는 벽돌 위에 충격을 주어 파이프에 직접적인 충격은 감소한다.

5단계 : 특정해결안

파이프 안에 용접한 가로대를 장착하여 그 위에 조각들이 쌓여서 움직이지 않게 되고 그 위에 쏟아지는 벽돌 조각은 조각들끼리 충돌하여 내려간다.

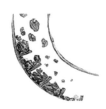

■ 사례 3. 금속 용기의 부식 문제

강산에 대한 합금 시편의 부식 반응 정도를 판단하는 실험장치가 있다. 실험용기가 계속되는 강산과의 접촉으로 표면이 부식되는 문제가 발생한다. 어떻게 해결할 것인가?

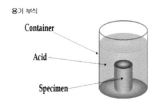

1단계 : 모순분석 및 정의

산은 시료 주위에 머물러야 하고, 산은 액체이므로 흘러 퍼지게 됨으로 실험용기가 있어야 한다. 용기와 반응하지 않으려면 실험용기는 없애야 한다.

• 시간 분리 : 용기가 실험기간 내 항상 있어야 하나? 아니면 특정 시간에만 있어도 되나?

• 공간 분리 : 용기가 시편과 같은 공간에 있어야만 하나? 아니면 특정 공간에만 있으면 되나?

• 조건 분리 : 모든 조건에서 용기가 있어야 하나? 아니면 특정 조건에만 있어도 되나?

• 전체와 부분 분리 : 전체적으로는 용기가 있으면서 부분적으로 없어도 되나?

2단계 : 자원분석 및 선정

| 자원분석 | 기능 |
|---|---|
| 용기 | 산, 시료를 유지한다. |
| 산 | 용기 벽, 시료를 부식한다. |
| 시편 | 산과 화학 반응한다. |

3단계 : IFR 설정

부작용인 용기와 산의 반응이 없으려면 문제가 되는 용기 없이 산과 시료만 반응하도록 한다.

4단계 : 일반해결안

전체와 부분의 분리에서 하위 수준으로 전이 방법 채택한다. 이에 해당하는 발명원리 25번 셀프 서비스를 적용한다. 시편이 용기로 서비스 하도록 한다.

5단계 : 특정해결안

시편에 산 용액을 담을 수 있도록 공간을 만들어 실험용기로 사용한다.

## 문제해결에서 IFR 활용의 효과

### ■ 문제해결의 경제성

경제 원칙은 최소의 희생(비용)으로 최대의 효과를 얻는 것을 말한다. 인간은 모든 경제생활에서 제한된 자원으로 무한한 욕망을 충족시켜야하는 선택의 문제에 봉착한다. 그러기에 언제나 제한된 자원으로 최대의 만족을 얻는 방법으로 생겨난 것이 경제 원칙이다. 트리즈의 이상적 최종결과는 주어진 환경과 조건에서 최소의 비용으로 최대의 효과를 갖는 해결책을 찾아내는 것이다. 이러한 의미에서 IFR은 문제해결의 경제원칙이라 할 수 있다.

### ■ 시행착오 없이 높은 이상성 확보

일반적인 문제해결방식은 절충(Trade-off)으로 최적해(Optimization)를 찾는다. 이 방식은 해결 과정에서 많은 시행착오를 겪는다. IFR 설정에 의한 문제해결 과정은 기존사고의 틀을 돌파하고 시행착오 없이 이상성을 증가시키는 해결안을 도출한다. 그 이유는 IFR을 최종목표로 세우고 그 목표를 향해 해결안을 도출하기 때문이다. 더불어 궁극적인 해결 목표가 있기에 여러 가지 해결안 가운데 IFR에 가까운 해결안을 찾을 가능성이 높다.

■ 심리적 관성 극복과 타협 거부

IFR은 모순과 자원 그리고 기능에 집중하게 되어 심리적인 관성을 극복하게 해준다. 또한 현실적인 해결책을 수용하거나 타협을 거부할 수 있게 한다.

■ 실무활용 방안

1. 주변에 있는 제품을 하나를 선정하고 이상적인 최종결과(IFR)를 설정해 보기 바란다.
   ※ 가전제품이나 직장 생산품 또는 취미 용품 하나를 선택 한다. 추가 비용도 필요 없고 유해함이 전혀 없는 상태를 기술한다.

2. 1항에서 현재 해결하고 싶은 고질적인 모순 문제를 찾아서 기술하고 IFR 설정 방법으로 해당 문제를 해결해 보자.
   1단계(모순분석 및 정의) : ＿＿＿＿＿＿＿＿＿＿＿＿＿＿＿＿＿＿＿＿＿＿＿＿
   2단계(자원분석 및 선정) : ＿＿＿＿＿＿＿＿＿＿＿＿＿＿＿＿＿＿＿＿＿＿＿＿
   3단계(IFR 설정) : ＿＿＿＿＿＿＿＿＿＿＿＿＿＿＿＿＿＿＿＿＿＿＿＿＿＿＿
   4단계 (일반해결안) : ＿＿＿＿＿＿＿＿＿＿＿＿＿＿＿＿＿＿＿＿＿＿＿＿＿＿
   5단계 (특정해결안) : ＿＿＿＿＿＿＿＿＿＿＿＿＿＿＿＿＿＿＿＿＿＿＿＿＿＿

📋 **요약정리**

- 이상적인 최종결과는(Ideal Final Result : IFR) 시스템의 자원을 분석하고 사용하여 타협 없이 모순을 해결한 결과이다. 추가적인 비용과 유해함 없이 오직 원하는 이득만이 있는 상태를 말한다. IFR은 문제 해결의 방향을 뚜렷하게 해주고 달성할 목표가 명확하다는 점이 특징이다.

- IFR은 시스템 내의 자원을 분석하고 활용하여 모순을 제거하여 얻는 결과이다. IFR 설정으로 해결안을 도출하는 순서는 5단계로 진행된다.

- 1단계(모순분석 및 정의) 문제상황에서 모순을 찾아내어 정의하고 분석기법을 이용하여 분석한다.
  2단계(자원분석 및 선정) 시스템 내외의 모든 자원을 나열하고 해당 기능을 식별한다.
  3단계(IFR 설정) 물리 모순을 분리의 원리를 이용하여 유해한 효과가 제거된 상태를 기술한다.
  4단계(일반해결안) 자원을 이용한 모순제거에 분리의 원리를 활용한다.
  5단계(특정해결안)일반해결안의 아이디어를 빌려와서 상황에 맞는 구체적인 해결안을 만든다.

- IFR 설정에 의한 문제해결 과정은 기존 사고의 틀을 돌파하고 시행착오 없이 이상성을 증가시키는 해결안을 도출한다. 그 이유는 IFR을 최종목표로 세우고 그 목표를 향해 해결안을 도출하기 때문이다. IFR은 모순과 자원 그리고 기능에 집중하게 되어 심리적인 관성을 극복하게 해준다. 또한 현실적인 해결책을 수용하거나 타협을 거부할 수 있게 한다.

# VI

## 창의적 문제해결 40가지 해법과 기술 진화유형

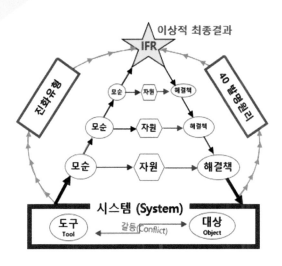

진화의 유형들은 과거에 반복적으로
성공한 기술들을 설명한 것으로 결과적으로
미래에 일어날 가능성이 무엇인지를 안내해 준다.
미래 기술개발 예측에 이용할 수 있으며
모순분석 없이 해결책을 찾을 수 있다.
시스템이 어떻게 진화하는지를 알게 되면
그 문제의 해결책을 얻은 것과 같다.

✔ 24. 사람이 하는 일을 기술이 할 수 있도록 하면서 기술진화가 가속화 된다.

✔ 25. 발명원리 40가지를 활용하면 창의적인 산물이 나온다.

## SECTION 24
# 사람이 하는 일을 기술이 할 수 있도록 하면서 기술진화가 가속화 된다.

본 장에서는 기술 시스템 진화유형의 유용성과 활용성에 대해 알아본다. 추가하여 기술 시스템에서 모순을 찾기 어려운 상황에 대비하여 모순분석 없이 해결책을 찾는데 유용한 진화유형을 제시한다.

기술진화의 유형이 어느 부분에 유용한가? 진화의 유형이란 과거로부터 반복적으로 성공한 기술들의 패턴을 설명한 것이다. 결과적으로 현재 상황에서 가능한 미래를 전망할 수 있도록 안내해 주기 때문에 잠재적으로 유용하다. 특정 산업에서는 미래 기술 개발을 예측하거나 확인하는데 이용할 수 있다. 또한 시스템에서 모순을 찾아내기 어려운 경우에 모순분석 없이 해결책을 찾을 수 있도록 해준다. 시스템이 어떻게 진화하는지 유형을 알게 되면 문제의 해결책을 찾은 거나 마찬가지이다.

유용한 5가지 진화유형은 다음과 같다.

1. 시스템의 부품과 특성들의 불 균일 진화
2. 거시 수준으로 전이 또는 상위 수준의 더 큰 시스템과 통합
3. 미시 수준으로 전이 또는 더 작은 부품으로 시스템의 분할
4. 시스템 사이의 상호작용의 증가
5. 시스템들의 확장과 융합

기술 시스템의 고유모순 해결은 「거시 수준과 미시 수준으로 전이」 유형을 활용할 수 있다. 거시수준으로 전이에는 발명원리는 5 통합, 6 범용성, 22 전화위복, 23 피드백 이상 4가지를 활용할 수 있다. 미시 수준으로 전이에는 발명원리 1 분리, 12 높이 맞추기, 25 셀프서비스, 27 값싼 일회용품, 33 동질성, 40 복합재료를 활용할 수 있다.

### 1. 시스템 부품과 특성들의 불 균일 진화

기술 시스템 구성요소들은 진화 속도가 서로 다르다. 진화 속도의 차이는 시스템이 복잡할수록 크다. 이것이 시스템 갈등의 원인이 된다. 시스템의 부품들은 자체 S자 곡선에 따라 발전하므로, 불균일하게 진화하게 된다. 가장 보편적인 진화유형으로 대부분의 시스템 개발에서 찾아볼 수 있다. 어떤 부품이나 특성들은 매우 빠르게 개선되는 반면 다른 부품이나 특성들은 오랫동안 변화하지 않는다. 불 균일 현상이 계속 반복되면서 시스템은 진화의 가속도를 받게 된다.

자전거의 변천사에서 불 균일 진화를 볼 수 있다. 1813년 최초의 자전거는 일렬로 된 두 개의 바퀴를 하나의 빔으로 연결한 것이었다. 발로 땅을 걷어차면서 이동했는데 속도가 빨라질수록 앞으로 움직이는 것은 더 힘들었다. 이 모순은 1840년에 크랭크와 페달을 자전거에 달면서 해결되었다. 1884년에는 체인 전동장치가 도입되었다. 작은 바퀴로 더 높은 속도를 얻을 수 있게 되어 문제가 해결되었다. 그런데 속도가 올라 갈수록 진동이 더욱 커졌다. 1890년에 공기주입 타이어가 발명되어 이 문제도 해결하였다. 1897년 오버런(자유 회전) 클러치가 발명되어 원하는 속도에 도달한 후 페달을 움직이지 않고 그대로 둘 수 있게 되었다. 이후 외형은 현재까지 유지된다.

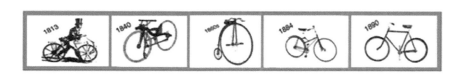

그림 24-1 자전거 진화의 이정표

### 2. 거시 수준으로 전이 또는 상위 수준의 더 큰 시스템과 통합

어느 시스템이 진화의 한계에 도달했을 경우 상위 수준의 시스템으로 통합되는 것을 말한다. 아주 보편적인 유형으로 대부분의 시스템 개발에서 찾아볼 수 있다.

자전거는 19세기 말쯤 발전의 한계에 도달한다. 사람의 힘으로 속도를 증가시키고 수송 능력을 더 이상 높일 수 없었다. 자전거는 내연기관과 통합하여 상위수준 시스템으로 전이된다. 모터가 장착된 자전거가 '오토바이'가 되었고, 자동차에 엔진과 날개가 붙어서 비행기가 되었다. 가정집의 벽난로는 중앙난방 시스템으로 이것은 다시 지역난방 체계로 더 큰 시스템이 되었다. 각 가정의 진공청소기는 중앙 진공청소시스템으로 진화한다. 시계는 라디오, 텔레비전, 자동차, 컴퓨터, 휴대전화, 전자레인지 등 다른 시스템에 통합되어 있다. 시스템이 더 큰 시스템으로의 통합되는 사례들은 기술 분야 외에도 교육 마케팅, 비즈니스, 등 기타 다양한 분야에서도 찾아 볼 수 있다.

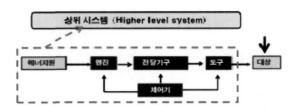

그림 24-2 시스템의 진화가 한계점에 도달하면 상위 시스템으로 통합된다.

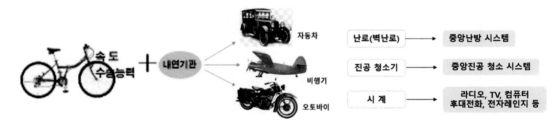

그림 24-3 자전거, 벽난로, 청소기, 시계의 상위 시스템으로 통합

## 3. 미시 수준으로 전이 또는 더 작은 부품으로 시스템의 분할

미시 수준으로의 전이 유형은 시스템을 더 작은 부품들로 나누어져서 개선되는 진화유형을 말한다. 기존 기술시스템에서 에너지의 전달을 원활하게 할 수 있도록 도구가 미세하게 분할된다.

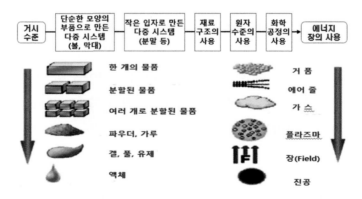

그림 24-4 거시 수준에서 에너지 장으로 미세 분할되는 과정

금속 절삭공구의 날은 금속 날에서 워터 제트방식으로 대체되었다. 하나의 고체 대상물에 물 분자가 전달한다. 환자 이송용 들것은 나무 혹은 천으로 만든 지지대(환자를 고정하지 못함)를 작은 플라스틱 공으로 채워진 공기 매트리스로 대체하였다. 환자 체형에 맞게 공이 움직여 위치를 고정한다. 하나의 단단한 지지대가 수많은 작은 공으로 대체되었다.

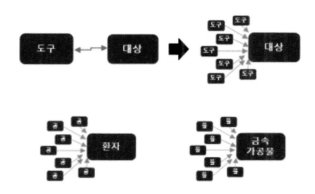

그림 24-5 도구의 세분화 사례

자동차 세차 기계는 처음에 브러시를 사용하였는데 자동차 외관에 흠집을 만들기도 하였다. 현재는 브러시 대신에 물 압력 분사 방식을 이용한다. 세탁 역시 세제 없이 세탁할 수 있도록 극세 섬유로 만 든 옷이 나왔다. 청바지를 색 바랜 유행 색상으로 만들기 위한 스톤 워싱(stone washing) 공정이 있다. 이 방법은 돌 대신에 효소를 사용하여 개선하였다. 인쇄술의 역사를 보면 석판 인쇄는 200kg 이상 되는 커다란 돌을 사용하였다. 나중에 분리된 금속으로 각각의 활자를 찍는 활자방식 인쇄로 진전을 이루었다. 이후 마트릭스 (프린터 몇 개의 작은 막대 판으로 인쇄) 에서 잉크젯 프린터(액체 잉크를 사용하여 잉크 방울로 글자를 찍어 냄) 로 이어서 레이저 프린터(빛을 이용하여 종이와 고운분말을 반응시킴) 로 진화되고 있다. 비기술 분야에서도 연재소설, TV 연속극 등은 대표적인 분할 사례이다

### 4. 시스템 사이의 상호작용의 증가

이 유형은 기존 상호작용에 새로운 상호작용을 추가하거나, 제어하기가 더 쉬운 상호작용으로 전이를 의미한다. 기존 시스템에 있는 물질과 작용하는 새로운 물질을 추가하는 것도 포함한다. 도로 위의 자동차와 주변 환경과의 상호 작용하는 사례가 있다. 자동차 운행

방식을 개선하기 위해서 도로 위에 자기 핀을 정밀하게 설치한다. 자동차에 장착된 센서가 도로 위에 설치된 자기 핀을 감지하고, 감지된 센서의 결과에 따라 자동차가 도로를 벗어나지 않고 조향장치를 조정한다.

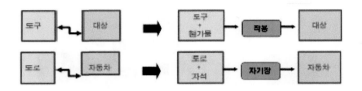

시계의 변천 과정에서 드러나 있다. 해시계는 해의 그림자를 이용해서 시간을 나타내었다. 이 시계는 흐린 날과 밤에는 사용할 수가 없었다. 중력을 이용한 모래시계와 물시계가 나타났다. 이 시계 또한 크고 불편하였다. 그래서 등장한 것이 스프링 시계다. 점점 더욱 작아지고 사용하기는 쉬워 졌다. 현재는 제어가 우수한 수정 결정의 진동 시계를 사용한다.

메모지를 벽에 고정하기 위해 처음에는 기계적인 상호작용을 하는 압정이나 핀을 사용하였다. 좀 더 편리한 방법으로 접착력을 이용해서 고정하는 포스트잇이 출현했다. 가축 농장의 울타리는 처음에는 가시철사를 사용하였다. 이후 낮은 수준의 전기가 흐르는 전선 울타리로 바뀌면서 광범위하게 사용되었다. 그 이후에는 초음파를 이용해 새들이 농장에 들어오지 못하게 하는 초음파 담장이 생겼다. 이것은 물리적인 대상물을 장으로 대체한 분할유형의 사례이다.

### 5. 시스템들의 확장과 융합 (트리밍 또는 맥동하는 진화)

시스템은 출현 이후 점차 복잡해지면서 확장한 다음, 어느 시점부터는 다듬어 지거나 융합한다. 즉 시스템 요소들이 단순한 시스템으로 결합하게 된다. 단일 시스템에 다른 것이 결합되면서 이중 시스템 이 되고, 삼중, 다중으로 점차 복합 시스템을 형성하게 된다. 이 복합 시스템이 단순화 되면서 이것은 새로운 단일 시스템이 된다. 이를 간략히 표현하면 단일(Mono)-이중(bi)-다중(poly) 전이라고 부른다.

과거의 자전거 바퀴는 많은 수의 바퀴살로 구성되었다. 최근에는 디스크  또는 몇 개의 살로 만들어진 바퀴가 소개되었다. 유리같이 깨지기 쉬운 물건은 여러 장 겹쳐 놓으면 안전하고 취급도 수월하다. 샌드위치 개념은 여러 층으로 이루어진 것이다. 비행기에는 샌드위치 구조물이 많이 사용된다. 안전유리는 유리층 사이에 플라스틱을 샌드위치 형태로 끼우는 것이다. 단일-이중-다중 유형은 샌드위치 유형이라 말할 수 있다.

■ 실무적용 방안

일상생활에서 또는 직장에서 아래 5가지의 시스템 진화 유형별로 사례를 찾아보자.

1. 부품과 특성들의 불 균일 진화 사례

_____

2. 상위 수준의 더 큰 시스템과 통합 사례

_____

3. 미시 수준으로의 전이 사례

_____

4. 시스템 사이의 상호작용의 증가 사례

_____

5. 시스템들의 확장과 융합 사례

_____

## 📋 요약정리

기술 시스템 진화의 유형은 과거로부터 반복적으로 성공한 기술들의 패턴을 설명한 것이다. 이 진화 유형은 현재 상황에서 미래 기술 개발을 예측하거나 확인하는데 이용할 수 있다. 시스템이 어떻게 진화하는지 유형을 알게 되면 문제의 해결책을 찾을 수 있다.

유용한 5가지 진화유형은 다음과 같다.

1. 시스템의 부품과 특성들의 불 균일 진화

   기술 시스템 구성요소들은 진화 속도가 서로 다르다. 속도의 차이는 시스템 갈등의 원인이 된다. 부품들은 자체 S자 곡선에 따라 발전하므로, 불균일하게 진화하게 된다. 보편적인 진화유형으로 대부분의 시스템 개발에서 찾아볼 수 있다.

2. 거시 수준으로 전이 또는 상위 수준의 더 큰 시스템과 통합

   어느 시스템이 진화의 한계에 도달했을 경우 상위 수준의 시스템으로 통합된다. 아주 보편적인 유형으로 대부분의 시스템 개발에서 찾아볼 수 있다.

3. 미시 수준으로 전이 또는 더 작은 부품으로 시스템의 분할

   미시 수준으로의 전이 유형은 시스템을 더 작은 부품들로 나누어져서 개선되는 진화 유형을 말한다. 기존 기술시스템에서 에너지의 전달을 원활하게 할 수 있도록 도구가 미세하게 분할된다.

4. 시스템 사이의 상호작용의 증가

   이 유형은 기존 상호작용에 새로운 상호작용을 추가하거나, 제어하기가 더 쉬운 상호작용으로 전이를 의미한다. 기존 시스템에 있는 물질과 작용하는 새로운 물질을 추가하는 것도 포함한다.

5. 시스템들의 확장과 융합

   시스템은 출현 이후 점차 복잡해지면서 확장한 다음, 어느 시점부터는 다듬어 지거나 융합한다. 즉 시스템 요소들이 단순한 시스템으로 결합하게 된다.

# SECTION 25
# 발명원리 40가지를 활용하면 창의적인 산물이 나온다.

본 장의 목적은 기술 시스템의 모순을 해결할 수 있는 공통 해법 40가지를 알려주는 것이다. 또한 40가지 해법은 모순과 자원 분석 없이 이상적 최종결과(Ideal Final Results)를 얻고자 할 때 사용할 수 있다. 또한 특정한 문제에 대한 진화 유형을 해석하도록 도움을 준다.

　　본 장에서의 40가지 해법 이름은 현재 널리 사용되고 있는 명칭을 최대한 담으려 했다. 러시아 연구 원문의 이름과 다양한 번역어 그리고 별칭까지 반영하고 있다. 원리마다 개념을 설명하고 있는데 다양한 이름들이 혼선 보다는 오히려 이해를 도울 수 있다는 판단이다. 40가지 해법은 발명의 기술에 관한 연구 결과로 정리된 것이 분명하다. 하지만 문제를 어떻게 해결할 것인가에 대한 연구 결과이기도 하다. 따라서 40가지 해법의 활용 범위는 기술 분야에 국한되지 않는다. 경영, 마케팅, 교육, 그리고 기타 창의적인 문제해결이 필요한 어떤 분야이든 적용가능하다.

표 25-1  40가지 발명문제해결 해법

| | | |
|---|---|---|
| 1. 분할 | 15. 동적 부품 | 29. 공기식 및 수압식 |
| 2. 추출 | 16. 과부족 조치 | 30. 유연한 막 /얇은 막 |
| 3. 국소적 품질 | 17. 차원 바꾸기 | 31. 다공질 재료 |
| 4. 비대칭 | 18. 기계적 진동 | 32. 광학특성 변경 |
| 5. 통합 | 19. 주기적 조치 | 33. 동질성 |
| 6. 다기능성 | 20. 유용한 작용의 지속 | 34. 폐기 및 재생 |
| 7. 포개기 | 21. 서두르기 | 35. 파라미터 변경 |
| 8. 무게보상 | 22. 전화위복 | 36. 상전이 |
| 9. 선행 반대 조치 | 23. 피드백 | 37. 열팽창 |
| 10. 선행 조치 | 24. 매개체 | 38. 강한 산화제 |
| 11. 사전 보상 | 25. 셀프서비스 | 39. 불활성 환경 |
| 12. 높이 맞추기 | 26. 복사 | 40. 복합 재료 |
| 13. 다른 길로 돌아가기 | 27. 일회용품 | |
| 14. 곡률증가 | 28. 기계적 상호작용의 대체 | |

40가지 해법을 물리적 모순 해결에 적용되는 분리 원리 기준으로 분류하여 보여준다.

표 25-2 40가지 해법의 분류

| 구분 | | 40가지 해법 |
| --- | --- | --- |
| 수준 분리 | 상위시스템으로 전이 | 5 통합,  6 다기능성,  22 전화위복, 23 피드백 |
| | 하위시스템으로 전이 | 1 분할, 12 높이 맞추기,  25 셀프서비스,  27 일회용품, 33 동질성, 40 복합재료, |
| 시간의 분리 | | 9 선행반대조치,  10 선행조치,  11 사전보상,  15 동적부품, 16 과부족 조치,  18 기계적 진동,   20 유익한 작용 지속, 21 서두르기,    26 복제,    34 폐기 및 재생 , 37 열팽창 |
| 공간의 분리 | | 1 분할,  2 추출,  3 국소적 성질, 4 비대칭, 7 포개기|, 17 차원 바꾸기, 13 다른 길로 돌아가기, 14. 곡률증가, 24 매개체,  26 복사, 30 유연한 막/얇은 필름 |

1번. 분할(Segmentation)

분열(fragmentaton), 쪼개기, 나누기, 쪼개어 사용하다

■ 아이디어 개념,

시스템 자원을 미시적 구조로 나누거나 또는 공간적, 시간적으로 나누는 것이다. 여러 개의 독립적인 부분으로 나누어 조립과 분해가 쉽게 한다. 이미 분할 된 것은 더욱 세분화 한다. 시장에 출시된 초기의 제품은 분할이 반복적으로 계속되면서 진화하게 된다. 분할의 수준은 분자, 원자까지 내려간다. 장점은  제어가 수월하고 역동성이 좋아진다. 분말 입자 수준에서는 다른 물질과의 반응이 쉬워진다.

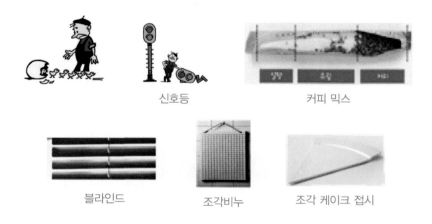

신호등          커피 믹스

블라인드          조각비누          조각 케이크 접시

■ 적용 사례

조립식 가구는 여러 부분으로 나누어져서 분해 조립하여 용이하다. 롤러 컨베이어의 롤러와 벨트, 원하는 길이만큼 쉽게 연결할 수 있는 정원용 호스. 신속하게 조립할 수 있는 배관의 관절, 교량용 케이블 및 광케이블, 베니스식 블라인드, 피자 한 조각만 담는 그릇, 한 조각씩 떼어 쓸 수 있는 비누, 커피믹스(커피, 크림, 설탕을 섞지 않고 순서대로 넣는다. 설탕은 끝에 몰리도록 하고 설탕 조절 선을 표시한다.)

◪ 생활, 직장에서 분할의 사례를 찾아서 기록(그림, 이미지 포함) 하자.

1. _____
2. _____
3. _____

2번. 추출(Extracting)

빼내기, 회수, 제거(Retrieving, Removing), 필요한 것을 뽑아내다.

■ 아이디어 개념

공간 자원을 이용하는 것으로 전체에서 방해되거나 혹은 중요한 핵심 특성을 빼낸다.

   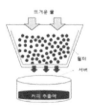

■ 적용 사례

1. 에어컨의 실외기는 실외로 위치시킨다. 냉기를 배출하는 부분은 실내에 그리고 공기를 응축하거나 더운 공기를 배출하는 부분은 실외로 내보낸다.

2. 비행장에서 항공기의 안전을 위해 새들을 쫓아내기 위해 총 소리를 녹음하여 새들을

놀라게 한다. 이 소리의 주파수는 새들만 위해서 추축한 것이다.

3. 여러 개의 조명장치를 공중에 설치하는 대신 공중에 거울을 설치하고 아래에서 빛을 보내어 조명한다.

4. 비행기 조종사 탈출, 유통기한이 짧아진 식품을 별도의 판매대로 이동하여 할인 판매 한다.

5. 기업의 아웃소싱, 휴대용 비데 (장치에서 물이 나오는 부분만 추출)

6. 커피 추출기, 커피 열매의 가루에 뜨거운 물을 넣어서 진액을 빼낸다.

7. 증권사 객장에서 전광판 제거(추억의 증권사 객장 전광판 사라진다, 홈 트레이딩 시스템으로 대체) 상품 다양화에 존재 이유가 없어졌다. 휴식 공간으로 탈바꿈 한다.

8. 문제에서 근본원인 뽑아내기

9. 핵심을 위해 나머지를 버려라. 프레임라인 마그네티즘(Frame Line Magnetism)은 그림에서 여백과 테두리를 활용하는 기법이다. 수세기 동안 예술가와 사진작가가 사용하는 도구로서 관람객들을 그림 속으로 끌어 들인다. 윤곽을 매력적으로 만들면 관람객들은 구도에 집중하게 된다. 이것은 그림에서 불필요한 사소한 부분들을 넣지 않거나 제거시킴으로서 가능해 진다.

▣ 현재 업무에서 불필요하거나 부가가치 없는 일, 공정을 추출해 보자.

1. _____

2. _____

3. _____

3번. 국소적 성질(Local Quality)
국부적 품질, 전체를 똑같이 할 필요는 없다. 청중에게 맞추라

■ 아이디어 개념

공간 자원을 이용하여 동일한 구조, 같은 환경을 이질적인 것으로 바꾼다. 시스템 전체를 모두 똑같이 할 필요가 없다는 것이다. 즉 부분적으로 다르게 한다는 것이 원리의 핵심이

다.(고객의 특정 요구를 만족시키기 위해 상품, 과정, 시스템, 서비스를 조정하고 고객에게 맞춤화한다.)

■ 적용사례

1. 도시락이 두 칸으로 나누어져 뜨거운 음식과 찬 음식을 구분하여 담는다.

2. 샤프펜슬, 사람들은 종이에 글을 쓰거나 그림을 그릴 때. 필기구와 지우개 두 가지를 사용한다.

3. 스패너의 조절 기능은 국지적 특성을 적용하는 사례이다. 소비자들이 다양한 크기의 볼트에 적합 하도록 변형이 된다. 다양한 종류의 스패너를 구입하라고 강요하기 보다는 도구의 핵심 특성을 강화시키는 아이디어를 가지고 다양한 용도에 맞게 도구를 만든 것이다.

4. 토양의 특성에 맞는 비료를 살포하는 방식 또한 국지적 특성을 적용하는 것이다. 농부들은 토양을 분석하여 특정 토양에 필요한 비료 성분을 참고하여 최고의 작물을 산출하도록 영양소와 비료를 가장 적합하게 조합한 거름이 뿌려지게 한다.

5. 손 모양의 공구 손잡이, 리벳 돌출 또는 샤크스킨(Shark Skin) : 공기 역학적 표면 마찰력 감소

6. 상어 피부의 비늘에서 영감을 얻은 독일 프라운호퍼연구소 과학자들은 항공기 날개에 바르면 공기저항을 크게 감소시키는 페인트를 개발했다. 2010년 선보인 이 상어 페인트가 전 세계 항공기에 사용될 경우 연간 총 450만 톤의 연료절감이 가능할 것으로 보고되었다.

7. 직원들을 격려하기 위해 해당 지역에 연고를 둔 구단의 경기티켓을 제공한다.

8. 보온통 뚜껑에 홈을 내어 뚜껑 전체를 열지 않고 물을 따르게 한다.

9. 냉장고 문을 열지 않고도 냉수 또는 얼음을 꺼낼 수 있도록 ice door를 낸다.

10. 여름철 지하철 운행시 객차 전체가 아닌 일부 차량마다 냉방 온도를 다르게 한다.

▣ 현재 업무에서 불필요하거나 부가가치 없는 일, 공정을 추출해 보자.

1. _____

2. _____

3. _____

4번. 비대칭 (Asymmetry)

대칭변환, 대칭이면 비대칭으로 바꾸어 본다.

■ 아이디어 개념

공간(기학적)자원을 활용하여 시스템의 형상이나 속성을 다르게 하여 (대칭에서 비대칭으로)얻어지는 효과를 활용한다. 국소 품질의 원리와 유사한 점이 있다. 시스템의 불균형 진화 유형과 연결되는 원리이다,(대칭변환 : 어떤 모양이 가지고 있는 패턴적 특징을 이용하는 것) 이 원리는 제품, 프로세스, 시스템, 서비스 등에서 더 매력적이게 하거나, 독특 하게 느끼게 하거나, 디자인 기능을 향상시키기 위해서 사용된다. 사업경영이나 생산품 혹은 서비스는 각각의 소비자에 맞게 특성화 되게 설계 한다.

 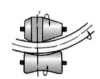  

■ 적용사례

1. 손잡이를 고정시키기 위해 실린더의 축에 플랫스팟을 설치하기

2. 자동차도로의 가변 차선제(교통량에 따라 진행방향과 반대방향의 차선 수가 변한다.)

3. 커브 길에서 타이어의 마모를 줄이기 위해 타이어의 바깥쪽을 안쪽 보다 강하게 만든다.

4. 항공기 엔진의 공기흡입구의 외피를 비대칭으로 하여 공기흡입량을 늘리고 지면과의 거리를 최대로 하여 안전거리를 유지한다.

5. 비행기 날개 단면의 모양은 비대칭이다. 에어포일(airfoil)은 활처럼 둥글게 휘어진 모양으로 날개 윗면의 공기가 아랫면의 공기보다 빠르게 흘러가게 만들어졌다. 그래서 날개 윗면의 압력은 낮고 아랫면의 압력은 높아진다. 이때 생기는 압력 차이에 의해서 양력이 발생하고 비행기가 뜨게 되는 것이다. 비행기는 뒤집어져서 비행하더라도 받음각이 있게 되면 여전히 양력이 발생해 추락하지는 않는다.

6. 마티니 글라스는 말로는 표현 할 수 없을 때 마티니 글라스의 바디랭기지로 센스를 발휘할 수 있다. 서로를 향해 기울어져있으면 Yes 반대편으로 향한다면 No 같은 방향으로 돌리면 Maybe 라는 뜻이다.

7. 일자형 수저는 먹기에 불편하다. 먹기 쉽고, 잡기 편안한 수저

8. 악기에 적용된 비대칭성(성덕대왕 신종의 천상의 소리) 두께의 불 균일, 모양의 비대칭성 등으로 종의 각 부분에서 다른 진동수의 소리가 나기 때문에 어떤 종을 막론하고 일어나는 현상이다. 미세한 비대칭성이 절묘한 맥놀이 현상을 만든다.

◼ 생활, 직장에서 분할의 사례를 찾아서 기록(그림, 이미지 포함) 하자.

1. _____
2. _____
3. _____

5번. 통합 (Merging) ,

합병(Consolidation) 여러 작업을 동시에 수행

■ 아이디어 개념

공간과 시간 자원을 통합하여 분리된 시스템의 기능을 하나로 모으는 것이다. 한 번에 여러 작업을 동시에, "이미 주변에 있는 이용 가능한 자원들을 꼼꼼히 살펴보는 것이다" 통합의 결과로 거시 수준으로 진화한다.

■ 적용 사례

1. 두 개의 엘리베이터를 결합하여 폭이 큰 화물을 운반하게 한다. 분리형 중간 칸막이 사용

2. 운전을 하면서 전화 통화를 한다.(블루투스 기능)

3. 다색 잉크 카트리지, 다중 날 전기면도기, 다촛점렌즈 안경, 이중/삼중 창유리

4. 이례적인 결합에서 창발성이(어떤 요소들이 결합 될 때 본래 각각의 요소들에서는 찾아 볼 수 없지만 결합된 전체에서는 나타나는 속성) 가장 많이 나타난다. 편안한 승차감을 보장하도록 설계된 고급 차량에 험준한 지형을 달릴 수 있도록 제작된 사륜구동 오프로드 스포츠 차량이 결합하면 "럭셔리 SUV" 이라는 새로운 범주가 탄생 한다. 여행업계에서 모험을 즐기면서도 집 같은 안락함을 추구하는 여행자를 위한 '고단한 안락' 여행 패키지

5. 명품과 온라인 쇼핑의 만남, 길트그룹(유명 디자이너가 만든 샘플 제품을 취급하는 회원제 인터넷 쇼핑몰)은 '대중 명품'이라는 새로운 범주를 만들어낸 온라인 판매 업체

▣ 생활, 직장에서 통합의 사례를 찾아서 기록(그림, 이미지 포함) 하자.

1. _____

2. _____

3. _____

6번. 다기능성 (Multifunctionality)

다용도, 범용성(Universality),하나의 부품을 여러 용도로

■ 아이디어 개념

하나의 시스템이 여러 기능을 수행하도록 한다. 하나의 부품을 다양한 용도로 사용하면 다른 부분들의 필요성을 줄이거나 없앨 수 있다. 거시 수준으로 진화, 확장과 융합, 이상을 증가 시킨다.

■ 적용사례

1. 치약이 들어 있는 칫솔 손잡이, 침대용 소파, 가방 손잡이를 운동기구로 사용

2. 스마트 폰, 맥가이버 칼, 복합기 등 1인 다역(연극 등), 테이블 선반

3. 오디오 테이프나 CD대신 USB, MP3를 꼽으면 된다.

4. 백화점의 컨시어즈(Concierge, 콘세르쥬)는 모든 서비스를 묶어서 안내하는 역할을 함.

5. 매트릭스 조직(라인과 기능, 프로젝트 기능 동시 수행)

▣ 생활, 직장에서 다기능성의 사례를 찾아서 기록(그림, 이미지 포함) 하자.

1. _____

2. _____

3. _____

7번. 포개기(Nesting),

포개진 인형(Nested Doll), 마트레쉬카(Matrushka),집어넣기

■ 아이디어 개념

시간과 공간 자원을 효율적으로 사용하는 원리이다. 하나의 객체에 다른 객체를 넣는다.
효율성을 향상시키기 위해 각 객체들을 하나로 합친다.

■ 적용사례

1. 러시아 인형, 러시아의 마트로시카인 인형은 똑같이 생긴 크기만 다른 인형들이 큰 것
   안에 작은 것들이 계속하여 안에 넣어져 있다. 5개에서 20-30개까지 겹쳐져 있기도 한
   다. 정교함과 섬세함이 특징이다. 계량용 컵 또는 계량용 스푼(컵이나 스푼의 부피 측
   정이나, 겹쳐서 보관하기)

2. 비행기 랜딩기어도 이륙 후에는 접어 동체 안으로 넣어서 운항한다. 바람과의 마찰이
   없어 공기저항 감소에 따른 연료소모가 없다.

3. 마이크와 스피커가 내장된 휴대용 오디오 시스템,  포켓 글래스 여러 겹의 다양한 포
   장지로 선물 포장하기, 가방에 들어가는 책상 길이 조절할 수 있는 라디오 안테나, 줌
   렌즈, 안전벨트, 비행기 착륙장치, 카메라 삼각대는 다리를 접어 넣어서 운반 이동이
   편리하다.

4. 간접 광고, 유압실린더, 접이식 자전거, 샌드위치

5. 계량용 컵 또는 계량용 스푼(컵이나 스푼의 부피 측정이나, 겹쳐서 보관하기)

6. 이중벽 단열에서 벽 사이에 단열재 채움

■ 생활, 직장에서 다기능성의 사례를 찾아서 기록(그림, 이미지 포함) 하자.

1. _____

2. _____

3. _____

8번, 무게보상 (Weight Compensation)

평형추(Counterweight) 부양하기, 중력으로 무게를 끌어당긴다.

■ 아이디어 개념

사물의 무게를 양력을 가진 다른 물체와 연결하거나 결합하여 상쇄 한다. 이 원리는 제품이나 시스템이 가진 현재의 무게에 대처하기 위해서 이를 조절할 수 있게 하는 방안이다. 중력 대응은 고전적인 기술적 모순 또는 균형성 문제를 해결한다. 상품을 튼튼하게 하는 것은 무게의 증가라는 문제를 초래한다. 무게 증가에 대응하는 해결책을 찾음으로써 기술적 모순을 극복할 수 있다.

■ 적용사례

1. 강을 횡단하는 케이블을 풍선으로 공중에 매단다. 헬륨가스를 이용한 애드벌룬은 공기보다 가벼워서 공중에 떠 있다.

2. 손잡이가 항상 위로 뜨는 붓, 물에 뜨는 국자. 비행기의 날개구조(에어포일 형상)

3. 만원 지폐의 공중부양 마술은 무게중심의 원리를 이용한 것이다.

4. 공중부양 스피커(OM/ONE)는 공 모양 스피커와 본체 양쪽에 전자석이 내장돼있어 전원이 들어오면 자기력이 발생돼 마치 중력을 무시하는 듯이 스피커가 공중 부양하게 된다.

■ 생활, 직장에서 다기능성의 사례를 찾아서 기록(그림, 이미지 포함) 하자.

1. _____

2. _____

3. _____


9번. 선행 반대조치 (Preliminary Conteraction)

사전 반대조치(Prior Counteraction)

■ 아이디어 개념

시간 자원을 활용하는 것으로 어떠한 작용을 요구되는 것과 반대로 수행해 둔다. 불균형 진화를 초래한다. 예방조치(해로운 영향을 통제하기 위해서 미리 그에 필요한 반대 조치를 취해야 하는 것)

■ 적용사례

1. 도장을 칠할 때 칠하지 않을 부분을 미리 마스킹 테이프로 막아 놓는다.

2. 엑스레이(x-ray) 작업장에 들어가기 전에 노출되는 부분을 차폐 막으로 가려준다.

3. 수술 전에 마취 주사하여 통증을 완화한다.

4. 자동차 판스프링이 힘을 받으면 휘어지고 이 휘어지는 것에 대한 복원력으로 스프링의 역할을 한다. 그래서 충격에 대비하여 반대 방향으로 휘어 놓는다.

5. 철도는 말 그대로 철로 된 길이다. 철은 기본적으로 온도가 높으면 늘어나고 온도가 낮으면 줄어드는 특성을 갖고 있다. 여름철에 온도가 높아지면 레일이 늘어나는데 이 것이 사고를 유발할 수 있다. 어떻게 해야 하는가? 해결방안은 사전 반대조치를 취한다. 철의 신축성 때문에 예전에는 20M나 25M의 레일을 서로 어느 정도의 간격을 둔

채로 연결하여 선로를 만들었다. 여름철에 온도가 높아지는 것을 대비하여 레일이 늘어날 수 있는 여유 공간(간격)을 둔 것이다.

■ 생활, 직장에서 선행 반대조치 사례를 찾아서 기록(그림, 이미지 포함) 하자.

1. _____

2. _____

3. _____

10번. 선행조치 (Prelininary action)

사전조치(Prior Action), 미리하기(Do it in advanced)

■ 아이디어 개념

시간 자원을 활용하는 아이디어로 낭비를 줄이거나 편리성을 높이기 위한 것이다. 시스템의 불균형 진화와 연관된다. 효율성을 높이거나 소비자 또는 사용자들이 더 쉽게 사용할 수 있도록 하는 것이다.

■ 적용사례

1. 나무를 배기 전에 물감을 흡수시켜 목재를 만든다. 깁스 제거용 톱날을 내부에 넣어둔다. 스티커에 미리 풀을 발라 놓는다. 봉투에 미리 구멍 뚫린 점선 줄, 미리 풀칠한 벽지 접착제를 바른 우표, 미리 차갑게 한 칵테일 잔/맥주 잔, 무디어진 부분을 사용 중에 잘라내기 용이하도록 절단 선을 그어 놓은 커터 칼, 예방주사, 커피믹스의 이미지 컷

2. 박판의 부품을 성형하기 전에 미리 구멍을 절단한다.

3. 항공기 탑재 ELT(Emergency Locator Transmitter) 정비는 비상시 전파를 발사한다. 비상부주(Emergency Float)는 비상시 작동한다.

4. 사업의 리스크 회피를 위한 시나리오 경영

5. 낚시하기 전에 떡밥을 뿌리는 행위이다.(유용한 작용을 미리 한다)

6. 미수금을 떼이지 않기 위한 사전조치 들은 무엇인가. 분명히 내가 받아야 할 돈인데 받지 못하는 일에 대비해 차용증, 계약서, 청구서, 내용증명 등. 법적 조치들을 한다.

7. 중요하거나 누락하기 쉬운 일에 대해서 체크 리스트를 만들어 활용한다.

8. 머그컵 밑에 쿠키를 담을 수 있는 공간을 만든다.

9. 박 판금 부품을 성형하기 전에 구멍을 절단한다.

■ 생활, 직장에서 선행조치 사례를 찾아서 기록(그림, 이미지 포함) 하자.

1. _____
2. _____
3. _____

11번. 사전 보상 (Beforehand Compensation)

사전 완충작용(Cushion in Advance, Beforehand cushioning)

■ 아이디어 개념

신뢰성이 낮은 시스템에 대해서 미리 비상수단을 준비해 둔다. 최악의 상황에 대처하고 상대적으로 정확성이 낮은 상황에 대응하기 위한 조치이다. 예견되는 부작용이나, 원하지 않은 결과를 사전에 예방 한다.

■ 적용사례

1. 자동차 사고에 대비한 조치(에어백, 보험가입, 안전벨트, 범퍼, 예비타이어, 가드레일 등)

2. 자동차도로의 굴곡부에 사고 방지용 타이어 설치

3. 운동경기나 대형 행사시 긴급 상황에 대비한 조치(구급차 및 소방차 대기)

4. 예비 낙하산, 도난 방지를 위한 상품의 바코드, 미아방지 목걸이, 블랙박스, 구급약품 상자,

5. 보일러의 압력조절 밸브. 공사장의 안전 그물망, 고속도로 중앙 분리대, 바이러스 백신 예방

6. 자기 스스로 해결방법을 사용자들에게 알려준다. (웹사이트에 자주 묻는 질문 등록해 놓기, FAQ) 공사 전 주변에 위험지대 표시판, 알람시계(자명종)

7. 맥주 캔에 윗면에 있는 점자(맥주) 표시로 시각 장애인들이 맥주인지 음료인지를 구분한다.

8. 알람 시간이 되면 퍼즐이 튕겨나가 이 퍼즐을 맞춰야 알람이 꺼진다.

▣ 생활, 직장에서 사전보상 사례를 찾아서 기록(그림, 이미지 포함) 하자.

1. _____
2. _____
3. _____

12번.  높이 맞추기(Equipotentiality)

등 포텐셜(Equipotentiality), 들어서 옮길 필요가 없다. 굴리기

■ 아이디어 개념

작업 조건상 위치 변화를 없이하여 에너지 소모를 제거한다. 들어서 옮길 필요가 없다. 잠재적인 장(Field)에 대해 작동의 필요성을 제거하기 위해서 작동 조건을 변경한다. 예 : 중력장에서의 물체를 올리고 내리는 필요성을 제거한다. 응용할 수 있다. ① 문제가 요구하는 직접적 조치 대신에 반대  조치를 취한다. ② 사물이나 외부 환경에서 이동 가능한 부분

을 고정시키고 고정 부분을 이동하게 한다. ③ 사물의 위아래를 뒤집는다.

■ 적용사례

1. 컨테이너를 트럭에 실을 때 높은 곳에 두고 자동차가 밑으로 들어간다. 아니면 자동차를 작업자의 키에 맞추어서 차를 리프팅 장치를 이용하여 올린다.

2. 파나마 운하, 저상버스, 유치원 차량의 어린이 발판, 높이 조절의자

3. 공항에서 비행기까지 가는 버스가 입구를 직접 연결시켜 내릴 필요가 없다.

4. 비슷한 규모나 역량들을 가진 팀 구성. 영화자막, 구연동화, 눈높이 교육

5. 패스트푸드 대신 조리된 음식

6. 늘어나는 출 퇴근 시간에 대처하여 재택근무

7. 문제해결을 위해 컨설턴트와 만나는 대신에 컨설턴트의 데이터베이스에서 해결책을 찾는다.

8. 교회, 학교에 가는 대신에 집에 있는 사람들에게 TV, 라디오 등으로 참여토록 한다.

9. 불경기에 축소 대신에 확장

10. 최상이 아닌 최악을 대상으로 벤치마킹

▣ 생활, 직장에서 높이 맞추기 사례를 찾아서 기록(그림, 이미지 포함) 하자.

1. _____
2. _____
3. _____

13번. 다른 길로 돌아가기 (The other way around)

반대로 하기(Do It in Reverse, Inversion),거꾸로 하기(역발상), 역방향

■ 아이디어 개념

　창조적으로 상식 반대편의 생각 즉 거꾸로 생각하는 역발상이다. 주체와 객체를 바꾸는 것으로 현재 상태를 뒤집는 것이다. 목적은 기존 방식에 고정관념이 있는지 살펴보고 일반적인 사고와 반대로 시도해봄으로써 새롭고 유익한 아이디어를 떠올린다. 공간자원에 대한 반대 시스템 이행이다.

　방법으로는 1.주체와 객체를 바꾼다. 2.순서를 거꾸로 한다. 3.방향을 바꾼다. 4.개념을 뒤집는다. 5.마지막 상황을 먼저 고려한다. 6.미리 한다.

■ 역 사고 프로세스

1. 어떻게 정리할 것인지 '기준'을 정한다.

2. 현재 상태를 정리한다.

3. 역사고 문장을 작성한다.

4. 아이디어를 구체화 한다.

■ 적용사례

1. '에너지 절약방법 25가지 찾기' 대신에 '에너지 낭비 25가지 방법'을 생각한다. 이렇게 하여 얻은 아이디어 중의 일부를 거꾸로 하여 에너지 절약을 위한 개선 방안으로 사용한다.

2. 지금 사용하는 자판기는 돈을 넣으면 음료나 커피가 나온다. 현재 자판기의 기능을 거꾸로 하여 음료 캔을 재활용하는 방안을 찾았다. 음료수 캔을 자판기에 넣으면 돈이 나오는 현금 자판기를 개발한다. 현금자판기는 사용자가 캔이나 병을 집어넣으면 현금(또는 현금으로 교환할 수 있는 영수증)을 돌려주는 편리한 재활용 시스템이다.

3. 거꾸로 학습법(예습한 학생이 칠판 앞에서 문제를 풀며 수강생에게 설명한다)

4. 담벼락 대신 도랑 만들기(경관 유지 동시에 목축의 접근 방지)

5. 항공기 혹은 자동차 모형을 이용한 풍동(시험)

6. 일본 경영혁신의 아이콘 야마하 동물원

7. 신라시대의 포석정(유상 곡수연)이란 수로를 굴곡지게 하여 흐르는 물 위에 술잔을 띄우고, 그 술잔이 자기 앞에 올 때 시를 한 수 읊는 놀이다.

8. 움직이는 물이 있는 수영장에서 사람은 정지하고 물이 이동한다.

9. 음식이 사람을 찾아가는 회전식 초밥, 중국 음식점에서의 회전식 원형 테이블 위에 음식을 올려놓고 테이블을 돌려가며 사람마다 자기 앞으로 온 음식을 덜어서 먹는다.

10. 조리기구의 뚜껑에 가열장치를 부착한다.

11. 예술 영역의 역발상 : 초현실주의 살바도르 달리<기억의 지속> 절대적 규칙의 대상인 시간을 상대적 유연성의 개념으로 바꾸었다.

12. 역사적 사실의 역발상 : 프로이센 프리드리히  대제는 감자를 왕실 채소로 선포하고 경비병이 지키게 하여 18세기 중반, 감자는 지하 상권을 형성한다.

13. 터키 근대화 과정에서 여성의 베일 착용 금지 목적으로 '창녀 들은 꼭 베일을 써야한다'법을 공포하여 모든 사람들이 베일을 착용하는 것을 기피했다.

14. 명절 교통방송, 청취자 입장에서는 자신이 주행하는 방향의 교통 정보를 원한다. 여러 방향으로 가고 있는 청취자들이 신속하게 원하는 정보를 얻으려면 어떻게 방송이 되어야 하는가? 현재 방송은 어디 어디가 정체가 되고 있습니다. 거꾸로 방송은 어디 어디 지금 원할 합니다. 나머지는 모두 막힙니다.

15. 순식간에 계산, 테니스 토너먼트 경기에 125명의 선수가 출전했다. 우승자가 나오려면 전체 게임 수가 얼마나 될까? 일반적인 계산법은 1명(부전승) +124명(62게임). 31게임 (62/2), 16게임(31+1=32=>32/2), 8게임(16/2) 4게임(8/2), 2게임(4/2), 1게임(2/2) → 124게임(62+31+16+8+4+2+1)

거꾸로 계산법은 125명에서 최종 우승자는 1명이다. 결국 124명 탈락한다. 게임 마다 탈락하는 선수는 1으로 124명이 탈락한다면 결론은 124게임이 필요하다.

▣ 생활, 직장에서 '다른 길로 돌아가기'사례를 찾아서 기록(그림, 이미지 포함) 하자.

1. _____

2. _____

3. _____

14번. 곡률증가 (Curvature increasing)

구형화 (Spheroidality), 곡선화, 직선을 곡선으로

■ 아이디어 개념

직선은 곡선으로, 사각형은 원형으로 바꾸어 공간 자원을 효율적으로 사용하는 것이다. 곡률의 증가는 대칭을 줄이거나 혹은 크게 할 수 있다. 이 원리는 종종 비대칭 원리와 짝을 비대칭을 심화하거나 대칭을 강화함으로서 개선될 수 있다. 직선을 곡선, 평평한 것을 곡선형, 큐브나 육면체를 구형으로 롤러, 공, 나선형을 이용한다. 직선운동을 회전운동으로 전환 원심력을 이용한다.

■ 적용사례

1. 농업용 쟁기는 칼날 대신에 롤러형 날을 사용한다. 둥근 활주로 비행장

2. 출입자가 빈번하고 많을 경우 회전문을 설치한다. 회전교차로, 인터체인지, 나선형 계단

3. 잉크 분배를 부드럽게 하기 위하여 볼 포인트나 롤러 포인트를 사용한다. 컴퓨터 볼 마우스

4. 물기를 말리기 위해 옷을 짜는 대신에 세탁기에 옷을 넣고 돌리기

5. 회전식 공구 정리대 : 한정된 공간 내에서 많은 공구를 정리할 수 있다. 뿐만 아니라 찾기 용이하고 외관도 정리 정돈된 모습이 깔끔하게 보인다..

6. 테이프 커터기 : 테이프를 사용하기 적당한 크기로 회전시키면 연속해서 자를 수 있다.

7. 장거리 육상 경기를 작은 운동에서도 가능하다. 단거리 트랙을 여러 번 돌도록 한다.

8. 연자매 : 발동기가 없던 옛날 한꺼번에 많은 곡식을 찧거나 밀을 빻을 때 마소의 힘을 이용한 방아이다. 둥글고 판판한 돌판 위에 그보다 작고 둥근 돌을 옆으로 세워 얹어, 아래 위가 잘 맞닿도록 하고 마소가 끌고 돌린다. 정미소에 밀려 강원도 산골 일부를 제외하고는 거의 자취를 감추었으나, 옛날에는 마을마다 하나씩 있어 공동으로 사용하였으며 이곳을 연자방앗간이라 하였다.

9. 원탁회의는 자리 위치의 평등과 발언권의 평등을 주고 회의 진행이 부드럽다.

10. 사각이 없는 사이드 미러, 곡면 OLED TV, 핑킹가위, 돔형 지붕

■ 생활, 직장에서 '곡률증가' 사례를 찾아서 기록(그림, 이미지 포함) 하자.

1. _____

2. _____

3. _____

원리 15. 동적 부품 (Dynamic Parts)_

유연성(Flexibility),역동성 (Danamicity),부분 단계마다 자유롭게 움직이기

■ 아이디어 개념

시간 자원을 이용하는 것으로 작동 조건을 최적화하기 위해 외부 환경을 변하게 한다. 이로서 어떤 진화를 가져온다. 움직일 수 없는 것을 움직이게 하거나, 상대적인 위치를 바꿀 수 있도록 부분을 분할한다.

■ 적용사례

1. 리본형 용접봉의 지름을 변화시켜 접합선의 크기와 모양을 조절한다.

2. 무용수의 치마를 베어링을 사용하여 회전 시킨다.

3. 고정된 바퀴를 여러 개의 유연한 바퀴로 교체하여 거친 땅을 쉽게 이동하게 한다. 조정 가능한 핸들, 높낮이 조절, 회전, 손잡이 높이 조절, 등받이 각도 조절 등이 가능한 의자 버터플라이 키보드

4. 엔진검사를 위한 유연한  Borescope(관, 구멍 등의 내면을 육안으로 관찰하기 위하여 조명 램프, 렌즈, 반사경 등을 이용하는 광학 장치) 원통의 내면이나 구멍 속 등에 생긴 표면 결함을 발견하기 위하여 만든 현미경의 일종이다. 깊은 부분도 볼 수 있는 조명장치와 현미경으로 구성되어 있다. 현미경의 배율은 10배 정도의 것이 많다.

5. 의료검사를 위한 유연한 결장

6. 비행기 날개, 병원침대(접이식), 자동차 선루프, 변신로봇, 접이식 키보드, 차량구매 옵션, 경첩, 유연생산방식(FMS), 선박의 밸러스트(자동 복원),컴퓨터 키보드의 진화, 열차의 화물칸 연결 다관절 멀티 탭, 접이식 침대, 바퀴 달린 가구, 굴절버스. 두루마리 키보드, 이동식 주택, 주름  빨대, 접이식 사이드 미러, 높이 조절 싱크대, 가변형 날개

■ 생활, 직장에서 '동적 부품' 사례를 찾아서 기록(그림, 이미지 포함) 하자.

1. _____
2. _____
3. _____

16번. 과부족 조치 (Partial or Excessive Action)

조금 적게 하기(do a little less),초과나 부족

■ 아이디어 개념

시간 자원을 활용하여 과할 때는 덜하고 부족할 경우에 충부하게 하는 조치이다. 한 번에 원하는 것을 정확하게 만족할 수 없는 경우에는 과하거나 부족하게 한다.

■ 적용사례

1. 모든 설계에서 허용 공차를 주고 설계한다.
2. 페인트칠할 때 과도하게 뿌린 다음에 초과된 부분만 제거한다.
3. 자원을 함께 공유해서 사용하는 창업보육센터
4. 불필요한 공정을 단축하는 리엔지니어링
5. 메피스토의 법칙(불순한 의도가 더 좋은 결과를 가져오는 현상)
6. 구텐베르크의 활자 발명(책 베끼기 귀찮아 활자를 발명)
7. 벤츠는 걷기가 싫어서 자동차를 만들었음
8. 99원 마케팅, 호퍼, 이미지 압축 기술, 소량 포장, 다이소, 여성용 소주, 뷔페식당, 저비용항공,

9. 무제한 리필

10. 자동차 문짝의 사이드 밀러는 세게 밀면 부러지지 않고 뒤로 제껴진다.

◩ 생활, 직장에서 '과부족 조치' 사례를 찾아서 기록(그림, 이미지 포함) 하자.

1. _____

2. _____

3. _____

17번. 차원 바꾸기(Dimensionality change)

또 다른 차원(another dimention), 차원변화

■ 아이디어 개념

공간 자원을 이용하여 관점을 바꾸어 다차원적인 사고방식이다. 위치나 이동을 수평에서 수직으로 변경하고 기울이거나 옆으로 또는 반대 면 활용을 고려한다.

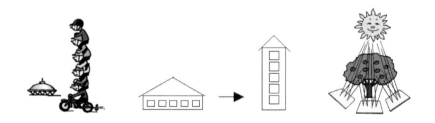

■ 적용사례

1. 얼음이나 눈을 고르거나 제거하는 장치의 칼날은 자동차 밑에 설치한다.

2. 단층 건물에서 다층의 아파트, 2층 버스, 다층 터널, 다층 교량

3. 통나무를 수평에서 수직으로 변경하여 저장한다.

4. 절삭 기계가공 방식을 1축에서 2축, 3축, 5축으로 바꾼다.

5. 주유소의 천장에 매달린 주유기

6. 여러 장의 CD가 들어가는 CD 플레이어, 컴퓨터의 하드 디스크, 복합 마이크로 전자회로

7. 1차원 바코드 → 2차원 QR코드 → 3차원 바코드

8. 오프라인 교육을 온라인 교육으로 바꾼다(매가스터디)

9. 조직을 외부에서 바라본다.

10. 회의 시간을 비용으로 계산해 본다.

11. 지하터널 - 대형 건물들의 지하 연결 통로

12. 플로리다의 디즈니 월드 - 지하시스템

■ 생활, 직장에서 '차원 바꾸기' 사례를 찾아서 기록(그림, 이미지 포함) 하자.

1. _____

2. _____

3. _____

18번. 기계적 진동(Mechanical Vibration)

진동을 이용한다.

■ 아이디어 개념

시간 자원을 활용하는 원리로서 진동의 원리를 이용 한다. 물체와 시스템은 진자운동(고정된 한축의 주위를 일정한 주기로 진도하는 운동)과 진동을 일으킨다. 진동주기를 증가시킨다. 물체의 공명 주기를 이용한다. 기계적 진동자 대신에 압전기를 이용한다. 초음파와 전자기장을 혼합한 진동을 이용한다.

■ 적용사례

1. 진동을 이용하여 분말을 배분한다.

2. 피로를 풀기 위한 진동 안마의자, 진동하는 날을 가진 전자 조각칼, 진동면도기, 초음

파 세척기

3. 초음파를 이용하여 물체를 가열한다. 초음파를 이용한 담석이나 신장결석 파괴

4. 기계에너지를 전기에너지로 변화시킨다. 유압해머, 수정발진 시계

5. 커피 숍 진동 벨, 전자레인지, 가격 탄력제, 파도타기 놀이

6. 음향을 대신한 이동전화의 메시지 수신을 알려 주는데 사용된다.

7. 근무시간과 이동 스케줄을 교통 혼잡을 줄이기 위해서 엇갈리게 한다.

8. 스포츠 이벤트에서의 파도타기 놀이, 치어리더의 활동범위, 정치집회에서의 음악연주 등

9. 기업을 찾아가는 음악회(금난새의 오케스트라)

▣ 생활, 직장에서 '기계적 진동' 사례를 찾아서 기록(그림, 이미지 포함) 하자.

1. _____

2. _____

3. _____

19번. 주기적 조치 (Periodic Action)

연속적으로 하기보다 주기적으로 한다.

■ 아이디어 개념

시간 자원을 활용하는 원리이다. 연속적인 조치대신에 주기적으로 조치하는 것이다. 연속적인 조치 보다 더욱 효과적일 수 있다.

■ 적용사례

1. 해머로 물체를 반복해서 두드린다. 교통 신호등을 주기적으로 깜박인다.

2. 놀이기구의 진동주기를 바꾸거나 다른 방향으로 진동을 만든다.

3. 콘덴서에 에너지를 저장한 후 주기적으로 송출한다.

4. 모스 부호 대신에 주파수 변조를 이용하여 정보를 전달한다.

5. 연속적인 사이렌 소리를 진폭이나 주파수가 변화는 사이렌으로 바꾼다.

6. 조명과 일을 위한 전기의 에너지는 낮에 가장 많이 사용된다. 전력회사는 전력소비를 야간 시간으로 옮김으로서 사람들의 주기적인 행동의 크기를 변화 시키려고 금전적인 인센티브를 이용한다. 일부 창고에서는 전기 지게차는 새벽 2시와 5시 사이에 재충전 하도록 계획되었다. 전력이 가장 저렴하기 때문이다.

7. 월풀 세탁기에서 펌프는 맥동한다. 회사는 파동의 합성 효과가 기존의 교반기 보다 오물을 40~60% 더 효과적으로 제거한다고 선전하고 있다.

8. 연속적인 빛 신호 대신에 섬광 빛이 경고와 광고 정보로 종종 사용된다.

▣ 생활, 직장에서 '주기적 조치' 사례를 찾아서 기록(그림, 이미지 포함) 하자.

1. _____

2. _____

3. _____

20번. 유익한 작용의 지속 (Continuity of Useful Action)

유용한 작용을 쉬지 않고 지속한다.

■ 아이디어 개념

편리성과 생산성 향상, 효율 극대화를 위해서 유효한 작용을 지속시킨다. 시스템의 모든 제품을 항상 부하가 채워진 상태에서 작동되도록 한다. 느리거나 중간 행동을 제거한다.

■ 적용사례

1. 24시간 계속 가동되는 편의점

2. 군대생활 : 매분 매 시간 뜻있게 사용된다. 군대는 최대한의 능력으로 계속 움직이게 만든다.

3. 화물운반 차량을 전국으로 네트워크로 연결하여 연속화물 수송체계를 만든다.

4. 교통 신호등을 주기적으로 깜박인다. 놀이기구 여닫이문을 회전문으로 만든다.

5. 하이브리드 차는 배터리를 충전시키기 위해 운전을 하지 않는 시간 동안 모터를 지속적으로 구동시킨다.

6. 작동을 멈추게 할 때까지 지속적으로 소리가 커지는 알람시계

7. 작문 실력을 향상시키기 위해서 매일 시를 읽어라

8. 제조 특성의 변화가 유익한 작용의 지속에 상당한 영향을 보여준다.(Lean과 Just In Time) 장기적인 연속 생산을 대신해 고객중심의 생산을 한다.

◉ 생활, 직장에서 '유익한 작용의 지속' 사례를 찾아서 기록(그림, 이미지 포함) 하자.

1. _____

2. _____

3. _____

26. 발명원리 40가지를 활용하면 창의적인 산물이 나온다.(21번~40번) 본 장의 목적은 기술 시스템의 모순을 해결할 수 있는 공통해법 21번에서 40번까지를 알려 주는 것이다. 또한 40가지 원리의 사용빈도를 빈도수와 40가지 원리와 자원특성, 기술진화의 관계를 보여준다.

## 40가지 원리의 사용빈도

(출처 : Ideation Methodology The Training Manual(4th ED)Ideation INTERNATINAL Inc, Southfield, MI, 1995)

| 순위 | 빈도 수 | 40원리 명칭 | 순위 | 빈도 수 | 40원리 명칭 |
|---|---|---|---|---|---|
| 1 | 35 | 속성 변환 | 21 | 14 | 구형화 |
| 2 | 10 | 선행 조치 | 22 | 22 | 해로움을 이로움으로 |
| 3 | 1 | 분할 | 23 | 39 | 불활성 환경 |
| 4 | 28 | 기계적 시스템의 대체, | 24 | 4 | 비대칭 |
| 5 | 2 | 추출 | 25 | 30 | 유연막 또는 박필름 |
| 6 | 15 | 역동성 | 26 | 37 | 열팽창 |
| 7 | 19 | 주기적 작동 | 27 | 36 | 상전이, |
| 8 | 18 | 기계적 진동 | 28 | 25 | 셀프 서비스, |
| 9 | 32 | 색상 변경, | 29 | 11 | 사전예방, |
| 10 | 13 | 반대로 하기 | 30 | 31 | 다공질 재료 |
| 11 | 26 | 복제 | 31 | 38 | 산화 가속 |
| 12 | 3 | 국소적 성질 | 32 | 8 | 평형추 |
| 13 | 27 | 일회용품 | 33 | 5 | 통합 |
| 14 | 29 | 공기식/수압식 구조물 | 34 | 7 | 포개기 |
| 15 | 34 | 폐기 및 재생 | 35 | 21 | 고속처리, |
| 16 | 16 | 과부족 조치 | 36 | 23 | 피드백 |
| 17 | 40 | 복합재료 | 37 | 12 | 높이 맞추기 |
| 18 | 24 | 매개체 | 38 | 33 | 동질성 |
| 19 | 17 | 차원 바꾸기 | 39 | 9 | 선행반대조치 |
| 20 | 6 | 범용성 | 40 | 20 | 유익한 작용의 지속 |

## 40가지 원리의 사용빈도 순위

| 번호 | 빈도 | 원리 | 40원리 명칭 | 번호 | 빈도 | 원리 | 40원리 명칭 |
|---|---|---|---|---|---|---|---|
| 1 | 40 | 17 | 복합재료 | 21 | 20 | 40 | 유익한 작용의 지속 |
| 2 | 39 | 23 | 불활성 환경 | 22 | 19 | 7 | 주기적 작동 |
| 3 | 38 | 31 | 산화 가속 | 23 | 18 | 8 | 기계적 진동 |
| 4 | 37 | 26 | 열 팽창 | 24 | 17 | 19 | 차원 바꾸기 |
| 5 | 36 | 27 | 상전이, | 25 | 16 | 16 | 과부족 조치 |
| 6 | 35 | 1 | 속성 변환 | 26 | 15 | 6 | 역동성 |
| 7 | 34 | 15 | 폐기 및 재생 | 27 | 14 | 21 | 구형화 |
| 8 | 33 | 38 | 동질성 | 28 | 13 | 10 | 반대로 하기 |
| 9 | 32 | 9 | 색상 변경, | 29 | 12 | 37 | 높이 맞추기 |
| 10 | 31 | 30 | 다공질 재료 | 30 | 11 | 29 | 사전예방, |
| 11 | 30 | 25 | 유연막 또는 박필름 | 31 | 10 | 2 | 선행 조치 |
| 12 | 29 | 14 | 공기식/수압식 구조물 | 32 | 9 | 39 | 선행반대조치 |
| 13 | 28 | 4 | 기계적 시스템의 대체, | 33 | 8 | 32 | 평형추 |
| 14 | 27 | 13 | 일회용품 | 34 | 7 | 34 | 포개기 |
| 15 | 26 | 11 | 복제 | 35 | 6 | 20 | 범용성 |
| 16 | 25 | 28 | 셀프 서비스, | 36 | 5 | 33 | 통합 |
| 17 | 24 | 18 | 매개체 | 37 | 4 | 24 | 비대칭 |
| 18 | 23 | 36 | 피드백 | 38 | 3 | 12 | 국소적 성질 |
| 19 | 22 | 22 | 해로움을 이로움으로 | 39 | 2 | 5 | 추출 |
| 20 | 21 | 35 | 고속처리, | 40 | 1 | 3 | 분할 |

40가지 원리와 자원특성, 기술진화와의 관계

| 40가지 원리 | 물리적 모순 관계 | 기술진화유형 관계 |
|---|---|---|
| 1. 분할 | 공간자원, 시간자원<br>거시와 미시 수준의 차원<br>하위 시스템 이행 | 시스템의 불균형 진화<br>미시 수준으로 진화 |
| 2. 추출 | 공간자원 | 시스템의 불균형 진화<br>확장과 융합 |
| 3. 국소적 품질 | 공간자원<br>하위 시스템 이행 | 시스템의 불균형 진화<br>확장과 융합 |
| 4. 비대칭 | 공간자원 | 시스템의 불균형 진화 |
| 5. 통합 | 거시와 미시 수준의 자원<br>상위 시스템 이행 | 시스템의 불균형 진화<br>거시 수준으로 진화<br>확장과 융합 |
| 6. 다음도 | 거시와 미시 수준의 자원<br>대체 시스템 이행<br>상위 시스템 이행 | 시스템의 불균형 진화<br>거시 수준으로 진화<br>확장과 융합/이상성 증가 |
| 7. 포개기 | 공간자원<br>시간자원 | 시스템의 불균형 진화<br>거시 수준으로 진화<br>미시수준으로 진화 |
| 8. 평형추 | 일반자원<br>대체 시스템 이행 | 시스템의 불균형 진화<br>거시 수준으로 진화 |
| 9. 사전 반대 조치 | 시간자원 | 시스템의 불균형 진화 |
| 10. 사전 조치 | 시간자원 | 시스템의 불균형 진화 |
| 11. 사전 예방 조치 | 시간자원 | 시스템의 불균형 진화 |
| 12. 높이 맞추기 | 상위 시스템 이행 | 시스템의 불균형 진화 |
| 13. 반대로 하기 | 공간자원<br>반대 시스템 이행(시스템에 의한 분리) | 시스템의 불균형 진화 |
| 14. 곡선화 | 공간자원 | 시스템의 불균형 진화 |
| 15. 역동적(자유도 증가) | 시간자원 | 시스템의 불균형 진화 |
| 16. 초과 또는 부족 | 시간자원 | 시스템의 불균형 진화 |
| 17. 차원 바꾸기 | 공간자원 | 시스템의 불균형 진화 |
| 18. 진동 | 시간자원 | 시스템의 불균형 진화 |
| 19. 주기적 작동 | 시간자원 | 시스템의 불균형 진화 |
| 20. 유용한 작용의 지속 | | 시스템의 불균형 진화 |
| 21. 급히 통과 | 시간자원 | 시스템의 불균형 진화 |
| 22. 전화위복 | 대체 시스템 이행/<br>상위 시스템 이행 | 시스템의 불균형 진화<br>이상성 증가 |
| 23. 피드백 | | 시스템의 불균형 진화<br>상호작용의 증가(품질 · 작용도입) |
| 24. 매개체 | 거시와 미시 수준의 자원<br>시간자원/공간자원<br>하위 시스템 이행 | 시스템의 불균형 진화<br>상화작용의 증가<br>(품질 · 작용도입) |
| 25. 셀프서비스 | 대체 시스템 이행 | 시스템의 불균형 진화<br>이상성 증가 |
| 26. 복사 | 시간자원 | 시스템의 불균형 진화 |
| 27. 일회용품<br>　값싸고 짧은 수명 | 시간자원<br>규모와 분리(대체시스템이행/하위시스템 이행) | 시스템의 불균형 진화 |

| 40가지 원리 | 물리적 모순 관계 | 기술진화유형 관계 |
|---|---|---|
| 28. 기계시스템 대체 | 조건 분리 | 시스템의 불균형 진화<br>미시 수준으로 진화<br>상호작용의 증가(품질·작용 도입) |
| 29. 공기 및 유압사용 | 일반자원/시간자원/조건 분리 | 시스템의 불균형 진화 |
| 30. 유연한 얇은 막 | – | 시스템의 불균형 진화<br>미시 수준으로 진화 |
| 31. 다공질 품질 | 조건 분리 | 시스템의 불균형 진화<br>미시 수준으로 진화<br>상호작용의 증가(품질·작용 도입) |
| 32. 색깔 변형 | 조건 분리 | 시스템의 불균형 진화 |
| 33. 동질성 | 상위 시스템 이행 | 시스템의 불균형 진화 |
| 34. 폐기 및 재생 | 시간자원 | 시스템의 불균형 진화 |
| 35. 속성 변화 | 조건 분리 | 시스템의 불균형 진화<br>미시 수준으로 진화<br>상호작용의 증가(품질·작용 도입) |
| 36. 상 전이 | 조건 분리 | 시스템의 불균형 진화<br>미시 수준으로 진화 |
| 37. 열팽창 | 시간 자원 | 시스템의 불균형 진화<br>상호작용의 증가(품질·작용 도입) |
| 38. 산화제 | 조건 분리 | 시스템의 불균형 진화 |
| 39. 불활성 환경 | 일반자원/조건 분리 | 시스템의 불균형 진화<br>상호작용의 증가(품질·작용 도입) |
| 40. 복잡 재료 | 거시와 미시 수준의 자원/<br>공간자원 대체 시스템 이행/<br>위 시스템 이행 | 시스템의 불균형 진화<br>거시 수준으로 진화 |

21번. 서두르기(Hurrying)

고속처리(Rushing Through),유해한 것은 빨리 진행한다.

■ 아이디어 개념

시간 자원의 활용으로 고속으로 실행하면 유해한 작용이 생길 여유가 없다. 공정이나 어떤 단계(예: 파괴적인 공정, 유해한 혹은 유독한 공정)을 고속으로 처리한다. 일종의 생략법칙이다.(건너뛰기) 이다. 유해한 작용을 줄이기 위해 빨리 통과하도록 한다.

■ 적용사례

1. 우유를 고온으로 단시간에 살균한다든지, 야채를 장기 보관 시에 고온으로 단시간 살균하는 방법이 이용된다. 2초간 138℃(280℉)로 가열한다. 우유의 저장시간이 증가된다.

2. 빵을 자른다든지 김밥을 자른다든지 하는 경우, 일반적인 절단 방법으로는 움푹 페이게 된다. 이와 같은 경우에 절단면이 깨끗한 고속절단을 하게 된다.

3. 끓는 물이 튀지 않도록 하기 위해 다른 한 손으로 뚜껑을 붙잡고 살아 있는 바닷가재를 신속하게 용기 속에 넣는다.

4. 고속도로 톨게이트의 하이패스. 휴대폰 급속 충전기, 급속 동결, 퀵 서비스

5. 코로나 19 전염병 예방을 위한 신속한 검사 수행 (일명 드라이브 스루, 워킹 스루 진단)

6. 치과 치료에서 치아를 갈 때 조직의 가열됨을 피하기 위해 드릴을 고속으로 회전시킨다.

7. (통증을 최소화 하려는 빠른 행동.들) 흰 머리카락을 뽑을 때, 순간에 잡아당긴다.

8. 과거에는 어린이들의 치아가 썩으면 부모님들이 썩은 치아에 실을 걸어 놓고 어린아이와 이야기하면서 주위 집중을 다른 곳으로 이동시킨 후 순식간에 실을 당겨 썩은 치아를 뽑아내었다.

9. 파스를 몸에 붙였다가 저녁에 떼어낼 때, 피부에 잘 밀착되어 있어서 통증을 느끼게 된다. 통증을 최소화하기 위해 순간에 피부에서 떼어낸다.

10. 수술하는 동안, 환자의 마취가 오래되면 될수록 실패의 위험도 더 높아진다. 복잡한 수술 이후 8시간 이상이 소요되는 개심수술은 새로운 도구와 방법들을 통합적으로 사용해서 현재 1시간 이내에 끝난다.

11. 고층 아파트 이삿짐 나르기는 고층 사다리를 이용하여 신속하게 옮긴다.

▣ 생활, 직장에서 '서두르기' 사례를 찾아서 기록(그림, 이미지 포함) 하자.

1. _____

2. _____

3. _____

22번. 전화위복

해로움을 이로움으로 (Convert Harm into Benefit)

■ 아이디어 개념

환경이나 주위에 있는 요소의 부분적인 유해 작용을 유익한 작용으로 바꾼다. 유해한 작용에 다른 유해한 작용을 첨가함으로써 문제를 해결한다. 유해한 작용이 더 이상 유해하지 않을 때 까지 유해한 요소를 확대한다.

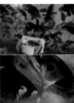

■ 적용사례

1. 접착성이 있는 물질을 파이프로 통과시키고 피복이 형성되면 날카로운 입자를 통과시킨다. 이 경우 접착성 피복은 보호막이 된다.

2. 건물 폭파 시 건물 주변에 도랑을 만들어 충격파가 반사되어 원점으로 되돌아오도록 하면 충격파의 에너지는 상쇄된다.

3. 아스팔트 밑에 배관을 깔아 여름에는 물은 순환시킨다(온수를 사용한다) 겨울에는 바이오 가스를 넣어 아스팔트 얼음을 녹인다.

4. 산불이 발생했을 때 맞불을 놓는 것은 많이 알려진 기법이다. 맞불은 산불들이 태울 것들을 미리 태워버린다. 산불이 그곳에 도착했을 때 불이 꺼진다.

5. 폐기물을 이용하여 전기를 발생시킨다. 폐기물 재활용.

6. 수족관에 구멍을 뚫어 먹이를 주고 어류를 더욱 가까이서 볼 수 있게 만들었다

7. 종두는 해로운 바이러스가 우리 몸을 어떻게 보호하는지 보여주는 고전적인 예이다.

8. 알레르기에 대한 면역을 강화하기 위해서는 동일한 알레르기에서 추출한 것에 노출되는 것이다.

▣ 생활, 직장에서 '전화위복' 사례를 찾아서 기록(그림, 이미지 포함) 하자.

1. _____

2. _____

3. _____

23번. 피드백(Feedback)

■ 아이디어 개념

자동제어 이론에서 나온 것으로 피드백하면 기준치로 돌아가 과부족을 보완하는 사고의 방식이다. 피드백의 의미는 외부의 요인에 의해 변화했다가 요인이 사라지면 원래의 상태로 되돌아가는 개념이다.

■ 적용사례

1. 가스 경보장치, 자동 온도조절, 스마트폰 화면밝기 자동조절

2. 엔진 기화기의 연료의 량은 플로트 밸브에 의하여 자동 조절된다.

3. 마찰 용접에서는 두 면사이의 마찰 계수에 의하여 마찰압력이 조절된다.

4. 통계적 공정관리, 오디오 회로에서 자동 볼륨 제어장치

5. 무게를 소리로 변화시킨다. 빛 대신에 전기신호를 이용한 망원경

6. 항공기가 공항으로부터 5마일 이내에 있을 경우 자동조종장치의 민감도를 변화시킨다.

7. 냉방을 할 때 에너지의 효율을 위해서 자동온도 조절장치의 민감도를 변화시킨다.

8. 자외선의 양에 따라 색이 자동으로 변하는 조광(변색)렌즈, 렌즈가 자외선에 노출되면 렌즈에 코팅 처리된 이온입자가 활성화(전기적 에너지로 환원되고 이온 원자의 배열이 바뀌어 특수한 색을 띰) 과정을 통해 색깔이 입혀진다. 반대로 실내에서 햇빛이 사라지면 원래의 투명한 상태로 복귀 탈색이 돼 안경처럼 사용할 수 있다.

9. 리멤버링(입력한 기념일 하루 전에 약 50도 온도로 10초 동안 뜨거워져 알려줌)

10. 매직 머그컵(음료수의 온도에 따라 컵의 색이 변함)

■ 생활, 직장에서 '피드백' 사례를 찾아서 기록(그림, 이미지 포함) 하자.

1. _____

2. _____

3. _____


24번. 매개체(Intermediary)

매개자(Mediator),중간매개물


■ 아이디어 개념

제품이나 서비스에서 또는 비본질적인 요소로서 쉽게 제거되거나 삽입될 수 있는 것이다. 두 개의 객체 사이에서 특정한 역할을 한다.

중간 매개물은 브라켓 장착 위치를 정해 준다. 생산성이 향상에 기여함.


■ 적용사례

1. 이종 금속을 용접시 중간 부재를 사용한다. 단열재, 고무장갑

2. 새 구두에 발을 넣을 때 편안하게 신기위해 사용하는 구두주걱,

3. 가루약이나 맛이 쓴 약을 감싼 캡슐, 매개체를 사용하여 작용을 전달하거나 수행한다.

4. 어떠한 성질을 바꾸어 주는 역할(자동차의 크랭크와 기어처럼 직선운동을 회전운동으로 전환해 준다거나 와셔는 볼트와 너트 사이에서 둘을 고정시켜준다. 구리스와 베어링처럼 마찰 저항을 줄여준다든가 컴퓨터 서버의 전원 보조 장치인 UPS는 정전 시에 데이터 손실을 방지하는 역할을 한다. 컴퓨터에 저장되니 메모리를 이동 시켜주는 USB도 중간매개물이다.

5. 레고모형 얼음판, 젓가락에 보조기를 연결하여 젓가락질을 도와준다.

6. 부동산 중개사, 중고차 매매상사, 결혼 중매자, 경기장의 심판, 미술품 경매의 중개인, 회의 진행자, 법정의 판사 등이 모두 중간매개물의 역할을 하는 것이다.

7. 고정구나 지그는 부품의 위치를 잡아 조립을 용이하게 해준다.

8. 항공기 조립은 조립치 공구를 이용하여 순차적으로 조립하면서 항공기 형상이 만들어 진다. 내부 형상도 복잡하여 조립과정에서는 수작업이 필수적이다. 브라켓 장착시 매 개체를 이용하면 장착 위치 선정 시간을 절감한다.

◩ 생활, 직장에서 '매개체' 사례를 찾아서 기록(그림, 이미지 포함) 하자.

1. _____

2. _____

3. _____

25번 셀프서비스 (Self Service)

기능이 자동으로 수행되게 한다.

■ 아이디어 개념

외부의 힘이 아니라 물질이나 시스템이 그 스스로에게 보조적인 유용한 작용을 하도록 한다. 특히 버려 지는 자원이나 물질을 이용하여 시스템을 더 좋게 만든다. 이상성 증가 유 형을 설명해 준다.

■ 적용사례

1. 스스로 충전하는 수정 시계는 착용한 사람의 움직임에 의해서 동력을 공급 받는다.

2. 자동 복원되는 구명보트는 뒤집혀도 바로 복원된다.

3. 자가 치료와 자가 검진, 셀프서비스 식당, 무인점포, 무인도서 대출, 고속버스 QR코드 검표

4. 의자가 사람의 작은 움직임에 반응해 흔들의자로 만들어 준다.

5. 셀프서비스는 고객이나 상품이 스스로 서비스 기능을 갖는 것이다.

6. 대형 할인점의 자율 계산대에서 스스로 구입한 상품들의 바코드를 스캔하여 봉지에 넣는다.

7. 비행기 탑승객들은 자율 판매대에서 신용카드를 사용하여 탑승권을 티케팅 한다.

8. 패스트푸드 체인점 : 맥도날드나 버거킹에 가면 스스로 종업원이 된다. 카운터에 가서 스스로 주문하고, 음료수를 채우며 소스를 모으고, 직접 음식을 가지고 온다. 음식을 다 먹으면 쓰레기도 스스로 버린다. 대신 가격을 계속 낮게 유지할 수 있다.

9. 동물의 배설을 비료로 사용한다. 퇴비를 만들기 위해서 음식물과 잔디 쓰레기를 이용한다.

10. 이산화탄소 압력을 이용해서 음료수가 '쉬익' 소리가 나며 빠져 나오게 하는 파운틴 펌프(사이펀을 이용해 소다수를 내뿜게 하는) 장치, 음료의 김이 빠지지 않게 하며 센서가 필요 없다.

11. 항공기 엔진의 열을 이용한 객실 난방

12. 크레파스 재활용기(조각난 크레파스나 조각만 남은 크레파스를 새 크레파스로 만들 수 있다.)

13. 웹사이트 WWW.selfserviceworld.com를 방문하면, 사업에 필요할 수 있는 수천 가지의 셀프서비스 아이디어를 찾을 수 있다.

■ 생활, 직장에서 '셀프 서비스' 사례를 찾아서 기록(그림, 이미지 포함) 하자.

1. _____

2. _____

3. _____

26번. 복제(Copying)

대체수단, 복잡하고 비싼 것 대신 간단한 것으로 복사한다.

■ 아이디어 개념

비용을 낮추려는 것으로 값비싼 진품 대신에 비용이 저렴한 복제품을 사용한다는 것이다. 복제 한다는 뜻은 외부에서 가져와 '추가'한다는 의미이다.

방해 하지마 !!
나는 비행기로 날고 있다

■ 적용사례

1. 기차에 실어진 나무를 직접 측정하지 않고 사진으로 한다. 즉 사진의 크기를 측정함으로써 물체의 크기나 수량을 측정한다.

2. 태아의 건강을 알아보기 위해서 소노그래프를 이용한다.

3. 컴퓨터를 통한 가상현실 보안시스템의 침입자나 또는 곡물의 질병 등을 알아내기 위해 열원을 감지하기 위해 적외선 이미지를 사용한다.

4. 농촌의 논, 밭에 세워진 허수아비, 공사현장 안전요원 인형, 음식물 모형, 시뮬레이터, 모조품

5. 비행 훈련시 실제 비행기 대신에 시뮬레이터를 활용하면 위험을 줄이고 저렴하게 이용할 수 있다.

6. 풍동시험에서는 실물 대신에 크기가 축소된 모형을 이용하여 시험을 한다. 자동차 충돌시험에서도 사람 대신에 인형을 사용한다.

7. 조화, 모창가수, 모조, 가상현실, 아바타, 음식모형, 인조보석, 모델 하우스, 이러닝 (e-Leaning)

8. 희귀한 고서적이나 문서 등은 스캔을 하면 모두 다 열람 할 수 있고 원본도 보존 할 수 있다.

■ 생활, 직장에서 '복제' 사례를 찾아서 기록(그림, 이미지 포함) 하자.

1. _____

2. _____

3. _____

## 27번. 일회용품 (Cheap Disposables)

한번 쓰고 버린다.

### ■ 아이디어 개념

비용을 낮추는 것으로 값비싼 사물을 값싼 사물로 대체한다. 일회 사용할 것이니 비용도 최소화하고 아깝지 않아야 한다.

Paper dress

### ■ 적용사례

1. 기저귀의 세탁비용과 번거로움을 없애기 위해 일회용품을 사용한다.

2. 일회용(주사기, 식기, 젓가락, 물수건, 면도기, 기저귀 등) OTP(One Time Password), 가상 계좌번호

3. 미용티슈나, 물티슈는 한번 사용하면 버려야 한다. 한번 사용할 만큼의 크기와 비용으로 만든다.

4. 주변에는 일화용 제품이 널려있다. 제시해 보자.(종이컵, 주사기, 나무젓가락, 종이접시 등)

5. 심지어 우주선도 한번 발사하고 버렸다. 막대한 비용을 들여 개발하고 단 한번 발사하고 폐기했다.(이에 반하여 재활용 가능한 우주왕복선이 등장한다.)

▣ 생활, 직장에서 '값싼 일회용품' 사례를 찾아서 기록(그림, 이미지 포함) 하자.

1. _____

2. _____

3. _____

28번. 기계적 상호작용의 대체 (Mechanical inteaction substitution, use of fields)

다른 감각 재설계(Another sense),기계적 시스템을 광학, 음향 시스템으로 바꾼다.

■ 아이디어 개념

'기계적인 방법을 광학적, 음향적, 맛이나 냄새를 감지해내는 방법으로 바꾸는 것'이다. 물체에 작용하기 위해서는 전기나 자기 또는 전자기장을 이용하라. 고정된 것을 움직일 수 있는 장으로 바꾸라. 강자성체처럼 활성화하는 부품의 결합을 사용하라.

 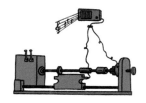

■ 적용사례

1. 굴착기의 날이 파손되면 냄새가 나게 한다.

2. 개나 고양이의 침입을 막기 위해서 물리적인 울타리 대신에 음량 울타리로 대체한다.

3. 가스 누출을 알 수 있도록 기계나 전자장치를 이용하는 대신에 독한 냄새가 나는 성분을 사용한다.

4. 소매로 물건을 사는 사람은 종이 양식에 채워 넣는 대신 터치스크린과 같은 것으로 접속 한다.

6. 의사소통과 대화는 얼굴과 얼굴을 맞대고 했다. 지금은 전화, 팩스, 이메일(E-Mail),화상회의 등으로 한다.

7. 자기부상 자동차는 철로에서 부양하기 위해서 자기장을 이용한다.

8. 마그네틱 카드와 스마트카드는 현금이나 수표를 대체하여 사용된다.

9. 둥근 레이저 자이로스코프는 예전의 기계식 자이로스코프와는 다르게 움직이는 부분이 없다.

■ 생활, 직장에서 '기계적 상호작용의 대체' 사례를 찾아서 기록(그림, 이미지 포함) 하자.

1. _____

2. _____

3. _____

29번 공기식 및 수압식 (Pneumatics or Hydraulics)

유동성, 공기나 유압을 사용한다.

■ 아이디어 개념

사물의 고체 부분을 기체나 액체로 대체한다. 그러면 공기나 물을 사용하여 팽창시키거나, 공기쿠션 또는 수압쿠션을 사용할 수 있다.

■ 적용사례

1. 에어백으로 화물을 보호하는 포장, 기업이나 행사 홍보에 사용하는 키다리 풍선인형

2. 자동차용 에어백, 에어 콤프레셔, 타이어, 등 공압을 이용한다. 포클레인, 불도저, 유압 실린더 쇼크 옵서버, 프레스, 착암기, 브레이크 등은 유압을 이용한다.

3. 운동화의 바닥에 공기를 넣어 활동 기능을 개선한다.

4. 노란계란 분리기(공기압을 이용해 노른자만 분리하는 조리기구), 공기 마우스, 워터 픽, 과자봉지 질소가스, 구명조끼, 구명보트, 모이스트 미스트 , 열기구

5. 유체 시스템에서 바퀴를 감속할 때 에너지를 저장하여 나중에 가속할 때 재사용한다.

6. 비상탈출 미끄럼틀, 여행용 배게, 물침대, 비상부주, 구명조끼, 구명정, 에어매트 등 길 거리 광고용 춤추는 하수아비 의자를 공기가 들어간 공으로 만들어 푹신푹신하다.

7. 조직을 유동성 있게 대체하라. (소비자의 요구에 맞는 보험회사의 유연 시스템 확보)

▣ 생활, 직장에서 '공압 및 유압' 사례를 찾아서 기록(그림, 이미지 포함) 하자.

1. _____

2. _____

3. _____

30번. 유연한 막/얇은 필름 (Flexible Membranes or Thin Film)

■ 아이디어 개념

삼차원 구조물 대신에 유연한 막이나 얇은 필름으로 대체한다. 얇은 막이나 유연한 물질 은 시스템을 외부 환경과 차단할 수 있다. 평범한 구조물 대신에 유연한 막과 박막으로 바 꾼다. 물체를 유연한 막과 박막을 이용하여 외부 환경으로부터 격리 시킨다.

■ 적용사례

1. 유연 막을 이용하여 한 통에 여러 가지 액체를 저장한다.(물침대)

2. 얇은 고무 필름으로 감싼 전구는 잘 부서지지 않음

3. 비닐하우스. 에어커튼, 선팅 필름, 음식포장 랩, 콘택즈렌즈, 방수 스프레이

4. 약을 복용하는 치료는 얇은 막의 개수에 따라 녹는 시간이 다른 작은 알약으로 나누게 된다. 환자는 하나의 알약을 먹게 되면 약은 일정시간 안에 시스템 속으로 녹아 들어 간다.

■ 생활, 직장에서 '유연막/박막' 사례를 찾아서 기록(그림, 이미지 포함) 하자.

1. _____

2. _____

3. _____

31번. 다공질 재료 (Porous Materials)
미세한 구멍을 가진 물질을 사용한다.

■ 아이디어 개념

사물을 다공성 보조 요소를 사용하여 다공질로 만든다. 또는 다공성 재료의 구멍을 다른 물질로 채운다.

■ 적용사례

1. 무게를 줄이기 위해 구조물에서 구멍 내기

2. 유압장치에서 다공질 재료는 밸브의 역할을 한다.

3. 첨가제를 머금은 다공질 벽돌을 이용하여 용융상태의 금속에 첨가제를 혼합한다.

4. 숯을 이용한 냄새분자 흡착, 스펀지, 고무신발 크록스, 물에 뜨는 아이보리 비누

5. 정수기 필터, 현수막 구멍, 각설탕 포장지, 실리카겔, 수소를 파라듐 스펀지의 구멍에 저장한다.(수소 자동차의 연료탱크_수소가스를 저장하는 것보다 훨씬 안전하다.)

6. 마이크로 섬유, 다공질은 물이 통과하는 것을 막고 증발하는 습기는 막지 않는다. 물, 먼지, 박테리아는 못 들어오게 하고 과도한 수분은 밖으로 배출한다.

7. 비즈니스에서의 정보를 빠르게 흡수하기 위하여 조직을 "다공질" 처럼 만든다.

■ 생활, 직장에서 '다공질 재료' 사례를 찾아서 기록(그림, 이미지 포함) 하자.

1. _____

2. _____

3. _____

32번. 광학특성 변경(Optical property changes)

색상 변화(Changing the Color)

■ 아이디어 개념

물질이나 외부환경의 색상, 투명도를 바꾸는 것이다. 물질이나 시스템이 그 스스로에게
보조적인 유용한 작용을 하도록 한다. 특히 버려지는 자원이나 물질을 이용하여 시스템을
더 좋게 만든다.

 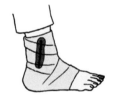 

■ 적용사례

1. 비행기의 댐퍼 볼트 풀림 현상을 조기에 확인하기 위해 볼트에 테프론 코팅을 해둔다.
   테프론이 손상되면 붉은 분말이 체결부의 외부로 노출된다.

2. 대형 트럭에 빛 반사판을 달아서 차량 충돌 사고를 방지하기 위해 위치 정보를 알려준다.

3. 온도에 따라 색상이 변화는 물질을 통해 온도 변화를 측정한다.(써모스팟, 테팔 프라
   이팬)

4. 특정 성분과 결합하면 색상이 변화는 물질을 활용하여 질병을 진단한다.(소변 검사지)

5. 자외선의 노출량에 따라서 렌즈의 색상이 변한다.

6. 전선 피복의 색상을 달리하여 작업이 수월하게 이루어지게 한다.

7. 투명붕대, 수소 공명을 이용한 핵자기 공명장치, 방사선 동위 원소를 사용한 추적 장치

8. 암실에서 붉은 빛을 이용하여 사진을 현상한다.

9. 반도체 공장에서 투명한 물질을 고체 마스트로 변화시키기 위해서 석판인쇄를 사용한다.

10. 반전 립스틱, 투명포장, 충전 LED, 형광 팬, 기업의 색깔 창조, 소주의 온도 라벨

11. 하이라이트 펜 (형광색 펜)

12. 칼라를 사용하여 강력한 브랜드 이미지를 가질 수 있다. 기업, 정당들이 특정 색상을 사용한다. 푸른색, 노란색, 붉은 색, 영국의 빨간색 전화 부스, 포드 자동차의 푸른색

13. '진실을 말하라' 음식이 썩게 되면 테이프가 검게 변한다.

▣ 생활, 직장에서 '광학특성 변경' 사례를 찾아서 기록(그림, 이미지 포함) 하자.

1. _____

2. _____

3. _____

33번. 동질성 (Homogeneity)

같은 재료를 사용한다.

■ 아이디어 개념

본체와 작용하는 주변 사물을 본체와 동일한(비슷한) 재료로 만든다.

팝콘으로 만든 팝콘 그릇

■ 적용사례

1. 용융금속과 같은 재질의 초음파 진동막대 사용

2. 다이아몬드는 다이아몬드로 만든 절삭 도구를 이용하여 절단 한다.

3. 가치관이 적합한 사람들을 충원하라(채용 시 조직문화에 적합한 사람들을 채용하기)

4. 단체의 유니폼, 와플로 만든 아이스크림용기, 팝콘으로 만든 팝콘 그릇, 커플링, 얼음
   맥주잔, 커플룩, 교복, 동문회, 동호회, 나무 못, 공단(동 업종 기업 단지, 세운상가)

◨ 생활, 직장에서 '동질성' 사례를 찾아서 기록(그림, 이미지 포함) 하자.

1. _____

2. _____

3. _____

34번. 폐기 및 재생 (Discarding and recovering)

다 쓴 것은 버리거나 복구한다.

■ 아이디어 개념

사물의 요소가 그 기능을 마쳤거나 쓸모없게 되면, 그 요소를 폐기하거나(버리기, 녹이기, 증발시키기) 또는 작동 도중에 개조한다. 사물 중에서 이미 사용된 부분은 작동 중에 원위치한다.

■ 적용사례

1. 미국 특허 #3,174,550, 비상착륙 도중에 비행기 연료는 특별한 화학물질을 갖는 거품으로 바뀐다.

2. 미국 특허 #3,160,950, 로켓의 초기 발사 중에 민감한 장치에 대한 손상을 방지하기 위해 장치들을 거품으로 감싼다. 이 거품은 충격흡수 임무를 마친 다음에 우주에서 증발한다.

3. 비밀 페이퍼, 물에 담그면 10초 이내에 녹는다. 싱크대, 화장실에서 그대로 종이를 녹일 수 있다. 기밀문서, 러브레터 등, 순간에 소멸할 수 있다.

4. 위성 안테나 보호용 신축성 공기 압축형 둥근 필름은 궤도에 진입하면 파괴되고 안테나가 나오게 된다.

5. 물에 녹는 알약 캡슐, 주물모형, 지승공예, 정크 아트(폐품 재활용한 예술품),폐타이어 계단

■ 생활, 직장에서 '폐기 및 재생' 사례를 찾아서 기록(그림, 이미지 포함) 하자.

1. _____

2. _____

3. _____

35번. 파라미터 변경(Parameter changes)_
물질의 속성 변화(Transformation of Property), 특성변화

■ 아이디어 개념

물체의 물리적 상태를 변화시키거나(가스화, 액체화 또는 고체화 등), 농도(Concentration) 나 밀도(Consistency)를 변화시키거나 온도를 변화시키는 것이다.

■ 적용사례

1. 액체 비누덩어리 비누 보다 농도가 진하고 점도가 높다. 또한 여러 사람이 사용할 때 좀 더 위생적이고 적정량을 따르기가 쉽다.

2. 산소, 질소 등을 운반할 때 부피를 줄이기 위해 액체 상태로 운반한다.

3. 아크 용접에서 액체화된 금속이 증기화 되어 전극 역할을 한다.

4. 유연성과 내구성을 증가시키기 위해서 고무를 고온에서 유황으로 처리한다.

5. 의학용 표본을 낮은 온도에서 보관한다.

6. 열기구의 공기온도를 조절하여 높이를 조절한다.

7. 탄성파 연구를 위하여 지하에 가스 상태의 폭발물을 매설한다.

8. 사업적인 상황에서의 특성변경은 주로 정책의 변경으로 나타난다. 선진국의 많은 회사들이 직원들의 복지 향상을 위해서 하나의 표준 프로그램을 운영하는 대신에 직원들이 의료보험, 생활 보장보험과 주택계획 등을 합쳐서 설계할 수 있도록 종업원 복지 프로그램의 유연성을 증대시켜 왔다.

9. 니트로겐 가스나 산소 가스를 액체 상태로 수송하는 것(천연 가스와 프로판을 액체로 수송)

10. 초콜릿의 녹는 온도를 변경시켜서 높은 온도에서 운반할 때도 녹지 않게 한다.

▣ 생활, 직장에서 '파라미터 변경' 사례를 찾아서 기록(그림, 이미지 포함) 하자.

1. _____

2. _____

3. _____

36번 상전이 (phase Transition)

시스템 상태변화

■ 아이디어개념

'상(相)전이 과정'에서 발생하는 현상 즉, 부피변화, 열의 손실, 흡수 등을 이용한다. 많은 상전이는 일반적으로 고체-액체-기체-플라즈마, 상자성체-강자성체 그리고 전도체-초전도체 등을 포함  한다. 그러나 많은 유용한 현상이 '고체-고체'의 결정학적인 변화, 초유동, 반(反)강자성 등과 같은 특이한 전이와 함께 일어난다.

■ 적용사례

1. 고체 이산화탄소 분출을 이용하면 표면을 청소할 수 있다. 불순물들이 즉시 얼게 되고, 수축이 되어 잘 분리된다. 불순물은 매우 빨리 얼게 되므로 깨끗해진 물체가 열팽창의 영향을 받지 않는다. 표면에 분사된 이산화탄소는 이후에 아무런 해로운 작용이 없이 가스로 승화하고, 따라서 따로 다시 청소할 필요가 없어진다.

2. 가열관은 상전이에 일어나는 현상을 활용한 예로 잘 알려져 있다. 배관내의 유체가 액체에서 가스로 전환됨에 따라 발산되거나 흡수되는 열은 시스템이 구성된 형태에 따라 히터나 에어컨으로 사용 될 수 있다.

3. 근육 줄(Muscle Wire)은 로봇 시스템과 치열교정에 사용되는 니켈 티타늄 합금의 한 종류이다. 작은 전류가 줄을 가열하고 이열이 결정학적인 상변화를 일으켜 줄의 길이를 변경시킨다.

4. 사업상 구조가 변경되면(합병, 획득 또는 내부적인 변화) 이에 수반되는 환경은 상변화에 있어서의 열과 같다. 즉, 많은 혼란이 있게 된다. 비즈니스 시스템을 새로운 전략, 새로운 고객 및 공급자 등의 관련자 구성 및 쓸모없는 관습의 폐기 등을 포함한 혼란 기간을 활용할 건설적인 방법으로서의 혼란이 있게 된다.

5. 열을 이용한 잉크제트(Thermal inkjet)는 잉크가 노즐을 통과 하도록 하기위해 증기화를 이용 한다.

6. 프로젝트의 각 단계, 즉 개념 구상-출현-개발-숙성-쇠퇴 등의 요구사항을 잘 알고 있어야 한다.

7. 냉풍기, 히트텍, 드라이아이스, 향수, 가습기, 모기향,

8. 샌드 블라스팅 공정의 연마제로 모래 대신에 드라이아이스 사용

9. 물은 얼면 부피가 팽창한다. 이를 이용한 물체의 파괴하는 수단으로 활용한다.

▣ 생활, 직장에서 '상전이' 사례를 찾아서 기록(그림, 이미지 포함) 하자.

1. _____
2. _____
3. _____

37번. 열팽창 (Thermal Expansion)

요소간의 관계변화

■ 아이디어 개념

물체의 열팽창 또는 수축을 이용한다. 만약 열팽창을
이용 하려면, 여러 가지의 열팽창계수를 가진 다중물질
(Multiple Materials)을 활용한다. 두 가지 관점에서 응용
할 수 있다. 온도 변화에 의한 물질의 팽창 및 수축을 이
용한다. 열팽창 계수가 다른 여러 가지 재료를 이용한다.

■ 적용사례

1. 바이메탈 띠 온도계, 자동차의 리프스프링, 바이메탈(압력밥솥, 삐삐 주전자), 열기구

2. 열팽창 계수가 다른 두 재료를 사용하여 온도가 변했을 경우 서로 상쇄하게 한다.

3. 부품을 단단하게 조립하기 위해서 안에 들어갈 부분을 냉각시키고 밖에서 둘러싸는
   부분은 다른 열팽창계수를 갖는 여러 물질을 사용한다.

4. 주방에서 병뚜껑이 잘 열리지 않을 때 병을 뜨거운 물에 넣어 두면 병의 꽉 끼인 금속
   뚜껑이 헐렁하게 되어서 쉽게 열 수 있게 된다.

▣ 생활, 직장에서 '열팽창' 사례를 찾아서 기록(그림, 이미지 포함) 하자.

1. _____
2. _____
3. _____

38번. 강한 산화제(Strong Oxidation)

산화가속(accelerated oxidation), 노출 증가시켜 활성화 한다.

■ 아이디어 개념

일반적인 공기를 산소가 충만한 공기로 대체한다. 산소가 충만한 공기를 순수 산소로 대체한다. 산소나 공기를 이온화를 촉진하는 열에 노출시킨다. 이온화된 산소를 활용한다. 이온화된 공기나 산소를 오존으로 대체한다.

■ 적용사례

1. 폐수 처리장에서 박테리아에 공기 공급을 위하여 파이프에 많은 구멍을 낸다.

2. 잠수용 산소통 : 스쿠버 다이빙할 때 물 속에서 더 오래 견디기 위해서, 질소나 공기가 함유되지 않은 다른 혼합물을 사용하기

3. 철근 절단 시 산소-아세틸렌 토치를 사용하여 고온으로 절단

4. 혐기성 박테리아를 죽이기 위해 상처를 높은 압력의 산소가 있는 환경에서 치료한다.

5. 공기 청정기에서 오염물질을 골라내기 위해서 공기를 이온화한다.

6. 사용하기 전에 가스를 이온화 함으로써 화학반응 속도를 높인다.

7. 강의 대신 모의 실습이나 게임 등을 활용한다.

8. 활성가스 용접(Metal Active Gas Welding)

▣ 생활, 직장에서 '강한 산화제' 사례를 찾아서 기록(그림, 이미지 포함) 하자.

1. _____

2. _____

3. _____

39번 불활성 환경 (Inert Environment)

정상 환경을 불활성 환경으로 바꾼다.

■ 아이디어 개념

평상시의 환경을 비활성 환경으로 바꾸기 위해 산소와 접촉을 피한다는 개념이다. 중성물질이나 불활성 첨가제를 추가한다. 진공 속에서 작업한다.

■ 적용사례

1. 아르곤 기체를 이용하여 뜨거운 금속 필라멘트의 파손을 막는다.

2. 화제 진압용 거품, 포말의 사용

3. 반도체나 디스플레이 공정에서 산화 방지를 위하여 진공 속에서 진행, 진공 포장기,

4. 질소 충전 포장, 통조림 보관, 항산화제, 지퍼 백, 휴가, 무균실

5. 창고에서 솜에 불이 붙는 것을 방지하기 위해서 창고로 옮길 때 비활성가스로 처리한다.

6. 용접 시 용접부 금속이 산화되는 것을 막기 위해 이산화탄소나 아르곤 같은 불활성가스를 사용한다.

7. 측정을 쉽게 하려고 세제에 불활성 물질을 첨가한다.(박스에 왜 97% 불활성 물질이라고 쓰여 있는지 궁금해 한 적이 있는가?)

◼ 생활, 직장에서 '불활성 환경' 사례를 찾아서 기록(그림, 이미지 포함) 하자.

1. _____

2. _____

3. _____

40번. 복합재료 (Composite Materials)

복합화

■ 아이디어 개념

중량절감의 개념으로 동질의 재료를 복합재료로 바꾸는 재료적 수단의 원리이다. 하나의 시스템과 다른 시스템이 통합되면 더 좋은 효과를 발휘한다. 발명의 원리 또한 하나의 시스템이다. 다른 시스템과 결합하여 사용하면 복합 시스템이 되어 보다 강력한 효과를 가지게 된다.

■ 적용사례

1. 땜납의 용융온도를 높이기 위하여 합금을 한다.

2. 방탄유리(유리에 고분자 폴리에틸렌 필름 추가),

3. 리트라콘(시멘트+광섬유 결합으로 빛을 통과시키는 콘크리트), 철근 콘크리트

4. 퓨전(한복, 음식) 비비밥, 진흙 팩, 칵테일, 클 래드(스테인리스+알루미늄+니켈 등),

5. 유리섬유 강화 플라스틱(Glass fiber reinfoced plastic)

6. 섬유강화 세라믹, 천을 짜 맞춰 넣은 고무

7. 벌집 모양의 물질(계란 팔레트, 비행기구조) 중공(中空)시스템(골프클럽, 뼈) 스펀지 물질(포장재, 스쿠버 다이빙 옷)*31번 다공질재료와 40번 복합물질이 통합

8. 여러 전문가를 한 팀으로 구성한 테스크포스(CFT : Cross Functional Team)

9. 멀티미디어 프레젠테이션

10. 고 위험 투자와 안전성이 높은 투자를 병행하는 투자전략

11. 비행기 좌석의 쿠션에 사용되는 케블라 섬유가 코팅된 인화성의 폴리우레탄

■ 생활, 직장에서 '복합재료' 사례를 찾아서 기록(그림, 이미지 포함) 하자.

1. _____

2. _____

3. _____

# VII

## 문제해결 사례와 트리즈 이후의
## 창의적 사고기법(아시트)

창의적 문제해결 프로세스

## SECTION 26
# 트리즈 방식의 문제해결 사례

### 겨울철 난방 배관 파손에 의한 스팀 유출 사고 해결 사례

겨울철 대부분의 빌딩에서는 가열된 증기를 파이프로 흘려보내는 난방 시스템을 운영한다. 어느 날 배관에 구멍이 생겨 고 압력의 증기가 구멍을 통해서 분출되고 있다. 긴급하게 구멍 위에 금속 패치를 덧대고 용접으로 증기 누출을 막으려고 시도했다. 그러나 높은 압력으로 패치가 밀려나는 현상이 발생하여 도저히 용접을 할 수 없는 상황이 되었다. 스팀 공급을 중단시키고 수리 작업을 할 수 없는 상황이어서 스팀 공급과 함께 동시에 수리해야 하는데 어떻게 해결해야 하는가?

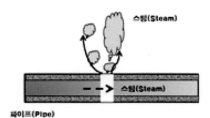

■ 문제 정의 : 관계자들과 공유

• 문제 정의 : 용접 토크로 금속 패치를 녹여서 파이프에 붙이려 한다. 스팀의 고 압력에 의해 패치가 밀려나 용접할 수 없다.

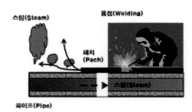

- 기술시스템 구성요소 : 파이프, 스팀, 패치, 용접봉, 사람

- 시스템 주변 환경요소 : 공기, 용접불꽃,  빌딩, 도로, 등


■ **시스템 및 기능분석**

- 시스템 계층 분석

| 상위시스템 | | 빌딩, 공기. 용접자, 불꽃, 압력, 열 |
|---|---|---|
| 현 시스템 | | 스팀 이송 시스템(주기능 : 스팀 이송) |
| 하위 시스템 | | 파이프, 스팀, 패치, 용접봉, 용접토크 |

- 시스템 기능분석 : 시스템 요소들의 상호작용(유익/유해) 분석을 통해서 핵심적인 문제 즉 모순 요소를 파악한다.

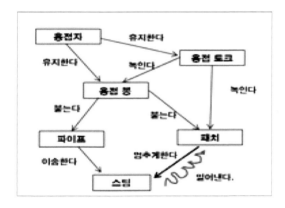

그림 27-1  스팀 이송 파이프 기능분석도

■ **기술 시스템 모순 식별**

- 주요 기능 : 스팀 이송

- 주요 구성요소 : 파이프, 스팀, 패치

- 기술적 모순 : Technical Contradiction

| TC 1 | 만약 〈패치〉를 파이프에 가까이 하면 패치는 〈스팀 누출〉을 방지할 수 있다.(+) 하지만 패치는 고압력으로 밀려나게 된다. |
|---|---|
| TC 2 | 만약 〈패치〉를 파이프에서 멀리 하면 패치는 밀려나지 않지만(+) 하지만 패치는 스팀의 누출을 방지하지 못한다. |

■ 기술 시스템의 기능모델 도식

- 도구—대상(Tool—Object) 표현 : Tool(가까운 패치, 떨어진 패치), Object(스팀)

  ※ 도구(Tool) : 대상의 속성을 변경시키는 주체로 변경이 가능한 요소

- 대상(Object) : 도구로부터 속상의 변경을 강요받는 객체로 변경이 어려운 요소

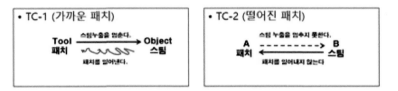

그림 27-2 기술모순의 기능적 표현

- 도구—대상 모델 선택 : 기술 시스템의 주요기능을 잘 수행 할 수 있는 모순(TC-1)을 선택한다.

■ 모순 강화 : 문제를 극한 상태로 표현한다.

- 강화된 기술적 모순 (TC-1)+

| TC 1+ | 만약 〈패치〉를 매우 가깝게 하면 모든 〈스팀〉의 누출을 완벽하게 방지(+)한다. 하지만 패치는 엄청난 힘으로부터 밀려나게 된다.(-) |
|---|---|

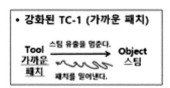

그림 27-3 강화된 모순 표현

■ 문제의 전환 : 문제 모델에서 해결모델로 전환

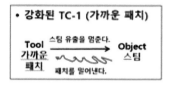

(문제 모델)

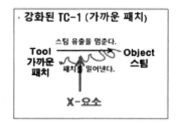

(해결모델)

• 문제모델 : <가까운 패치>는 스팀 누출을 완전하게 방지한다. 그러나 <패치>는 엄청난 힘으로 밀려난다.

• 해결모델 : 어떤 X-요소(알려져 있지 않은 것)을 도입하여  스팀 누출을 완전하게 방지 하고, 패치를 밀어내는 것을 완전하게 제거한다.

■ 모순 제거에 필요한 자원 찾기(X 요소를 대치할 자원 분석)

| 범주 | | | 물질 자원 | 장자원 | 특성 자원 |
|---|---|---|---|---|---|
| 시스템 자원 | 내부 | 도구(패치) | 패치 | 무게, 자기특성 | 재료, 형태, 유연성, 색상, 구조 |
| | | 대상(스팀) | 스팀 | | 운동에너지, 압력, 온도, 방향 |
| | 외부 | 특정 환경 | 파이프, 구멍 | 불꽃(열) | • 파이프 : 형태, 색상, 온도, 자기, 성질<br>• 구멍 : 사이즈, 모양, 방향, 온도 |
| | | 공통 환경 | 공기 | 빛, 중력 | 온도, 흐름, 밝기, 색깔 |

■ 이상적인 최종결과 설정

• IFR : (X 요소) 스스로 시스템을 복잡하지 않게 하고, 유해 작용 없이 <패치가 파이프 에 부착될 때> 패치와 구멍 사이의 공간에서 스팀 유출을 완전히 방지하고 패치를 밀 어내는 것을 제거 한다.

(패치의 형태)는 그 자체가 <패치가 파이프에 부착될 때> 패치와 구멍 사이의 공간에 서 스팀 누출을 완전히 방지하고 패치를 밀어내는 것을 제거 한다.

■ 자원에 대한 물리적 모순

• (패치 형태는)는 밀어냄을 제거하기 위해 작아야 하고, 스팀 누출 방지를 위해 커야한다. 패치는 작아야 하고 한편 커야한다.

패치는 작아야 하고 한편 커야 한다.

• (패치의 재료)는 밀어냄을 제거하기 위해 다공질(Porous)이어야 하고, 스팀 누출 방지를 위해 비다공질(Non-porous) 이어야 한다. 패치는 다공질 이면서 비다공질 이어야 한다.

■ 물리적 모순에 분리의 원리 적용

모순(갈등 요구 사항)을 시간으로 분리한다. 파이프 위에 놓을 때에는 스팀이 나오도록 패치는 반드시 다공질 이어야 하고, 파이프와 용접된 후에는 패치는 반드시 비다공질 이어야 한다.

두 개의 패치를 이용한다. 가장 자리에 구멍을 뚫고 두 장의 패치를 볼트로 체결하여 회전할 수 있도록 한다.

밑에 있는 패치의 중앙에 파이프에 뚫린 구멍 보다 더 큰 구멍을 낸다.

■ 최종 해결안 제시

패치를 두 장으로 만들고 아래 판의 패치를 먼저 용접하여 붙인다. 위쪽 판의 패치를 회전시켜 유출되는 스팀 구멍을 완전하게 밀폐시킨다.

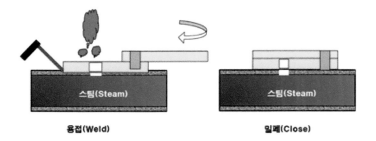

용접(Weld)                 밀폐(Close)

## SECTION 27
## 트리즈 이후의 창의적인 사고기법, 아시트(ASIT)

본 장에서는 TRIZ 다이어트 후의 모습인 아시트(ASIT)를 소개한다. 기업으로 비유하면 트리즈 그룹과 신생 벤처 기업 아시트로 표현하는 것이 적당할 것 같다. 아시트와 트리즈를 비교하여 설명하고 적용 사례에서 활용방법을 제시한다.

ASIT(Advanced Systemtic Inventive Thinking)는 문제의 해결책에 대한 생각을 단순화 하는 기법이다. 어느 날 트리즈 세미나에 참석한 로니 호로위츠 교수는 좀더 '생각의 순발력을 키우는 방법'이 없을까? 연구하였다. 그의 연구 결과로 탄생한 것이 아시트(ASIT)다. 즉 트리즈 원리를 재구성해 만든 4 단계의 창의적인 사고기법이다. TRIZ Journal(2001년 8월호)에 호로위츠 교수가 기고한 글 "TRIZ에서 4단계의 ASIT" 에서 확인할 수 있다. ASIT는 TRIZ에서 출발하여 4단계의 창의적 사고 과정으로 단순화 한다. 트리즈와 아시트의 전체적인 모습을 보여준다.(표 28-1 참고)

표 28-1 TRIZ와 ASIT 특징 비교

| 구분 | ASIT(로니 호로위츠) | TRIZ (겐리흐 알트슐러) |
|------|------|------|
| 1단계 | 한정된 세계의 원리(Closed World) | 이상적인 해결책(IFR) |
| 2단계 | 관계 변화의 원리<br>(Qualitative Change) | 모순의 극복 |
| 3단계 | 5가지 기법 | 40가지 발명원리 |
| 4단계 | TRIZ의 일부 요소 배제 | 모순행렬표, 물질-장분석, ARIZ 등 |

## 트리즈 구조의 재구성 배경

자연은 시간의 흐름과 더불어 진화 발전한다. 트리즈 역시 진화의 룰(Rule)에서 예외일 수 없다. 트리즈 그룹은 그 규모가 작지 않다. 심지어 어떤 이들은 방대하다고 표현하기도 한다. 호로위츠 교수는 TRIZ에서 세 가지 부담을 체험한다. 하나는 '트리즈는 어떤 특정한 문제에만 적용되는 원리들이 있다.'는 것이고 두 번째는 자주 활용되는 원리와 그렇지 않는 원리들이 혼재되어 있다는 것이다. 세 번째는 창조적 사고 원리의 수가 너무 많다는 점이다. 40가지 원리 모두를 적용하기 매우 어렵다고 판단했다. 특히 모순 행렬표 사용의 애로점이 그의 마음을 불편하게 했다. 모순 행렬표 사용의 어려움을 세 가지로 말한다. 첫째, 변수를 식별하는데 많은 시간이 소요된다. 둘째, 기술특성들을 정확하게 유추하지 못하면 문제해결이 어렵다. 셋째, 트리즈의 1개 원리를 습득하려면 반복적인 연습이 필요한데 반복 연습도 어렵다.

호로위츠 교수는 과감하게 구조를 재구성하기로 결심한다. 다음과 같은 4가지 원칙을 세운다. 단순하며 학습하기 쉬워야 한다. 과거에 생각하지 못했던 새로운 아이디어를 떠올리게 한다. 문제를 바라보는 시각을 창의적이며 체계적으로 바꾸어 준다. 적용 범위는 과학, 기술 분야에 국한되지 않고 일반적인 경우에도 적용되어야 한다.

## 아시트의 제1조건, 한정된 세계의 원리(Closed World)

이 원리는 "문제의 영역에 존재하지 않는 새로운 요소를 문제해결에 추가해서는 안 된다"는 원칙이다. 트리즈의 이상성의 개념(이득/비용과 유해함) 즉 최소한의 투입 비용으로 이득을 높이는 개념과 동일하다. ASIT를 활용하여 창의적인 해결책을 얻으려면 한정된 세계의 원리 조건을 충족 시켜야 한다. 단, 이미 존재하는 같은 종류의 새로운 요소가 추가되는 것은 상관없다. 혹은 기존의 구성 요소들의 속성이 바뀌지 않고 오직 변형된 경우에만 허용한다. 이 조건의 준수 여부를 어떻게 확인할 수 있는가. 그 방법은 '문제의 세계'와 문제해결 이후 '해결의 세계'를 비교하는 것이다. 구성요소들이 동일한지 따져보면 쉽게 확인할 수 있다. ASIT에서 이 조건은 아주 중요하다. 반드시 기억해 두기 바란다.

## 아시트의 제 2조건, 관계 변화의 원리(Qualitative Change)

이 관계 변화의 원리는 트리즈의 모순극복의 개념에서 나온 것이다. 즉 어떤 요소들의 특성치 사이의 상충 관계를 양자만족으로 전환시키는 것이다. '문제의 현실세계'와 '해결의 추상세계' 사이의 관계를 변화시키는 것이다. 첫째, 원하지 않는 결과와 악화 요인과의 함수 관계를 무관한 관계로 변화시킨다.

둘째, 악화요인 자체가 문제상황 자체를 개선시키도록 관계를 반전시켜 변화가 오도록 한다. 진정한 창의적인 해결책을 얻으려면 '한정된 세계의 원리(Closed World)' 조건 충족이 필요하다. 하지만 이것으로 충분하지 않다. 관계변화의 원리가 충족되어야 비로소 창의적 해결책의 필요충분조건이 완성되었다고 볼 수 있다.

[악화요인과 원하지 않는 결과의 관계 변화도]

## 아시트(ASIT)의 5가지 문제해결 기법

호로위츠 교수는 트리즈의 40가지 발명원리를 5가지의 문제해결 기법으로 압축하여 발표하였다.

① 용도변경(Unification): 기능적 고정관념 탈출
② 복제(Multiplicatoin) : 양적 고정관념 해방
③ 분할(Division) : 통합 고정관념 해소
④ 대칭파괴(Breaking Symmetry) : 대칭을 부수자
⑤ 제거(Object Removal) : 중요한 것부터 제거하라.

5가지 기법 핵심 내용 요약 정리표

| 구분 | 주요 내용 |
|---|---|
| 1. 용도변경(Unification) | 문제 안에 이미 존재하는 구성요소들을 새로운 방법으로 사용하여 문제를 해결한다. |
| 2. 복제(Multiplicatoin) | 기존의 구성요소와 동일 및 유사 유형의 구성요소를 복제 추가하여 문제를 해결한다. |
| 3. 분할(Division) | 문제 내의 구성요소 하나를 선택하여 여러 개로 나눈 다음, 나누어진 것들을 시간, 공간적으로 재구성하거나 재배치하여 문제를 해결한다. |
| 4. 대칭파괴(Breaking Symmetry) | 기하학에서 나온 개념으로 사람들 사이의 관계, 통신, 기타 모든 개념에 적용할 수 있다. 사물이 가지고 있는 특성들로 대칭축이 될 수 있다. |
| 5. 제거(Object Removal) | 문제 요소 중에서 한 개 또는 그 이상의 요소를 제거하여 문제를 해결 한다 |

## 아시트(ASIT)의 기법 활용법

① 용도변경 : 문제 안에 이미 존재하는 구성요소들을 새로운 방법으로 사용하여 문제를 해결한다.

순서 1 : 시스템의 구성요소와 환경요소를 나열.

순서 2 : 원하지 않는 결과와 행동을 문장으로 서술

순서 3 : 행동 요소 선택. 원하지 않는 결과를(행동요소)가 막는다.

*요소들을 하나씩 (　　　)에 적용하면서 하나의 요소를 선택

순서 4 : 행동 요소의 용도 변경적용 (원하지 않는 결과를(순서 3의 요소)가 막는다.)

순서 5 : 순서4의 아이디어를 하나의 단문으로 서술

순서 6 : 순서5의 아이디어를 3~5개의 문장으로 서술

■ 사례 : 마술문제

대형 무대에 마술사가 텅 빈 상자에 들어간다. 커튼을 닫았다가 바로 다시 열린다. 마술사가 사라졌다. 마술사 대신에 사자가 나타났다. 깜짝 놀란 관중들은 어찌된 일인가? 믿지 못한다.

순서 1 : 시스템의 구성요소 : 마술사, 사자, 관중

시스템의 환경요소 : 상자, 무대, 이동식 계단

순서 2 : 원하지 않는 결과 : 마술사가 상자 밖으로 나오는 것을 관중이 본다.

원하지 않는 결과와 행동을 문장으로 서술 : 마술사가 상자 밖으로 나올 때, 마술사를 관중이 볼 수 없도록 한다.

순서 3 : 행동 요소 선택 : 마술사가 상자에서 나올 때 (      )이 마술사를 관중이 볼 수 없도록 한다.

1. 마술사가 상자에서 나올 때 (마술사) 가 마술사를 관중이 볼 수 없도록 한다.

2. 마술사가 상자에서 나올 때 (사자)가 마술사를 관중이 볼 수 없도록 한다.

3. 마술사가 상자에서 나올 때 (관중)이 마술사를 관중이 볼 수 없도록 한다.

4. 마술사가 상자에서 나올 때 (상자)가 마술사를 관중이 볼 수 없도록 한다.

5. 마술사가 상자에서 나올 때 (무대)가 마술사를 관중이 볼 수 없도록 한다.

6. 마술사가 상자에서 나올 때 (이동식 계단)이 마술사를 관중이 볼 수 없도록 한다.

순서 4 : 행동 구성요소의 용도변경 적용 : 이동식 계단을 마술사가 보이지 않도록 하는 용도로 사용

순서 5 : 순서 4의 아이디어를 하나의 단문으로 서술한다.

(이동식 계단)은 마술사를 관중이 볼 수 없도록 가려준다.

순서 6 : 순서 4의 아이디어를 3~5개의 문장으로 구체화

마술사는 계단으로 올라가서 상자 안으로 들어간다. 가림 막으로 가리고 상자의 커튼을 치워 사자가 보이게 하고, 그 사이에 마술사는 계단 안에 숨는다.

■ 사례 : 금속재료 실험 문제

어느 실험실에서 금속 시편을 가지고 내부 식성 실험을 하였다. 금속 실험 용기에 산(Acid)과 시편을 넣었다. 다양한 온도와 압력으로 시편의 내구성을 살펴본다. 이 실험의 문제점은 산을 담는 용기의 부식으로 자주  교체해야 한다는 점이다. 어떻게 이 문제를 해결할 것인가?

순서 1 : 시스템의 구성요소 : 산, 용기, 시편

시스템의 환경요소 : 온도, 압력, 테이블, 공기 등

순서 2 : 원하지 않는 결과 서술 : 산이 용기에 반응한다.

행동을 문장으로 서술 : 산이 용기에 반응하는 것을 막는다.

순서 3 : 행동 구성요소 선택 : 산이 용기에 반응하는 것을(행동요소 대입)이 막는다.

1. 산이 용기에 반응하는 것을 (산)이 막는다.

2. 산이 용기에 반응하는 것을 (용기)가 막는다.

3. 산이 용기에 반응하는 것을 (시편)이 막는다.

4. 산이 용기에 반응하는 것을 (온도)가 막는다.

5. 산이 용기에 반응하는 것을 (압력)이 막는다.

6. 산이 용기에 반응하는 것을 (테이블, 공기)이(가) 막는다.

순서 4 : 행동 구성요소의 용도변경 적용 : (시편)을 산이 용기에 반응하는 것을 막는 용도로 사용한다.

순서 5 : 순서4의 아이디어를 한 개의 단문으로 표현 : (시편)이 용기의 용도로 사용되도록 산을 넣는다.

순서 6 : 순서4의 아이디어를 3~5개의 문장으로 구체화 : 시편을 용기처럼 만들어 그곳에 산을 담는다. 그러면 산과 용기가 직접 만나지 않는다. 또한 시편은 산과의 반응 데이터를 얻을 수 있는 만큼 충분히 크게 만든다.

② 복제(Multiplication) : 기존의 구성요소와 동일하거나 비슷한  유형의 구성요소를 복제하여 추가함으로써 문제를 해결한다.

■ 사례 : 유전에서의 화재 문제

유전에서 화재가 발생했다. 물을 사용하여 불을 끄는 방법은 효과적이지 않다.

순서 1 : 문제(시스템)의 구성요소 : 불

　　　　문제의 주변 환경요소 : 기름, 공기. 유전

순서 2 : 원하지 않는 결과  : 유전의 기름에 불이 붙었다.

　　　　원하지 않는 결과가 제거 행동 : (불)이 기름에 붙은 불을 끈다.

순서 3 : 행동 구성요소 선택 : 모든 구성요소를 하나씩 적용시켜 보면서 찾아본다.(불)

　　　　1. (불)이 기름에 붙은 불을 끈다.

　　　　2. (기름)이 기름에 붙은 불을 끈다.

　　　　3. (공기)가 기름에 붙은 불을 끈다.

　　　　4. (유전)이 기름에 붙은 불을 끈다.

순서 4 : 행동 구성요소의 복제기법 적용 : '불'을 복제하여 '불'을 끈다.

순서 5 : 순서4의 아이디어를 한 개의 단문으로 표현 : '불'을 복제하여 '불'로 '불'을 끈다.

순서 6 : 순서4의 아이디어를 3~5개의 문장으로 구체화 : 불은 산소를 필요로 한다. 새로운 불은 기존의 불이 사용하는 산소를 빼앗아 간다. 여기에 착안하여 폭발물을 설치하여 순간 일시적으로 주변 모든. 산소를 소모시킴으로써 기존의 불이 꺼진다.

■ 사례 : 가정에서 자녀와의 대화 문제

자녀가 학교에서 돌아오면 학부모들은 자녀의 학교에서의 생활에 대해서 물어본다. "오늘 무슨 일들이 있었니?" 자녀들은 "별일 없다고 하고" 자신들의 방에 들어가서 나오지 않는다. 어찌할까?

순서 1 : 시스템의 구성요소 : 학생, 학부모, 그날의 이야기

　　　　시스템의 환경요소 : 학교, 선생님, 학교 친구

순서 2 : 원하지 않는 결과 : 학생이 부모와 대화하지 않는다.

원하지 않는 결과를 없애는 행동 : 학생이 그날의 생활을 부모에게 이야기 하도록 만든다.

순서 3 : 행동 요소 선택 : 모든 구성요소를 하나씩 적용시켜 보면서 찾아본다.

1. (학생)이 학생이 그날의 생활을 부모에게 이야기 하도록 만든다.

2. (학부모)가 학생이 그날의 생활을 부모에게 이야기 하도록 만든다.

3. (그 날의 이야기)가 학생이 그날의 생활을 부모에게 이야기 하도록 만든다.

4. (학교)가 학생이 그날의 생활을 부모에게 이야기 하도록 만든다.

5. (선생님)이 학생의 그날의 생활을 부모에게 이야기 하도록 만든다.

6. (학교친구)가 학생의 그날의 생활을 부모에게 이야기 하도록 만든다.

순서 4 : 행동 요소의 복제기법 적용

(새로운 이야기)를 복제하여 학생이 그날의 생활을 부모에게 이야기 하도록 만든다.

순서 5 : 순서4의 아이디어를 한 개의 단문으로 표현 :

(부모가 새로운 이야기)를 하여 학교에서 생겼던 일을 학생이 스스로 이야기 하도록 한다.

순서 6 : 순서4의 아이디어를 3~5개의 단문으로 표현 : 부모가 학생의 그날 학교생활에서 주제나 관심 사항을 먼저 꺼내어 말을 건 낸다. 학생은 관심사항에 대해 이야기를 연결하여 대화를 하게 된다. 친구나 선생님, 시험 등에 관한 이야기를 하게 된다.


③ 분할(Division) : 문제 내의 구성요소 하나를 선택하여 여러 개로 나눈 다음, 나누어진 것들을 시간, 공간적으로 재구성하거나 재배치하여 문제를 해결한다.


■ 사례 : 미사일 문제

순서 1 : 문제(시스템)의 구성요소 : 미사일, 연료

문제의 주변 환경요소 : 중력, 대기

순서 2 : 요소의 분할적용 : (    )라는 구성요소는 분할되며, 각 부분들은 시간/공간적으로 재구성 된다.

1. (미사일)은 구성요소는 분할되며, 각 부분들은 시간/공간적으로 재구성 된다.

2. (연료)는 구성요소는 분할되며, 각 부분들은 시간/공간적으로 재구성 된다.

3. (중력)은 구성요소는 분할되며, 각 부분들은 시간/공간적으로 재구성 된다.

4. (대기)는 구성요소는 분할되며, 각 부분들은 시간/공간적으로 재구성 된다.

순서 3 : 요소에 분할 기법 적용

1. 미사일은 여러 곳으로 옮겨진다.

2. 미사일은 시간 차이를 두고 분리되어 사라진다.

순서 4 : 순서3의 아이디어를 한 개의 단문으로 표현 : (미사일)을 분리한다.

순서 5 : 순서3의 아이디어를 3~5개의 단장으로 표현 : 하나의 몸체로 만든 미사일 대신에 다단계로 구성된 조립식 미사일을 만든다. 각 단계가 연료를 다 소모하면 분리되어 미사일 전체의 무게가 감소된다.

④ 대칭파괴(Breaking Symmetry) : 대칭을 파괴하여 문제를 해결하는 기법이다. 대칭이란 기하학에서 나온 개념이지만 사람들 사이의 관계, 통신, 기타 모든 개념에 적용할 수 있다. 대칭이란 사물이 가지고 있는 특성들로 대칭축이 될 수 있다.

순서 1 : 시스템의 구성요소 : _____

        시스템의 환경요소 : _____

순서 2 : 대칭파괴 요소(속성)선택 : _____

순서 3 : 대칭파괴 기법 적용(한 개의 속성을 선택) : _____

순서 4 : 순서3의 아이디어를 한 개의 단문으로 표현 : _____

순서 5 : 순서3의 아이디어를 3~5개의 단문으로 표현 : _____

■ 사례 : 하마 문제

동물원에서 하마가 생활하는 적정온도를 찾아주기 위해 18도, 20도, 23도, 25도 등 매주 진흙 온도를 다르게 해 주었다. 하지만 하마가 적정한 온도를 사람에게 알려주지 않아 알 수가 없었다. 온도가 적정하지 못하면 하마의 건강이 나빠져 사망에 이른다. 하마 숫자가 점차 줄어든다.

순서 1 : 문제(시스템)의 구성요소 : 하마, 진흙

　　　　문제의 주변 환경요소 : 온도, 공기, 음식

순서 2 : 대칭파괴 대상 구성요소 선택 : 진흙(속성은 온도, 깊이, 색깔).

순서 3 : 대칭파괴 기법 적용(한 개의 속성을 선택) : 온도(장소, 시간별 온도 속성의 변화를 확인)

순서 4 : 순서3의 아이디어를 한 개의 단문으로 표현 : 장소에 따라 진흙의 온도를 달리한다. 시간별로 진흙의 온도를 달리한다.

순서 5 : 순서3의 아이디어를 3~5개의 단문으로 표현 : 하마가 생활하는 울타리 안에 다양한 온도의 진흙을 구분하여 넣어 놓는다. 하마가 좋아하는 진흙 온도의 구간으로 많은 수의 하마가 몰리면 이를 근거로 하마가 좋아하는 진흙의 온도를 확인할 수 있다.

■ 사례 : 양초 문제

양초의 문제는 촛농이 흘러내리는 것이다. 주변 바닥에 촛농이 떨어지면 바닥이 미끈거리고 청소는 바닥을 문질러 촛농을 벗겨내야 해서 힘이 든다. 촛농을 막을 방법은?

순서 1 : 시스템 구성요소 : 파라핀, 심지

　　　　시스템 환경요소 : 불, 열, 공기

순서 2 : 대칭파괴 적용 요소 선택 : 파라핀(속성은 지름, 길이, 융점, 색).

순서 3 : 대칭파괴 기법 적용(한 개의 속성 선택) :_융점(선택 속성)

　　　　위치마다 파라핀 융점의 변화를 확인한다.

순서 4 : 순서 3의 아이디어를 한 개의 단문으로 표현 : 양초의 바깥쪽과 안쪽의 융점을 달리한다.

순서 5 : 순서 3의 아이디어를 3~5개의 단문으로 표현 : 양초의 바깥 부분은 융점이 높아서 안쪽 부분의 파라핀이 먼저 녹고 양초 외부에 얇은 벽이 생긴다. 이 벽이 촛농의 흘러내림을 막아준다.

　　　　(힌트, 양초는 파라핀과 심지로 이루어져 있다. 파라핀은 탄화수소 물질로 구성되어 있기 때문에 탄화수소에 들어 있는 탄소와 수소가 공기 중의 산소와 결합하

여 반응하면서 열과 빛을 내는 것이다. 이때 먼저 고체의 파라핀이 녹아서 액체가 되고 이 액체가 심지를 타고 위로 올라가면서(모세관 현상) 심지 상부에서 액체의 파라핀이 다시 기화되면서 이 기화된 파라핀 증기가 타는 것이다. 연소가 되기 위해서는 연소의 3대 요소인 타는 물질(가연성 물질-파라핀), 가연성 물질(산소)과 발화점 이상의 온도가 필요하다. 촛농이 생기는 것은 모두 녹은 파라핀 액체가 기화되지 못하고 옆으로 흘러내리는 것이다. (참고로 촛불의 타는 온도는 겉불꽃이1,400℃, 속불꽃은 1,200℃이며, 불꽃심은 700~900℃정도이다.)

⑤ 제거(Object Removal) : 문제 요소 중에서 한 개 또는 그 이상의 요소를 제가하여 문제를 해결한다.

■ 사례 : 조종사 탈출 문제

고정익 항공기는 비행 중에 비상사태가 발생하면 조종사는 낙하산으로 탈출한다. 하지만 회전익 항공기의 경우에 비상사태 발생 시 조종사는 회전하는 날개 때문에 탈출이 불가능하다. 해결방법은?

순서 1 : 문제(시스템)의 구성요소 : 조종사, 회전하는 날개

   문제의 주변 환경요소 : 동체, 엔진, 공기

순서 2 : 제거기법 적용 요소 선택 : 회전하는 날개

순서 3 : 제거기법 적용 (제거되는 것을 생각) : 회전한 날개를 제거하면 어떨까?

순서 4 : 순서 3의 아이디어를 한 개의 단문으로 표현 : 조종사가 탈출 전에 회전 날개를 먼저 제거

순서 5 : 순서 3의 아이디어를 3~5개의 문장으로 구체화

   조종사가 탈출의 필요성을 판단했을 때, 날개의 기능은 더 이상 불필요하다. 탈출 버튼을 누르면 회전하는 날개가 먼저 제거 된다.

## 2. 달 탐사선의 유리전구 문제

심한 일교차로 인해 유리전구가 깨진다는 연구 결과가 있다. 유리 대체물질 또는 유리 온도 조절장치 개발 등을 하였으나 성과가 없다. 어떤 해결책이 있는가?

순서 1 : 문제(시스템)의 구성요소 : 달 자동치, 전구, 전구-유리

문제의 주변 환경요소 : 일교차, 진공, 무중력

순서 2 : 제거기법 적용 요소 선택 : 전구 유리

순서 3 : 제거기법 적용(제거되는 것을 생각) : 전구 유리를 전구에서 제거하면 어떨까?

순서 4 : 순서 3의 아이디어를 한 개의 단문으로 표현 : 달 자동차의 전구에서 전구 유리를 제거한다.

순서 5 : 순서 3의 아이디어를 3~5개의 단문으로 구체화

전구 유리는 전구내의 필라멘트가 전기 에너지를 빛의 에너지로 바꾸는 역할을 하는데 산소로부터 보호하기 위해 진공상태를 유지하는 역할을 한다. 달은 진공상태여서 산소가 없다. 따라서 유리는 필요하지 않는다. 자동차의 전구에서 유리를 제거하면 된다.

■ **실무활용 방안**

1. **총잡이 문제에 대해 ASIT의 어느 해결기법을 적용할 것인가와 그 해결 방안을 생각해 보자.**

   10미터 간격의 삼각형 모양으로 총 잡이 세 사람이 총을 들고 서 있다. 나를 제외한 두 사람은 세계 사격 챔피언 1위와 2위이다. 총을 쏘는 순서는 내가 제일먼저, 그리고 챔피언 2위, 마지막으로 챔피언 1위이다. 그리고 오직 한 사람을 상대로만 총을 쏠 수 있다. 마지막 한명이 살아남을 때까지 계속된다. 첫 번째 순서인 당신은 과연 누구를 향해 쏘아야 살아남을 수 있겠는가? 하늘을 행해 쏜다. (제거기법/총 쏠 기회를 제거한다)

2. 주차 위반 시 두 가지 방법으로 주차문제를 해결하고 있다. 첫째는 주차위반 스티커를 떼어 범칙금을 내게 한다. 제때에 지불하지 않는 문제도 있다. 두 번째는 차량을 견인해 간다. 이 경우에는 견인차가 와야 해서 시간과 비용이 수반된다. 견인하지 않으면서 견인 효과를 얻는 방법은?(우크라이나 케이프에서는 주차위반 차량의 번호판을 떼어간다)

3. 모양과 재질이 같은 두 개의 막대기가 있다. 하나의 막대기를 다 태우는데 30분 걸린다. 45분 안에 두 개의 막대 를 다 태우는 방법은?

4. 똑같은 병 두개와 빨간 공 10개, 파란 공 10가 있다.  2분 안에 공 모두를 병 속에 넣는다. 그런 후에 다른 사람 이 병을 하나 골라서 파란 공을 꺼내면 이 게임에서 이긴다.
각각의 병에 어떻게 공을 넣으면 가장 큰 확률로 파란 공이 선택될 수 있을까?

5. 전봇대 간격의 길이, 시골은 30M, 도시는 50M,  길이를 다르게 하면 바람에 의한 진동이 달라서 전주에 가해지 는 부하가 줄어든다. 전봇대가 넘어질 가능성이 낮아진다.

📋 **요약정리**

- 트리즈의 창의성은 어디에 있는가? 문제 안에 있다. 문제해결 과정에 있다. 해결책에 담겨져 있다. 아시트는 트리즈 공부 입문에 활용되면 트리즈의 개념과 추구하는 철학을 몸에 익힐 수가 있다. 한편 트리즈의 기동 타격대로서 민첩성과 용이성을 확보할 수도 있다. 특히 강점은 창의적 문제해결의 적용 범위를 넓혀 아주 일반화 시킨 점이다.

- 아시트 창시자 호로위츠 교수는 트리즈의 불편함을 최대한 제거하기 위해서 4 가지 원칙을 세우고 실현했다. 단순하며 학습하기 쉬어야 한다. 과거에 생각하지 못했던 새로운 아이디어를 떠올리게 한다. 문제를 바라보는 시각을 창의적이며 체계적으로 바꾸어 준다. 적용 범위는 과학, 기술 분야에 국한되지 않고 일반적인 경우에도 적용되어야 한다. 이 연구 결과로 5가지 문제해결 기법이 만들어 졌다.

아시트(ASIT)의 5가지 문제해결 기법은 트리즈의 40가지 발명원리를 5가지의 문제해결 기법으로 압축한 것이다.

① 용도변경(Unification): 기능적 고정관념 탈출
② 복제(Multiplicatoin) : 양적 고정관념 해방
③ 분할(Division) : 통합고정관념 해소
④ 대칭파괴(Breaking Symmetry) : 대칭을 부수자
⑤ 제거(Object Removal) : 중요한 것부터 제거하라.

# 겐리히 알트슐러의 모순 행렬 표

| 개선하려는 특성 \ 악화되는 특성 | 1 | 2 | 3 | 4 | 5 | 6 | 7 | 8 | 9 | 10 | 11 | 12 | 13 | 14 | 15 | 16 | 17 | 18 | 19 | 20 | 21 | 22 | 23 | 24 | 25 | 26 | 27 | 28 | 29 | 30 | 31 | 32 | 33 | 34 | 35 | 36 | 37 | 38 | 39 |
|---|---|---|---|---|---|---|---|---|---|---|---|---|---|---|---|---|---|---|---|---|---|---|---|---|---|---|---|---|---|---|---|---|---|---|---|---|---|---|---|
| 1 움직이는 물체의 무게 | | | 15,8 28,34 | | 29,17 38,34 | | 29,2 40,28 | | 2,8 15,38 | 8,10 18,37 | 10,36 37,40 | 10,14 35,40 | 1,35 19,39 | 28,27 18,40 | 5,34 31,35 | | 6,29 4,38 | 19,1 32 | 35,12 34,31 | | 12,36 18,31 | 6,2 34,19 | 5,35 3,31 | 10,24 35 | 10,35 20,28 | 3,26 18,31 | 1,3 11,27 | 28,27 12,24 | 28,35 26,18 | 22,21 18,27 | 22,35 31,39 | 27,28 1,36 | 35,3 2,24 | 2,27 28,11 | 29,5 15,8 | 26,30 36,34 | 28,29 26,32 | 26,35 18,19 | 35,3 24,37 |
| 2 고정된 물체의 무게 | | | | 10,1 29,35 | | 35,30 13,2 | | 5,35 14,2 | | 8,10 19,35 | 13,29 10,18 | 13,10 29,14 | 26,39 1,40 | 28,2 10,27 | | 2,27 19,6 | 28,19 32,22 | 19,32 | 18,19 28,1 | | 15,19 18,22 | 18,19 28,15 | 5,8 13,30 | 10,15 35 | 10,20 35,26 | 19,6 18,26 | 10,28 8,3 | 18,26 28 | 10,1 35,17 | 2,19 22,37 | 35,22 1,39 | 28,1 9 | 6,13 1,32 | 2,27 28,11 | 19,15 29 | 1,10 26,39 | 25,28 17,15 | 2,26 35 | 1,28 15,35 |
| 3 움직이는 물체의 길이 | 8,15 29,34 | | | | 15,17 4 | | 7,17 4,35 | | 13,4 8 | 17,10 4 | 1,8 35 | 1,8 10,29 | 1,8 15,34 | 8,35 29,34 | 19 | | 10,15 19 | 32 | 8,35 24 | | 1,35 | 7,2 35,39 | 4,29 23,10 | 1,24 | 15,29 35,4 | 29,35 | 10,14 29,40 | 28,32 4 | 10,28 29,37 | 1,15 17,24 | 17,15 | 1,29 17 | 15,29 35,4 | 1,28 10 | 14,15 1,16 | 1,19 26,24 | 35,1 26,24 | 17,24 26,16 | 14,4 28,29 |
| 4 고정된 물체의 길이 | | 35,28 40,29 | | | | 17,7 10,40 | | 35,8 2,14 | | 28,10 | 1,14 35 | 13,14 15,7 | 39,37 35 | 15,14 28,26 | | 1,40 35 | 3,35 38,18 | | | | 12,8 | 6,28 | 10,28 24,35 | 24,26 | 30,29 14 | | 15,29 28 | 32,28 3 | 2,32 10 | 1,18 | | 15,17 27 | 2,25 | 3 | 1,35 | 1,26 | | 26 | 30,14 7,26 |
| 5 움직이는 물체의 면적 | 2,17 29,4 | | 14,15 18,4 | | | | 7,14 17,4 | | 29,30 4,34 | 19,30 35,2 | 10,15 36,28 | 5,34 29,4 | 11,2 13,39 | 3,15 40,14 | 6,3 | | 2,15 16 | 15,32 19,13 | 19,32 | | 19,10 32,18 | 15,17 30,26 | 10,35 2,39 | 30,26 | 29,30 6,13 | 29,9 | 26,28 32,3 | 2,32 | 22,33 28,1 | 17,2 18,39 | 13,1 26,24 | 15,17 13,16 | 15,13 10,1 | 15,30 | 14,1 13 | 2,36 26,18 | 14,30 28,23 | 10,26 34,2 | 10,15 17,7 |
| 6 고정된 물체의 면적 | | 30,2 14,18 | | 26,7 9,39 | | | | | 1,18 35,36 | 10,15 36,37 | 2,38 | 40 | | | 2,10 19,30 | 35,39 | 17,32 | 17,7 30 | 10,14 18,39 | 30,16 | 10,35 4,18 | 2,18 40,4 | 32,35 40,4 | 26,28 32,3 | 2,29 18,36 | 27,2 39,35 | 22,1 40 | 40,16 | 16,4 | 16 | 15,16 | 1,18 36 | 2,35 30,18 | 23 | | 10,15 17,7 |
| 7 움직이는 물체의 부피 | 2,26 29,40 | | 1,7 4,35 | | 1,7 4,17 | | | | 29,4 38,34 | 15,35 36,37 | 6,35 36,37 | 1,15 29,4 | 28,10 1,39 | 9,14 15,7 | 6,35 4 | | 34,39 10,18 | 2,13 10 | 35,6 13,18 | | 35,6 13,18 | 7,15 36,39 | 36,39 34,10 | 2,22 | 2,6 34,10 | 29,30 7 | 14,1 40,11 | 25,26 | 25,28 2,16 | 22,21 27,35 | 17,2 40,1 | 29,1 40 | 15,13 30,12 | 10 | 15,29 | | 10,4 29,15 | 2,34 | 35,34 16,24 |
| 8 고정된 물체의 부피 | | 35,10 19,14 | 19,14 | 35,8 2,14 | | | | | 2,18 37 | 24,35 | 7,2 35 | 34,28 35,40 | 9,14 17,15 | | 35,34 38 | | 35,6 4 | | 30,6 | | 10,39 35,34 | 35,16 32,18 | 35,3 | | 34,39 19,27 | 30,18 35,4 | 35 | | 1 | | | 1,31 | 2,17 26 | | | 35,37 10,2 |
| 9 속도 | 2,28 13,38 | | 13,4 8 | | 29,30 34 | | 7,29 34 | | | 13,28 15,19 | 6,18 38,40 | 35,15 18,34 | 28,33 1,18 | 8,3 26,14 | 3,19 35,5 | | 28,30 36,2 | 10,13 19 | 8,15 35,38 | | 19,35 38,2 | 14,20 19,35 | 10,13 28,38 | 13,26 | | 10,19 29,38 | 11,35 27,28 | 28,32 1,24 | 10,28 32,25 | 1,28 35,23 | 2,24 35,21 | 35,13 8,1 | 32,28 13,12 | 34,2 28,27 | 15,10 26 | 10,28 4,34 | 3,34 27,16 | | 10,18 |
| 10 힘 | 8,1 37,18 | 18,13 1,28 | 17,19 9,36 | 28,10 | 19,10 15 | 1,18 36,37 | 15,9 12,37 | 2,36 18,37 | 13,28 15,12 | | 18,21 11 | 10,35 40,34 | 35,10 21 | 35,10 14,27 | 19,2 | | 35,10 21 | | 19,17 10 | 1,16 36,37 | 19,35 18,37 | 14,15 | 8,35 40,5 | | 10,37 36 | 14,29 18,36 | 3,35 13,21 | 35,10 23,24 | 28,29 37,36 | 1,35 40,18 | 13,3 36,24 | 15,37 18,1 | 1,28 3,25 | 15,1 11 | 15,17 18,20 | 26,35 10,18 | 36,37 10,19 | 2,35 | 3,28 35,37 |
| 11 장력/압력 | 10,36 37,40 | 13,29 10,18 | 35,10 36 | 35,1 14,16 | 10,15 36,28 | 10,15 36,37 | 6,35 10 | 24,36 | 6,35 36 | 36,35 21 | | 35,4 15,10 | 35,33 2,40 | 9,18 3,40 | 19,3 27 | | 35,39 19,2 | | 14,24 10,37 | | 10,35 14 | 2,36 25 | 10,36 3,37 | | 37,36 4 | 10,14 36 | 10,13 19,35 | 6,28 25 | 3,35 | 22,2 37 | 2,33 27,18 | 1,35 16 | 11 | 2 | 35 | 19,1 35 | 2,36 37 | 35,24 | 10,14 35,37 |
| 12 형상 | 8,10 29,40 | 15,10 26,3 | 29,34 5,4 | 13,14 10,7 | 5,34 4,10 | | 14,4 15,22 | 7,2 35 | 34,4 18 | 35,15 14,7 | 10,15 37,40 | | 33,1 18,4 | 30,14 10,40 | 14,26 9,25 | | 22,14 19,32 | 13,15 1,28 | 2,6 34,14 | | 4,6 2 | 14 | 35,29 3,5 | | 14,10 34,17 | 36,22 | 10,40 16 | 28,32 1 | 32,30 40 | 22,1 2,35 | 35,1 | 1,32 17,28 | 32,15 26 | 2,13 1 | 1,15 29 | 16,29 1,28 | 15,13 39 | 15,1 32 | 17,26 34,10 |
| 13 물체의 안정성 | 21,35 2,39 | 26,39 1,40 | 13,15 1,28 | 37 | 2,11 13 | 39 | 28,10 19,39 | 34,28 35,40 | 33,15 28,18 | 10,35 21,16 | 2,35 40,4 | 22,1 18,4 | | 17,9 15 | 13,27 10,35 | 39,3 35,23 | 35,1 32 | 32,3 27,15 | 13,19 | 27,4 29,18 | 32,35 27,31 | 14,2 39,6 | 2,14 30,40 | | 35,27 | 15,32 35 | 13 | 18 | 35,24 30,18 | 35,40 27,39 | 35,19 | 32,35 30 | 2,35 10,16 | 35,10 24,31 | 34,2 35,22 | 3,35 | 35,22 39,23 | 1,8 35 | 23,35 40,3 |
| 14 강도 | 1,8 40,15 | 40,26 27,1 | 1,15 8,35 | 15,14 28,26 | 3,34 40,29 | 9,40 28 | 10,15 14,7 | 9,14 17,15 | 8,13 26,14 | 10,18 3,14 | 10,3 18,40 | 10,30 35,40 | 13,17 35 | | 27,3 26 | | 30,10 40 | 35,19 | 19,35 10 | 35 | 10,26 35,28 | 35 | 35,28 31,40 | | 29,3 28,10 | 29,10 27 | 11,3 | 3,27 16 | 3,27 | 18,35 37,1 | 15,35 22,2 | 11,3 10,32 | 32,40 28,2 | 27,11 3 | 15,3 32 | 2,13 25,28 | 27,3 15,40 | 15 | 29,35 10,14 |
| 15 움직이는 물체의 내구력 | 5,19 34,31 | | 2,19 9 | | 3,17 19 | | 10,2 19,30 | | 3,35 5 | 19,2 16 | 19,3 27 | 14,26 28,25 | 13,3 35 | 27,3 10 | | | 19,35 39 | 2,19 4,35 | 28,6 35,18 | | 19,10 35,38 | 28,27 3,18 | 10,2 13,28 | | 3,35 10,40 | 11,2 13 | 3 | 3,27 16,40 | 22,15 33,28 | 21,39 16,22 | 27,1 4 | 12,27 | 29,10 27 | 1,35 13 | 10,4 29,15 | 19,29 39,35 | 6,10 | 35,17 14,19 | 14,14 |
| 16 고정된 물체의 내구력 | | 6,27 19,16 | | 1,40 35 | | | | 35,34 38 | | | | | 39,3 35,23 | | | | 16 | | | | 27,16 18,38 | 10 | 28,20 10,16 | 3 | 34,27 6,40 | 10,26 24 | | | 17,1 40,33 | 22 | 35,10 | | | 1 | 1 | 2 | | 25,34 6,35 | 1 | 20,10 16,38 |
| 17 온도 | 36,22 6,38 | 22,35 32 | 15,19 9 | 15,19 9 | 3,35 39,18 | 35,38 | 34,39 40,18 | 35,6 4 | 2,28 36,30 | 35,10 3,21 | 35,39 19,2 | 14,22 19,32 | 1,35 32 | 10,30 22,40 | 19,13 39 | 19,18 36,40 | | 32,30 21,16 | 19,15 3,17 | | 2,14 17,25 | 21,17 35,38 | 21,36 29,31 | | 35,28 21,18 | 3,17 30,39 | 19,35 3,10 | 32,19 24 | 24 | 22,33 35,2 | 22,35 2,24 | 26,27 | 26,27 | 4,10 16 | 2,18 27 | 2,17 16 | 3,27 35,31 | 26,2 19,16 | 15,28 35 |
| 18 빛기 | 19,1 32 | 2,35 32 | 19,32 16 | | 19,32 26 | | | | 2,13 10 | 10,13 19 | 26,19 6 | 32,30 | 32,3 27 | 35,19 | 2,19 6 | | 32,35 19 | | 32,1 19 | 32,35 1,15 | 32 | 13,16 1,6 | 13,1 | 1,6 | 19,1 26,17 | 1,19 | 11,15 32 | 3,32 | 15,19 | 35,19 32,39 | 19,35 28,26 | 28,26 19 | 15,17 13,16 | 15,1 19 | 6,32 13 | 32,15 | 2,26 10 | 2,25 16 | |
| 19 움직이는 물체가 소모한 에너지 | 12,18 28,31 | | 12,28 | | 15,19 25 | | 35,13 18 | | 8,35 24 | 16,26 21,2 | 23,14 25 | 12,2 29 | 19,13 17,24 | 5,19 9,35 | 28,35 6,18 | | 19,24 3,14 | 2,15 19 | | | 6,19 37,18 | 12,22 15,24 | 35,24 18,5 | | 35,38 19,18 | 34,23 16,18 | 19,21 11,27 | 3,1 32 | | 1,35 6,27 | 2,35 6 | 28,26 30 | 19,35 | 1,15 17,28 | 15,17 13,16 | 2,29 27,28 | 35,38 | 32,2 | 12,28 35 |
| 20 고정된 물체가 소모한 에너지 | | 19,9 6,27 | | | | | | | | 36,37 | | | 27,4 29,18 | 35 | | | | | 19,2 35,32 | | | | 28,27 18,31 | | | 3,35 31 | 10,36 23 | | | 10,2 22,37 | 19,22 18 | 1,4 | | | | | 19,35 16,25 | | 1,6 |
| 21 동력 | 8,36 38,31 | 19,26 1,10 | 1,10 35,37 | | 19,38 | 17,32 13,38 | 35,6 38 | 30,6 25 | 15,35 2 | 26,2 36,35 | 22,10 35 | 29,14 2,40 | 35,32 15,31 | 26,10 28 | 19,35 10,38 | 16 | 2,14 17,25 | 16,6 19 | 16,6 19,37 | | | 10,35 38 | 28,27 18,38 | 10,19 | 35,20 10,6 | 4,34 19 | 19,24 26,31 | 32,15 2 | 32,2 | 19,22 31,2 | 2,35 18 | 26,10 34 | 26,35 10 | 35,2 10,34 | 19,17 1,34 | 20,19 30,34 | 19,35 14 | 17 | 28,35 6,18 |
| 22 에너지의 낭비 | 15,6 19,28 | 19,6 18,9 | 7,2 6,13 | 6,38 7 | 15,26 17,30 | 17,7 30,18 | 7,18 23 | 7 | 16,35 38 | 36,38 | | 14,2 39,6 | 26 | | 36,39 | | 21,35 2,22 | 13,16 1,6 | 19,35 38,2 | | 3,38 | | 35,27 2,37 | | 19,10 32,18 | 10,18 32,7 | 7,18 25 | 11,10 35 | 32 | 21,22 35,2 | 21,35 2,22 | | 35,32 1 | 2,19 | | 7,23 | 35,3 15,23 | 2 | 28,10 29,35 |
| 23 물질의 낭비 | 35,6 23,40 | 35,6 22,32 | 14,29 10,39 | 10,28 24 | 35,2 10,31 | 10,18 39,31 | 1,29 30,36 | 3,39 18,31 | 10,13 28,38 | 14,15 18,40 | 3,36 37,10 | 29,35 3,5 | 2,14 30,40 | 35,28 31,40 | 28,27 3,18 | 27,16 18,38 | 21,36 39,31 | 1,6 13 | 35,18 24,5 | 28,27 12,31 | 28,27 18,38 | 35,27 2,31 | | | 15,18 35,10 | 6,3 10,24 | 10,29 39,35 | 16,34 31,28 | 35,10 24,31 | 33,22 30,40 | 10,1 34,29 | 15,34 33 | 32,28 2,24 | 2,35 34,27 | 15,10 2 | 35,10 28,24 | 35,18 10,13 | 35,10 18 | 28,35 10,23 |
| 24 정보의 손실 | 10,24 35 | 10,35 5 | 1,26 | 26 | 30,26 | 30,16 | | 2,22 10 | 26,32 | | | | | | 10 | 10 | | | 19 | | 10,19 | | 24,26 28,32 | 24,28 35 | 10,28 23 | | 22,10 1 | 10,21 22 | 32 | 27,22 | | | | | | | 35,33 | 35 | 13,23 15 |
| 25 시간의 낭비 | 10,20 37,35 | 10,20 26,5 | 15,2 29 | 30,24 14,5 | 26,4 5,16 | 10,35 17,4 | 2,5 34,10 | 35,16 32,18 | | 10,37 36,5 | 37,36 4 | 4,10 34,17 | 35,3 22,5 | 29,3 28,18 | 20,10 28,18 | 28,20 10,16 | 35,29 21,18 | 1,19 26,17 | 35,38 19,18 | 1 | 35,20 10,6 | 10,5 18,32 | 35,18 10,39 | 24,26 28,32 | | 35,38 18,16 | 10,30 4 | 24,34 28,32 | 24,26 28,18 | 35,18 34 | 35,22 18,39 | 35,28 34,4 | 4,28 10,34 | 32,1 10 | 35,28 | 6,29 | 18,28 32,10 | 24,28 35,30 | |
| 26 물질의 양 | 35,6 18,31 | 27,26 18,35 | 29,14 35,18 | | 15,14 29 | 2,18 40,4 | 15,20 29 | | 35,29 34,28 | 35,14 3 | 10,36 37,40 | 35,14 | 15,2 17,40 | 14,35 34,10 | 3,35 10,40 | 3,35 31 | 34,27 6,40 | 3,35 31 | 34,29 16,18 | 3,35 31 | 35 | 7,18 25 | 6,3 10,24 | 24,28 35 | 35,38 18,16 | | 18,3 28,40 | 13,2 28 | 33,30 | 35,33 29,31 | 3,35 40,39 | 29,1 35,27 | 35,29 25,10 | 2,32 10,25 | 15,3 29 | 3,13 27,10 | 3,27 29,18 | 8,35 | 13,29 3,27 |
| 27 신뢰성 | 3,8 10,40 | 3,10 8,28 | 15,9 14,4 | 15,29 28,11 | 17,10 14,16 | 32,35 40,4 | 3,10 14,24 | 2,35 24 | 21,35 11,28 | 8,28 10,3 | 10,24 35,19 | 35,1 16,11 | | 11,28 | 2,35 3,25 | 34,27 6,40 | 3,35 10 | 11,32 13 | 21,11 27,19 | 36,23 | 21,11 26,31 | 10,11 35 | 10,35 29,39 | 10,28 | 10,30 4 | 21,28 40,3 | | 32,3 11,23 | 11,32 1 | 27,35 2,40 | 35,2 40,26 | | 27,17 40 | 1,11 | 13,35 8,24 | 13,35 1 | 27,40 28 | 11,13 27 | 1,35 29,38 |
| 28 측정의 정확성 | 32,35 26,28 | 28,35 25,26 | 28,26 5,16 | 32,28 3,16 | 26,28 32,3 | 26,28 32,3 | 32,13 6 | | 28,13 32,24 | 32,2 | 6,28 32 | 6,28 32 | 32,35 13 | 28,6 32 | 28,6 32 | 10,26 24 | 6,19 28,24 | 6,1 32 | 3,6 32 | | 3,6 32 | 26,32 27 | 10,16 31,28 | | 24,34 28,32 | 2,6 32 | 5,11 1,23 | | | 28,24 22,26 | 3,33 39,10 | 6,35 25,18 | 1,13 17,34 | 1,32 13,11 | 13,35 2 | 27,35 10,34 | 26,24 32,28 | 28,2 10,34 | 10,34 28,32 |
| 29 제조의 정확성 | 28,32 13,18 | 28,35 27,9 | 10,28 29,37 | 2,32 10 | 28,33 29,32 | 2,29 18,36 | 32,28 2 | 25,10 35 | 10,28 32 | 28,19 34,36 | 3,35 | 32,30 40 | 30,18 | 3,27 | 3,27 40 | | 19,26 | 3,32 | 32,2 | | 32,2 | 13,32 2 | 35,31 10,24 | | 32,26 28,18 | 32,30 | 11,32 1 | | | 26,28 10,36 | 4,17 34,26 | | | 25,10 | | 26,2 18 | | 26,28 18,23 | 10,18 32,39 |
| 30 물체에 작용하는 유해요소 | 22,21 27,39 | 2,22 13,24 | 17,1 39,4 | 1,18 | 22,1 33,28 | 27,2 39,35 | 22,23 37,35 | 34,39 19,27 | 21,22 35,28 | 13,35 39,18 | 22,2 37 | 22,1 3,35 | 35,24 30,18 | 18,35 37,1 | 22,15 33,28 | 17,1 40,33 | 22,33 35,2 | 1,19 32,13 | 1,24 6,27 | 10,2 22,37 | 19,22 31,2 | 21,22 35,2 | 33,22 19,40 | 22,10 2 | 35,18 34 | 35,33 29,31 | 27,24 2,40 | 28,33 23,26 | 26,28 10,18 | | 24,35 2 | 2,25 28,39 | 35,10 2 | 35,11 22,31 | 22,19 29,40 | 22,19 29,40 | 33,3 34 | 22,35 13,24 | |
| 31 유해한 부작용 | 19,22 15,39 | 35,22 1,39 | 17,15 16,22 | | 17,2 18,39 | 22,1 40,30 | 17,2 40 | 30,18 35,4 | 35,28 3,23 | 35,28 1,40 | 2,33 27,18 | 35,1 | 35,40 27,39 | 15,35 22,2 | 21,39 16,22 | 22 | 22,35 2,24 | 19,24 39,32 | 2,35 6 | 19,22 18 | 2,35 18 | 21,35 2,22 | 10,1 34 | 10,21 29 | 1,22 | 3,24 39,1 | 24,2 40,39 | 3,33 26 | 4,17 34,26 | | | | | | | | 19,1 31 | 2,21 27,1 | 2 | 22,35 18,39 |
| 32 제조의 용이성 | 28,29 15,16 | 1,27 36,13 | 1,29 13,17 | 15,17 27 | 13,1 26,12 | 16,40 | 13,29 1,40 | | 35,13 8,1 | 35,12 | 35,19 1,37 | 1,28 13,27 | 11,13 1 | 1,3 10,32 | 27,1 4 | 35,16 | 27,26 18 | 28,24 27,1 | 28,26 27,1 | 1,4 | 27,1 12,24 | 19,35 | 15,34 33 | 32,24 18,16 | 35,28 34,4 | 35,23 1,24 | 1,35 12,18 | | | | | | 2,5 13,16 | 35,1 11,9 | 2,13 15 | 27,26 1 | 6,28 11,1 | 8,28 1 | 35,1 10,28 |
| 33 사용의 편의성 | 25,2 13,15 | 6,13 1,25 | 1,17 13,12 | | 1,17 13,16 | 18,16 15,39 | 1,16 35,15 | 4,18 39,31 | 18,13 34 | 28,13 35 | 2,32 12 | 15,34 29,28 | 32,35 30 | 32,40 3,28 | 29,3 8,25 | 1,16 25 | 26,27 13 | 13,17 1,24 | 1,13 24 | | 35,34 2,10 | 2,19 13 | 28,32 2,24 | 4,10 27,22 | 4,28 10,34 | 12,35 | 17,27 8,40 | 25,13 2,34 | 1,32 35,23 | 2,25 28,39 | | 2,5 12 | | 12,26 1,32 | 15,34 1,16 | 32,26 12,17 | | 1,34 12,3 | 15,1 28 |
| 34 수리 가능성 | 2,27 35,11 | 2,27 35,11 | 1,28 10,25 | 3,18 31 | 15,13 32 | 16,25 | 25,2 35,11 | 1 | 34,9 | 1,11 10 | 13 | 1,13 2,4 | 2,35 | 11,1 2,9 | 11,29 28,27 | 1 | 4,10 | 15,1 13 | 15,1 28,16 | | 15,10 32,2 | 15,1 32,19 | 2,35 34,27 | | 32,1 10,25 | 2,28 10,25 | 11,10 1,16 | 10,2 13 | 25,10 | 35,10 2,16 | 1,35 11,10 | 1,12 26,15 | 7,1 4,16 | | 7,1 4,16 | 35,1 13,11 | | 34,35 7,13 | 1,32 10 |
| 35 적용성 | 1,6 15,8 | 19,15 29,16 | 35,1 29,2 | 1,35 16 | 35,30 29,7 | 15,16 | 15,35 29 | | 35,10 14 | 15,17 20 | 35,16 | 15,37 1,8 | 35,30 14 | 35,3 32,6 | 13,1 35 | 2,16 | 27,2 3,35 | 6,22 26,1 | 19,35 29,13 | | 19,1 29 | 18,15 1 | 15,10 2,13 | | 35,28 | 3,35 15 | 35,13 8,24 | 35,5 1,10 | | 35,11 32,31 | | 1,13 31 | 15,34 1,16 | 1,16 7,4 | | 15,29 37,28 | 1 | 27,34 35 | 35,28 6,37 |
| 36 장치의 복잡성 | 26,30 34,36 | 2,26 35,39 | 1,19 26,24 | 26 | 14,1 13,16 | 6,36 | 34,26 6 | 1,16 | 34,10 28 | 26,16 | 19,1 35 | 29,13 28,15 | 2,22 17,19 | 2,13 28 | 10,4 28,15 | 2,17 13 | 27,2 29,28 | 20,19 30,34 | 10,35 13,2 | | 19,1 | 35,3 15,19 | 35,10 37,36 | | 35,3 15,23 | 6,29 | 13,3 27,10 | 13,35 1 | 2,26 10,34 | 22,19 29,40 | 19,1 | 27,26 1,13 | 27,9 26,24 | 1,13 | 29,15 28,37 | | 15,10 37,28 | 15,1 24 | 12,17 28 |
| 37 제어의 복잡성 | 27,26 28,13 | 6,13 28,1 | 16,17 26,24 | 26 | 2,13 18,17 | 2,39 30,16 | 29,1 4,16 | 2,18 26,31 | 3,4 16,35 | 36,28 40,19 | 35,36 37,32 | 27,13 1,39 | 11,22 39,30 | 27,3 15,28 | 19,29 39,25 | 25,34 6,35 | 3,27 35,16 | 2,24 26 | 35,38 | | 19,35 16 | 18,1 16,10 | 35,3 15,23 | 27,22 | 35,28 | 25,34 6,35 | 3,27 35,16 | 2,24 26 | | 35,10 18,5 | 35,33 | 18,28 32,9 | 3,27 29,18 | 27,40 28,8 | 26,24 32,28 | | | 35,18 | 5,12 35,26 |
| 38 자동화 정도 | 28,26 19,35 | 28,26 2,33 | 14,13 17,28 | 23 | 17,14 13 | | 35,13 16 | | 28,10 | 2,35 | 13,35 | 15,32 1,13 | 18,1 | 25,13 | 6,9 | | 26,2 19 | 8,32 19 | 2,32 13 | | 28,2 27 | 23,28 | 35,10 18,5 | 35,33 | 24,28 35,30 | 35,13 | 11,27 32 | 28,26 10,34 | 28,26 18,23 | 2,33 | 2 | 1,26 13 | 1,12 34,3 | 1,35 13 | 27,4 1,35 | 15,24 10 | 34,27 25 | | 5,12 35,26 |

## 트리즈 40가지 발명원리

| 1 | 분할 |
|---|---|
| 2 | 추출 |
| 3 | 국소적 품질 |
| 4 | 비대칭 |
| 5 | 통합 |
| 6 | 다기능성 |
| 7 | 포개기 |
| 8 | 무게보상 |
| 9 | 선행 반대 조치 |
| 10 | 선행 조치 |
| 11 | 사전 보상 |
| 12 | 높이 맞추기 |
| 13 | 다른 길로 돌아가기 |
| 14 | 곡률증가 |
| 15 | 동적 부품 |
| 16 | 과 부족 조치 |
| 17 | 차원 바꾸기 |
| 18 | 기계적 진동 |
| 19 | 주기적 조치 |
| 20 | 유용한 작용의 지속 |
| 21 | 서두르기 |
| 22 | 전화위복 |
| 23 | 피드백 |
| 24 | 매개체 |
| 25 | 셀프서비스 |
| 26 | 복사 |
| 27 | 일회용품 |
| 28 | 기계적 상호작용의 대체 |
| 29 | 공기식 및 수압식 |
| 30 | 유연한 막/얇은 막 |
| 31 | 다공질 재료 |
| 32 | 광학특성 변경 |
| 33 | 동질성 |
| 34 | 폐기 및 재생 |
| 35 | 파라미터 변경 |
| 36 | 상전이 |
| 37 | 열팽창 |
| 38 | 강한 산화제 |
| 39 | 불활성 환경 |

| 참고문헌 |

Ⅰ. 트리즈의 원리로 파악하는 창의적인 산물을 만드는 공식

1.  한호텍 저, 「트리즈, 천재들의 생각 패턴을 훔치다」, 21세기 북스, 2007년

2.  에이미 윌킨슨 저, 김고명 역, 「크리에이터 코드」, 비즈니스 북스, 2015년

3.  로저 마틴 저, 김정혜 역, 「생각이 차이를 만든다.」 지식 노미디, 2008년

4.  정명호 저, 「패러독스와 경영」, 삼성경제연구소, 1997년

5.  Karen Gadd 저, 「TRIZ for Engineers (발명문제의 해결, 공학자를 위한 트리즈)」 인터비젼, 2015년

6.  Rantanen Domb저, 김병재, 박성균 공역, 「Simplified TRIZ(알기 쉬운 트리즈)」 인터비젼, 2005년

7.  장은영 저, 「창의성이 뭐 길래」, 솔과학, 2018년

8.  송용원, 김경모, 김성환 공저, 「창의적 문제해결이론 TRIZ」, 한국표준협회미디어, 2017년

9.  주문원 저, 「창의적 설계를 위한 가이드 북」, 다올 미디어, 2016년

10. 김시래 저, 「벽이 문이 되는 순간」, 파람북, 2019년

11. 미하이 칙센트 미하이 저, 「창의성의  즐거움」, 북로드, 2008년

12. 오경철, 안세훈 공저, 「생각이 열리는 나무 트리즈 마인드맵」, 성안당, 2013년

13. 김은경 저, 「창의와 혁신의 시크릿 트리즈」, 한빛아카데미, 2009년

14. 한국 트리즈 협회 지음, 「비즈니스 TRIZ」, 교보문고, 2009년

15. 야마다 이쿠로 저, 고준빈, 류시웅, 서영대 공역, 「TRIZ로 배우는 창의적 설계」, 인터비젼, 2004년

16. 전영록 저, 「TRIZ를 활용한 창의적 문제해결 방법」, 인터비젼, 2011년

17. Victor Fey, Eugene Rivin 저, 박성균 역, 「창의성 공학의 길잡이(Innovation on Demand)」, 인터비젼
    2007년


Ⅱ. 트리즈를 알면 고정관념을 타파하고 창의성이 폭발한다.

1.  이홍, 전윤숙, 박은아 공저, 「지식과 창의성 그리고 뇌」, 도서출판 청람, 2005년

2.  장은영 저, 「창의성이 뭐 길래」, 솔과학, 2018년

3.  전영록 저, 「TRIZ를 활용한 창의적 문제해결 방법」, 인터비젼, 2011년

4.  김시래 저, 「벽이 문이 되는 순간」, 파람북, 2019년

5.  한국 트리즈 협회 지음, 「비즈니스 TRIZ」, 교보문고, 2009년

6.  구굴(htttp://www.google.co.kr)


Ⅲ. 문제를 시스템으로 바라보면 답이 입체적으로 보인다.

1.  한호텍 저, 「트리즈, 천재들의 생각 패턴을 훔치다」, 21세기 북스, 2007년

2.  이홍, 전윤숙, 박은아 공저, 「지식과 창의성 그리고 뇌」, 도서출판 청람, 2005년

3. 에이미 윌킨슨 저, 김고명 역, 「크리에이터 코드」, 비즈니스 북스, 2015년

4. Karen Gadd 저, 「TRIZ for Engineers (발명문제의 해결, 공학자를 위한 트리즈)」 인터비젼, 2015년

5. Rantanen Domb저, 김병재, 박성균 공역, 「Simplified TRIZ(알기쉬운 트리즈)」 인터비젼, 2005년

6. 신정호 저, 「트리즈 씽킹」 와우 팩토리, 2917년

7. 데이비드 허친스 저, 박선희 역, 「펭귄의 계약 (The Tip of the iceberg)」 바다출판사, 2002년

8. 장은영 저, 「창의성이 뭐 길래」, 솔과학, 2018년

9. 송용원, 김경모, 김성환 공저, 「창의적 문제해결이론 TRIZ」, 한국표준협회미디어, 2017년

10. 김은경 저, 「창의와 혁신의 시크릿 트리즈」, 한빛아카데미, 2009년

11. 에드워드 데밍 저, 「경쟁으로부터의 탈출(The New Economics)」, 한국표준협회컨설팅, 2004년

12. 주문원 저, 「창의적 설계를 위한 가이드 북」, 다올 미디어, 2016년

13. 도올 김용옥 저, 「도올 김용이 말하는 노자와 21세기」 통나무, 1999년

14. 김시래 저, 「벽이 문이 되는 순간」, 파람북, 2019년

15. 최인수 저, 「창의성의 발견」, 쌤앤파커스, 2011년

16. 오경철, 아세훈 공저, 「생각이 열리는 나무 트리즈 마인드맵」, 성안당, 2013년

17. 전영록 저, 「TRIZ를 활용한 창의적 문제해결 방법」, 인터비젼, 2011년

18. GORDON CAMERON 저, 「TRIZICS」 Create Space, 2010년

19. 구굴(htttp://www.google.co.kr)

IV. 트리즈는 모두 만족하는 해결책에 도전한다.

1. 한호텍 저, 「트리즈, 천재들의 생각 패턴을 훔치다」, 21세기 북스, 2007년

2. 정명호 저, 「패러독스와 경영」, 삼성경제연구소, 1997년

3. Karen Gadd 저, 「TRIZ for Engineers (발명문제의 해결, 공학자를 위한 트리즈)」 인터비젼, 2015년

4. Rantanen Domb저, 김병재, 박성균 공역, 「Simplified TRIZ(알기쉬운 트리즈)」 인터비젼, 2005년

5. 존 터닌코, 알라주스맨, 보리스졸팅 저, 한국트리즈협회 역, 「Systemaic Innovaion- An Introduction to TRIZ (체계적인 이노베이션)」, 한국트리즈협회, 2003년

6. 송용원, 김경모, 김성환 공저, 「창의적 문제해결이론 TRIZ」, 한국표준협회미디어, 2017년

7. 주문원 저, 「창의적 설계를 위한 가이드 북」, 다올 미디어, 2016년

8. 오경철, 안세훈 공저, 「생각이 열리는 나무 트리즈 마인드맵」, 성안당, 2013년

9. 김은경 저, 「창의와 혁신의 시크릿 트리즈」, 한빛아카데미, 2009년

10. 구굴(htttp://www.google.co.kr)

V. 트리즈는 문제해결의 경제원리 적용 공식이다

1. 한호텍 저, 「트리즈, 천재들의 생각 패턴을 훔치다」, 21세기 북스, 2007년

2. Karen Gadd 저, 「TRIZ for Engineers (발명문제의 해결, 공학자를 위한 트리즈)」 인터비젼, 2015년

3. Rantanen Domb저, 김병재, 박성균 공역, 「Simplified TRIZ(알기쉬운 트리즈)」 인터비젼, 2005년

4. 존 터닌코, 알라주스맨, 보리스졸팅 저, 한국트리즈협회 역, 「Systemaic Innovaion-An Introduction to TRIZ (체계적인 이노베이션)」, 한국트리즈협회, 2003년

5. 신정호 저, 「트리즈 씽킹」 와우 팩토리, 2917년

6. 장은영 저, 「창의성이 뭐 길래」, 솔과학, 2018년

7. 송용원, 김경모, 김성환 공저, 「창의적 문제해결이론 TRIZ」, 한국표준협회미디어, 2017년

8. 이삭 부크만 저, 송상기외 6인 공역 「TRIZ 혁신을 위한 기술」 인터비전, 2012년

9. 김은경 저, 「창의와 혁신의 시크릿 트리즈」, 한빛아카데미, 2009년

10. 전영록 저, 「TRIZ를 활용한 창의적 문제해결 방법」, 인터비전, 2011년

11. 네이버(http://www.naver.com)

## VI. 창의적 문제해결 40가지 해법과 기술진화 유형

1. Karen Gadd 저, 「TRIZ for Engineers (발명문제의 해결, 공학자를 위한 트리즈)」 인터비전, 2015년

2. Rantanen Domb저, 김병재, 박성균 공역, 「Simplified TRIZ(알기쉬운 트리즈)」 인터비전, 2005년

3. 존 터닌코, 알라주스맨, 보리스졸팅 저, 한국트리즈협회 역, 「Systemaic Innovaion -An Introduction to TRIZ (체계적인 이노베이션)」, 한국트리즈협회, 2003년

4. 주문원 저, 「창의적 설계를 위한 가이드 북」, 다올 미디어, 2016년

5. 마크폭스 저, 포엠아이컨설팅 역, 「위대한 창조자들의 생각방식창조경영 트리즈」, 가산북스, 2011년

6. 김은경 저, 「창의와 혁신의 시크릿 트리즈」, 한빛아카데미, 2009년

7. 야마다 이쿠로 저, 고준빈, 류시웅, 서영대 공역, 「TRIZ로 배우는 창의적 설계」, 인터비전, 2004년

8. 전영록 저, 「TRIZ를 활용한 창의적 문제해결 방법」, 인터비전, 2011년

9. G.S Altshuller저, 윤기섭, 박성균, 강병선 공역, 「40가지 원리(40 Principles)」, 2002년

10. 구글(htttp://www.google.co.kr)

## VII. 문제해결 사례와 트리즈 이후의 창의적 사고기법 (아시트)

1. 로니 호르위츠 저, 김준식 역, 「누구나 창의적인 사람이 될 수 있다.(ASIT)」, FKI 미디어, 2003년

## | 그림 출처 |

| 번호 | 그림 | 페이지 | 출처 |
|---|---|---|---|
| 1 | | 2장 | TRIZ FOR ENGINEERS (P299), WILEY |
| 2 | | 3장 | 펭귄의 계약 The Tip of the Iceberg (바다출판사) |
| 3 | <br>놈의 처녀들 | 3장 | https://dimg.donga.com/egc/CDB/SHINDONGA/Article/14/85/39/30/1485393034701.jpg |
| 4 | | II장 표지 | 출처 : 데일이레코드 (네이버) |
| 5 | | 6장 | 던컨의 촛불실험 |

| 번호 | 그림 | 페이지 | 출처 |
|------|------|--------|------|
| 6 | | 6장 | 마이어의 두줄 실험 |
| 7 | | 6장 | 병따개 포크<br>네이버 |
| 8 | | 6장 | 마우스 패드<br>네이버 |
| 9 | | 6장 | 도서출판 청람<br>지식과 창의성 그리고 뇌(P 157) |
| 10 | | 7장 | kj법<br>네이버 이미 검색 |
| 11 | | 7장 | kj법<br>네이버 이미 검색 |
| 12 | | 9장 | 인터넷 동아일보 |
| 13 | | 11장 | 네이버 검색<br>발상의 전환 |

| 번호 | 그림 | 페이지 | 출처 |
|---|---|---|---|
| 14 | | 12장 | 네이버 |
| 15 | | 12장 | 네이버 이미지 검색 |
| 16 | | 15장 | 인터넷 |
| 17 | | 16장 | 네이버 이미지 검색 |
| 18 | | 17장 | 다초점 렌즈2<br>네이버 불로그 |

| 번호 | 그림 | 페이지 | 출처 |
|---|---|---|---|
| 19 | | 17장 | 인터넷<br>스카프 이음(SCARF JOINT)<br>유사 그림으로 대체 가능 |
| 20 | | 17장 | 컷 어웨이<br>네이버 검색<br>유사 그림으로 대체 가능 |
| 21 | | 17장 | 사출좌석<br>구굴 검색 |
| 22 | | 18장 | 네이버 이미지 검색 |
| 23 | | 18장 | 구굴 검색<br>북극 곰 |
| 24 | | 18장 | 구멍난 그릇<br>유사 그림으로 대체 가능 |

| 번호 | 그림 | 페이지 | 출처 |
|---|---|---|---|
| 25 | | 18장 | 드라마 대조영<br>네이버 검색 |
| 26 | | 22장 | http://www.typographys<br>eoul.com/images/newsE<br>dit/15031114154566811<br>_TS.jpg |
| 27 | | 22장 | http://www.looah.com/i<br>mages//article/468/146<br>8_o.jpg?1333961228 |
| 28 | | 22장 | http://www.looah.com/i<br>mages//article/467/146<br>7_o.jpg?1333961228 |
| 29 | | 22장 | https://youtu.be/N-Uvhi<br>Nb1as |

| 번호 | 그림 | 페이지 | 출처 |
|------|------|--------|------|
| 30 | | 22장 | http://www.looah.com/images//article/466/1466_o.jpg?1333961227 |
| 31 | | 22장 | http://www.looah.com/images//article/465/1465_o.jpg?1333961227 |
| 32 | | 22장 | http://www.looah.com/images//article/464/1464_o.jpg?1333961227 |
| 33 | | 22장 | http://www.looah.com/images//article/462/1462_o.jpg?1333961227 |
| 34 | | 22장 | http://www.looah.com/images//article/460/1460_o.jpg?1333961227 |

| 번호 | 그림 | 페이지 | 출처 |
|---|---|---|---|
| 35 | | 22장 | http://www.looah.com/images//article/459/1459_o.jpg?1333961226 |
| 37 | | 21장 | 날개 없는 선풍기<br>네이버 검색 |
| 38 | | 21장 | http://blog.naver.com/goguli |
| 39 | | 21장 | 플레이펌프(Play Pump)<br>네이버 검색 |
| 40 | | 21장 | S-OIL Here Ballon 캠페인<br>네이버 검색 |
| 41 | | 21장 | http://news.cnet.com/8301-17938_105_1021963-1 .html) |

| 번호 | 그림 | 페이지 | 출처 |
|---|---|---|---|
| 42 | | 25장 | 롤리폴리 화분<br>네이버 검색 |
| 43 | | 25장 | 공중부양 스피커<br>네이버 검색 |
| 44 | | 25장 | 포개기 인형<br>마트레쉬카(Matrushka),<br>네이버 검색 |
| 45 | | 26장 | 네이버 검색 |

## 김봉균

저자는 인하대학교에서 항공우주공학을 공부하고 경상대학교에서 산업시스템공학 석사 학위를 받았다. 삼성항공에 입사하여 대한민국 항공3사의 통합으로 현재 한국항공우주산업(주)에서 33년간 일하고 있다. 경험분야는 항공기 제조와 품질관리, 품질경영은 물론 삼성그룹의 신경영 혁신리더를 시작으로 조직문화 변화관리, 지식경영과 학습조직(스터디 그룹), 6시그마 생산.사무혁신과 국산 헬리콥터 사업관리에 참여했다. 최근에는 국제 품질표준 ISO9001:2015 심사원 자격을 획득하였고 항공.우주.방위산업 분야의 국제품질경영 시스템 표준에 관해 공부하고 있다. 트리즈(창의적 문제해결)는 삼성항공 시절 그룹사 혁신부서 교류회를 통해 도입하여 사내 트리즈 스쿨을 운영하였다. 한국 트리즈협회 창립을 시작으로 경상대학교 대학원에서 3년간 겸임교수로 트리즈를 강의하였다. 한국 트리즈협회 트리즈 전문가 3수준 등록자격과 최고5수준(Guru 구루) 인증 및 국제트리즈협회 MTRIZ 인증 Level 3 Specialist 자격을 보유하고 있다.

### 트리즈를 알면 창의성이 폭발한다.

1판 1쇄 발행  2020년 09월 21일
1판 2쇄 발행  2021년 03월 25일
저     자 김봉균
발 행 인  이범만
발 행 처  **21세기사** (제406-00015호)
　　　　　경기도 파주시 산남로 72-16 (10882)
　　　　　Tel. 031-942-7861　　　Fax. 031-942-7864
　　　　　E-mail : 21cbook@naver.com
　　　　　Home-page : www.21cbook.co.kr
　　　　　ISBN 978-89-8468-887-2

### 정가 29,000원